经济预测科学丛书

大宗商品价格传导路径与预测研究
——基于重大危机事件视角

张 奇 胡 毅 汪寿阳 著

科学出版社

北 京

内 容 简 介

在当前重大危机事件频发的背景下，了解大宗商品价格的传导路径，把握大宗商品价格的涨跌趋势对原材料进出口、企业生产和投资具有重要的指导意义。本书研究了重大危机事件对大宗商品价格的短期影响、长期影响和具体的影响渠道，并探究了重大危机事件导致的大宗商品价格大幅波动如何传导至中国的宏观经济和重点相关行业，形成了"重大危机事件→大宗商品价格→中国经济"的研究路径。同时采用集成预测和系统动力学方法，把握重大危机事件影响下大宗商品价格的运行趋势。本书对大宗商品领域的理论研究和方法体系的完善起到了积极的推动作用。

本书内容逻辑清晰、深入浅出、注重理论与方法创新，既可作为高等院校及科研院所相关专业的研究生、教师及研究人员的参考用书，亦可供政府部门、相关企业决策部门及科技工作者阅读参考。

图书在版编目（CIP）数据

大宗商品价格传导路径与预测研究：基于重大危机事件视角 / 张奇，胡毅，汪寿阳著. -- 北京：科学出版社，2025. 2. --（经济预测科学丛书）. -- ISBN 978-7-03-081278-0

Ⅰ．F726.1

中国国家版本馆 CIP 数据核字第 2025UP5283 号

责任编辑：郝　悦 / 责任校对：贾娜娜

责任印制：张　伟 / 封面设计：有道文化

科学出版社 出版

北京东黄城根北街 16 号

邮政编码：100717

http://www.sciencep.com

三河市春园印刷有限公司印刷

科学出版社发行　各地新华书店经销

*

2025 年 2 月第　一　版　开本：720×1000 B5

2025 年 2 月第一次印刷　印张：13 1/2

字数：280 000

定价：158.00 元

（如有印装质量问题，我社负责调换）

丛书编委会

主　编： 汪寿阳

副主编： 黄季焜　魏一鸣　杨晓光

编　委：（按姓氏汉语拼音排序）

陈　敏	陈锡康	程　兵	范　英	房　勇
高铁梅	巩馥洲	郭菊娥	洪永淼	胡鞍钢
李善同	刘秀丽	马超群	石　勇	唐　元
汪同三	王　珏	王　潼	王长胜	王维国
吴炳方	吴耀华	杨翠红	余乐安	曾　勇
张　维	张林秀	郑桂环	周　勇	邹国华

总 序

中国科学院预测科学研究中心（以下简称中科院预测中心）是在全国人民代表大会常务委员会原副委员长、中国科学院原院长路甬祥院士和中国科学院院长白春礼院士的直接推动和指导下成立的，由中国科学院数学与系统科学研究院、中国科学院地理科学与资源研究所、中国科学院科技政策与管理科学研究所、中国科学院遥感应用研究所、中国科学院大学和中国科技大学等科研与教育机构中从事预测科学研究的优势力量组合而成，依托单位为中国科学院数学与系统科学研究院。

中科院预测中心的宗旨是以中国经济与社会发展中的重要预测问题为主要研究对象，为中央和政府管理部门进行重大决策提供科学的参考依据和政策建议，同时在解决这些重要的预测问题中发展出新的预测理论、方法和技术，推动预测科学的发展。其发展目标是成为政府在经济与社会发展方面的一个重要咨询中心，成为一个在社会与经济预测预警研究领域中有重要国际影响的研究中心，成为为我国和国际社会培养经济预测高级人才的主要基地之一。

自 2006 年 2 月正式挂牌成立以来，中科院预测中心在路甬祥副委员长和中国科学院白春礼院长等领导的亲切关怀下，在政府相关部门的大力支持下，在以全国人民代表大会常务委员会原副委员长、著名管理学家成思危教授为前主席和汪同三学部委员为现主席的学术委员会的直接指导下，四个预测研究部门团结合作，勇攀高峰，与时俱进，开拓创新。中科院预测中心以重大科研任务攻关为契机，充分发挥相关分支学科的整体优势，不断提升科研水平和能力，不断拓宽研究领域，开辟研究方向，不仅在预测科学、经济分析与政策科学等领域取得了一批有重大影响的理论研究成果，而且在支持中央和政府高层决策方面做出了突出贡献，得到了国家领导人、政府决策部门、国际学术界和经济金融界的重视与高度好评。例如，在全国粮食产量预测研究中，中科院预测中心提出了新的以投入占用产出技术为核心的系统综合因素预测法，预测提前期为半年以上，预测各年度的粮食丰、平、歉方向全部正确，预测误差远低于西方发达国家；又如，在外汇汇率预测和国际大宗商品价格波动预测中，中科院预测中心创立了 TEI@I 方法论并成功地解决了多个国际预测难题，在外汇汇率短期预测和国际原油价格波动等预测中处于国际领先水平；再如，在美中贸易逆差估计中，中科院预测中心提出了计算国际贸易差额的新方法，从理论上证明了出口总值等于完全国内增加值和完全进口值之和，提出应当以出口增加值来衡量和计算一个国家的出口规模和两个国家之间的贸易差额，发展出一个新的研究方向。这些工作不仅为中央和政府高层科学决策提供了重要的科学依据和政策建议，所提出的新理论、新方法和新技术也为中国、欧洲、美国、日本、东南亚和中东等国家和地区的许多研究机构所广泛关注、学习和采用，产生了广泛的社会影响，并且许多预测报告的重要观点和主要结论为众多国内外媒体大量报道。最近几年来，中科院预测中心获得了1项国家科技进步奖、6项省部级科技奖一等奖、8项重要国际奖励，以及张培刚发展经济学奖和孙冶方经济科学奖等。

中科院预测中心杰出人才聚集，仅国家杰出青年基金获得者就有18位。到目前为止，中心学术委员会副主任陈锡康教授、中心副主任黄季焜教授、中心主任汪寿阳教授、中心学术委员会成员胡鞍钢教授、石勇教授、张林秀教授和杨晓光教授，先后获得了有"中国管理学诺贝尔奖"之称的"复旦管理学杰出贡献奖"。中科院预测中心特别重视优秀拔尖人才的培养，已经有2名研究生的博士学位论文被评为"全国优秀博士学位论文"，4名研究生的博士学位论文获得了"全国优秀博士学位论文提名奖"，8名研究生的博士学位论文被评为"中国科学院优秀博士学位论文"，3名研究生的博士学位论文被评为"北京市优秀博士学位论文"。

为了进一步扩大研究成果的社会影响和推动预测理论、方法和技术在中国的研究与应用，中科院预测中心在科学出版社的支持下推出这套"经济预测科学丛书"。这套丛书不仅注重预测理论、方法和技术的创新，而且也关注在预测应用方面的流程、经验与效果。此外，丛书的作者们将尽可能把自己在预测科学研究领域中的最新研究成果和国际研究动态写得通俗易懂，使更多的读者和其所在机构能运用所介绍的理论、方法和技术去解决他们在实际工作中遇到的预测难题。

在这套丛书的策划和出版过程中，中国科技出版传媒股份有限公司董事长林鹏先生、副总经理陈亮先生和科学出版社经管分社社长马跃先生提出了许多建议，做出了许多努力，在此向他们表示衷心的感谢！我们要特别感谢路甬祥院士，以及中国科学院院长白春礼院士、副院长丁仲礼院士、副院长张亚平院士、副院长李树深院士、秘书长邓麦村教授等领导长期对预测中心的关心、鼓励、指导和支持！没有中国科学院领导们的特别支持，中科院预测中心不可能取得如此大的成就和如此快的发展。感谢依托单位——中国科学院数学与系统科学研究院，特别感谢原院长郭雷院士和院长席南华院士的长期支持与大力帮助！没有依托单位的支持和帮助，难以想象中科院预测中心能取得什么发展。特别感谢学术委员会前主席成思危教授和现主席汪同三学部委员的精心指导和长期帮助！中科院预测中心的许多成就都是在他们的直接指导下取得的。还要感谢给予中科院预测中心长期支持、指导和帮助的一大批相关领域的著名学者，包括中国科学院数学与系统科学研究院的杨乐院士、万哲先院士、丁夏畦院士、林群院士、陈翰馥院士、崔俊芝院士、马志明院士、陆汝钤院士、严加安院士、刘源张院士、李邦河院士和顾基发院士，中国科学院遥感应用研究所的李小文院士，中国科学院科技政策与管理科学研究所的牛文元院士和徐伟宣教授，上海交通大学的张杰院士，国家自然科学基金委员会管理科学部的李一军教授、高自友教授和杨列勋教授，西安交通大学的汪应洛院士，大连理工大学的王众托院士，中国社会科学院数量经济与技术经济研究所的李京文院士，国务院发展研究中心李善同教授，香港中文大学刘遵义院士，香港城市大学郭位院士和黎建强教授，航天总公司710所的于景元教授，北京航空航天大学任若恩教授和黄海军教授，清华大学胡鞍钢教授和李子奈教授，以及美国普林斯顿大学邹至庄教授和美国康奈尔大学洪永淼教授等。

许国志院士在去世前的许多努力为今天中科院预测中心的发展奠定了良好的基础，而十余年前仙逝的钱学森院士也对中科院预测中心的工作给予了不少鼓励和指导，这套丛书的出版也可作为中科院预测中心对他们的纪念！

汪寿阳

2018 年夏

前　　言

　　大宗商品囊括了能源、矿产和农产品在内的几乎所有用于生产与消费的初级物质商品，是现代社会最为重要的命脉之一。大宗商品价格比其他商品的价格更不稳定。在大宗商品市场金融化程度日渐加深的今天，这一特征被越发放大了，且极容易受到重大危机事件的影响。重大危机事件是指国家在非战争环境下，面临的突发性、广泛性、持续性的情况，并引起较大规模且具有破坏性的经济危机、公共安全危机和自然灾害等紧急事件。比如2008年的金融危机、2018年的中美经贸摩擦、2020年的新冠疫情、2022年的俄乌冲突和2023年新一轮的巴以冲突等。这些事件对大宗商品市场以及经济和金融产生了深远影响，引发了大宗商品价格剧烈波动，并进一步加剧通货膨胀压力，导致全球经济增速放缓，产生了一系列严重的经济后果。

　　重大危机事件对大宗商品价格具有显著影响，并对宏观经济产生冲击。因此深入研究重大危机事件如何驱动商品价格变化，以及这些变动如何影响中国经济，是一个重要的课题。然而，现有研究往往忽视了重大危机事件在塑造大宗商品价格中的关键作用，同时也未能明确描绘出重大危机事件影响的具体路径。本书在这一领域提供了新的视角，深入研究了在重大危机事件背景下，大宗商品价格变动的因果链。主要研究内容如下。

　　第一，测算了重大危机事件对大宗商品价格的短期影响。提出EMC（event analysis method based on multiresolution causality testing，基于多分辨率因果检验的事件分析法）的分析框架，以俄乌冲突和原油价格为例，测算了重大危机事件对大宗商品价格的短期净影响。结果表明，俄乌冲突导致原油价格涨幅超过50%，加剧了油价的高频波动，并从根本上改变了油价的运行趋势。进一步地，提出CRP-MIF（compare real data with predicted data and match influencing factors[①]）的研究方法，以俄乌冲突和原油价格为例，探究了重大危机事件对大宗商品价格的影响渠道。研究发现，俄乌冲突通过投机、库存和供给渠道，并与OPEC+（OPEC and non-OPEC oil producing countries cooperation，石油输出国组织与非石油输出国组织产油国合作联盟）产量公告共同作用，影响原油价格。

　　第二，研究了重大危机事件对大宗商品价格的长期影响。本书收集了1990

---

① 比较预测数据和真实数据，并匹配影响因素，简称分解-比较-匹配。

年至2022年4类50个重大危机事件数据，采用工具变量和代理SVAR（structural vector autoregression，结构向量自回归）模型，解决了事件难以量化和内生性的问题。结果表明，从供给渠道作用的地缘政治冲突和自然灾害会使油价上涨，工业生产指数下跌；从需求渠道作用的经济和金融危机及突发卫生公共事件会使油价下跌，工业生产指数上涨。多数重大危机事件会导致通货膨胀。

第三，探讨了大宗商品价格大幅波动对中国经济的影响。重大危机事件导致的大宗商品价格大幅变动会传导至中国经济，影响中国宏观经济运行。以原油价格为例进行探究后发现，国际原油价格波动通过成本和价格渠道传导至中国经济，其中，成品油价格管制起到了"减震器"的功能，可以平缓价格大幅波动的影响。进一步地，选择三类代表性大宗商品——原油、铜和大豆，研究了大宗商品价格变动对相关行业的影响。发现，铜价格变动对工业的影响和大豆价格变动对豆油行业的影响具有一定的相似性，原油价格变动对能源行业的影响更容易受到重大危机事件的冲击。

第四，开展了考虑重大危机事件的大宗商品价格预测。重大危机事件往往对应着大宗商品价格的转折点。因此，在预测模型中引入重大危机事件是非常必要的。本书提出CRP-MIF-F（compare real data with predicted data and match influencing factors before making oil prices predictions forecastings[①]）的预测方法，对事件进行渠道判断后，再将事件分别引入对应的子序列预测中。这一预测方法明显优于BPNN（back propagation neural network，反向传播神经网络）、ARMA（autoregressive moving average，自回归移动平均）模型等基准方法，可以显著提高预测精度，尤其是转折点处的预测表现较好。

第五，仿真模拟了重大危机事件下大宗商品价格大幅变动的路径。在前文研究结果的基础上，将上述系列研究搭建成整体变动的PSIR（press-state-influence-response，压力-状态-影响-响应）理论模型和相应的系统动力学模型，对2024年到2026年可能发生的多个事件进行仿真模拟。结果表明，在2024年到2026年，世界经济增速下降会使原油价格大幅下跌，地缘政治冲突增大对原油价格的影响要大于地缘政治冲突减小的影响。飓风的影响次之，最小的是疫情的影响。

虽然本书对重大危机事件下大宗商品价格的传导路径进行了缜密探索，取得了一定的阶段性成果，但仍然存在局限性，在未来研究中有待进一步完善。总体而言包括以下四个方面：①考虑多个重大危机事件同时发生的仿真模拟。本书第7章构建了重大危机事件下大宗商品价格的PSIR模型，并对四类重大危机事件分别进行了仿真模拟，深入研究了单个事件的影响传导。事实上，多个重大危机事

---

① 比较预测数据和真实数据，并匹配影响因素进行渠道判断，在此基础上进行价格预测，简称分解-比较-匹配-预测。

件可能同时发生，因此接下来将考虑事件同时发生时大宗商品市场和经济的反应，并进行仿真模拟。②扩展研究方向，进一步完善研究路径。本书主要进行了"重大危机事件→大宗商品价格→中国经济"的影响路径探索，接下来将进一步完善这一路径，考虑经济受到冲击后的复原力（韧性），并关键考察能源进口国和能源出口国的不同情况，形成"重大危机事件→大宗商品价格→中国经济→经济复原"的研究路径。③考虑大宗商品价格的月度预测。目前学界已经对大宗商品价格，尤其是原油价格的日度预测进行了大量探索，形成了一些成熟的方法。本书也提出了考虑重大危机事件的日度价格预测方法，但是相较于日度价格预测，月度价格的预测更具有前瞻性，也更有难度。如何在月度价格预测中考虑未来一个月各种因素的综合影响，提高月度价格的预测效果，是未来继续探索的关键点。④搭建重大危机事件冲击下大宗商品市场和经济的政策仿真平台。当重大危机事件发生时，将事件类型、预期强度等关键指标输入，可以获得关键大宗商品价格的变动情况，以及经济的变动情况，在仿真模拟的基础上，可以给出相应的政策建议和应对措施。

本书的研究工作得到了国家自然科学基金面上项目（72473132，72073124）、北京自然科学基金青年项目（9254024）和国家自然科学基金基础科学中心项目（71988101）的资助。

书中难免存在不足之处，恳请专家和广大读者批评指正。

目 录

第 1 章 绪论 ··· 1
    1.1 本书研究背景剖析与研究意义阐述 ································· 1
    1.2 本书研究内容概述与研究框架构建 ································· 3
    1.3 本书研究方法探讨与技术路线设计 ································· 6
    1.4 本书研究创新与特色 ·· 8

第 2 章 国内外研究现状 ··· 10
    2.1 重大危机事件对大宗商品价格的影响 ····························· 10
    2.2 大宗商品价格变动对经济的影响 ··································· 14
    2.3 大宗商品价格预测及价格大幅波动的应对措施 ··············· 17
    2.4 本章小结 ·· 20

第 3 章 重大危机事件对大宗商品价格的短期影响 ··········· 21
    3.1 重大危机事件对大宗商品价格的短期净影响 ··················· 21
    3.2 重大危机事件对大宗商品价格的影响渠道 ······················· 53
    3.3 本章小结 ·· 71

第 4 章 重大危机事件对大宗商品价格的长期影响 ··········· 73
    4.1 研究方法 ·· 74
    4.2 研究结果 ·· 81
    4.3 进一步讨论 ·· 84
    4.4 本章小结 ·· 91

第 5 章 大宗商品价格变动对经济的影响 ·························· 92
    5.1 原油价格变动对中国经济的影响 ··································· 92
    5.2 大宗商品价格变动对重点相关行业的影响 ····················· 114
    5.3 本章小结 ·· 132

第 6 章 考虑重大危机事件的大宗商品价格预测 ··············· 133
    6.1 研究方法 ·· 134
    6.2 数据 ·· 137
    6.3 考虑重大危机事件影响渠道的原油价格预测 ··················· 140
    6.4 稳健性检验 ·· 156
    6.5 本章小结 ·· 168

第 7 章 重大危机事件下大宗商品价格大幅变动的仿真模拟 ………… 169
7.1 重大危机事件下大宗商品价格的 PSIR 模型 ………… 169
7.2 系统动力学仿真模型建立 ………… 170
7.3 情景设定和仿真结果分析 ………… 175
7.4 基于仿真结果的应对措施 ………… 180
7.5 本章小结 ………… 181

第 8 章 结论与展望 ………… 182
8.1 研究结论 ………… 182
8.2 政策建议 ………… 183
8.3 研究展望 ………… 184

参考文献 ………… 187

第1章 绪　　论

1.1 本书研究背景剖析与研究意义阐述

1.1.1 本书研究背景

大宗商品是现代社会最为重要的命脉之一，它囊括了能源、矿产和农产品在内的几乎所有用于生产与消费的初级物质商品。理解大宗商品价格涨跌的驱动因素，了解大宗商品价格变动对宏观经济的影响至关重要（Jacks and Stuermer，2020）。在商品的消费国和生产国，收入和福利的很大一部分取决于这些价格。大宗商品市场偶尔会表现出广泛的大规模繁荣和萧条，这些事件影响了穷人购买食物和能源等最基本必需品的能力，并经常引起政治动荡。大宗商品价格飙升引发的骚乱包括1863年美国南部的面包暴动，以及2008年海地、西非和南亚的动乱。大宗商品价格以其他资产价格飙升所没有的方式影响了社会福利（Carter et al.，2011）、国民经济运行和企业生产，因此受到各方面的关注。

与此同时，大宗商品价格本身也比其他商品的价格更不稳定。在大宗商品市场金融化程度日渐加深的今天，这一特征被越发放大了，且极容易受到重大危机事件的影响。从20世纪90年代末开始，大宗商品价格指数不断上涨，并在2008年6月达到峰值。经历金融危机的暴跌后，又被各国的经济刺激政策推至历史新高，当时的价格指数是1988年的两倍之多。从具体商品来看，2006年下半年到2008年上半年，在多种因素的推动下，全球范围内的农产品价格普遍上涨，引发了新一轮粮食危机，对家庭特别是贫困家庭的福利造成严重冲击。2020年，受新冠疫情的影响，钢铁、铜等金属品的价格大幅下降后又迅猛增长，对下游中小企业的生产生存造成严重威胁。受疫情和地缘政治冲突的影响，近几年原油价格也剧烈波动。2020年4月20日，WTI（West Texas intermediate，西得克萨斯中质）原油期货价格盘中最低跌至–37.63美元/桶，这是历史上的首次。而自2022年1月以来，受俄乌冲突的影响，原油价格一路走高。2022年3月7日，WTI原油期货价格达到133.46美元/桶，Brent（布伦特）原油期货价格达到139.13美元/桶，这是2008年7月以来的最高价格。此后，俄乌冲突后续事件叠加美联储加息，油价持续剧烈波动。在美元持续走强的背景下，2022年9月27日，WTI原油期货价格跌至76.31美元/桶，Brent原油期货价格跌至83.65美元/桶，回到2022年初水平。但是OPEC（Organization of the Petroleum Exporting Countries，石油输出国组织）宣布减产，又对油价起到了提振作用。长远来看，大宗商品价格波动不断增加的趋势在一定时期内似乎无法被扭转，这就需要我们对国际大宗商品价格领域投入更多的关注。

另外，近年来重大危机事件频发。重大危机事件是指国家在非战争状态的情况下，面临突发性、广泛性、持续性的事件，并引起较大规模具有破坏性的经济危机、公共安全危机和自然灾害等紧急事件，主要包括地缘政治冲突、自然灾害、经济和金融危机、突发卫生公共事件四类。比如2008年的金融危机、2018年的中美经贸摩擦、2020年的新冠疫情、2022年的俄乌冲突和2023年新一轮的巴以冲突等，这些事件对大宗商品市场以及经济和金融造成了严重冲击。以俄乌冲突为例，俄罗斯是原油的生产大国和出口大国，俄乌冲突导致原油价格上涨了46%。同时俄罗斯是仅次于美国的天然气生产国和欧盟最大的天然气供应国，俄乌冲突也对欧洲天然气市场造成了冲击。2022年8月，荷兰TTF（title transfer facility，所有权转让设施）天然气期货价格[①]高达339.195欧元/兆瓦时，是上年同期价格的7.4倍。同时，乌克兰和俄罗斯是全球玉米和小麦的主要出口国，俄乌冲突也导致玉米和小麦的价格涨幅超过30%，对粮食安全提出挑战（朱晶等，2023）。冲突造成的大宗商品价格上涨也进一步推高了各国的CPI（consumer price index，消费价格指数）。以美国为例，2022年6月，美国的CPI高达9.1%。为了应对通胀，美国和欧盟等国家和地区持续加息，这也进一步拖累了世界经济。2022年世界经济增速仅为3.5%，而发达经济体的经济增速仅为2.7%。同时，根据世界银行测算，俄乌冲突可能使9500万人陷入极端贫困。

重大危机事件对大宗商品市场有显著影响，进而对宏观经济造成冲击。因此，需要深入分析重大危机事件对大宗商品价格变动的影响，以及大宗商品价格变动对中国经济的影响，进而提出相应的应对措施，防范预期外的价格跳涨或下跌给经济造成的严重冲击。

1.1.2 本书研究意义

重大危机事件对大宗商品价格的影响是显而易见的，但是因为事件的突发性和特殊性，难以选择有效的指标进行刻画，也就难以量化重大危机事件对大宗商品价格的影响。针对重大危机事件影响下大宗商品价格变动的传导路径，目前学界和业界都缺少一套完善的解决方案。本书在这方面做出了边际贡献，在立足中国实际情况的前提下，将重大危机事件视角下大宗商品价格变动的"来龙去脉"清晰刻画，并定量测算。

---

① 欧洲天然气价格基准。

一方面，在理论研究上，本书提出了重大危机事件影响下大宗商品价格传导路径新的方法与理论框架。这几个研究框架，分别从重大危机事件对大宗商品价格的短期净影响、影响渠道、长期影响，大宗商品价格对经济的影响，以及考虑重大危机事件的大宗商品价格预测方面进行创新与完善。每个研究框架都是对现有研究不足的有力补充，解决了事件混叠影响的问题，揭示了事件的影响渠道，改进了事件的量化方法，并拓展了大宗商品价格对宏观经济的传导路径。同时，这些框架共同组成了"重大危机事件→大宗商品价格→中国经济"的完整研究体系，丰富了现有文献的同时，也推动了大宗商品价格领域的发展。

另一方面，在实际应用上，本书测算了重大危机事件对大宗商品价格的影响和影响渠道，并通过预测和仿真模拟对未来的事件影响与价格走势进行判断。现有的技术难以预测未来事件的发生，但是可以通过对历史事件的评估，把握同类型事件的影响规律，帮助政府、企业、投资者等相关主体在未来类似事件发生时，根据历史经验，快速做出判断和响应，进而防范预期外的价格跳涨或下跌。可以通过渠道干预、应急管理机制等措施来平缓国际大宗商品价格变动对经济运行、企业运转的影响，减少经济损失。

1.2 本书研究内容概述与研究框架构建

1.2.1 本书研究内容

本书在重大危机事件视角下，研究了大宗商品价格的形成和传导机制，即以大宗商品价格为核心的"重大危机事件→大宗商品价格→中国经济"的传导路径，如图1.1所示。重大危机事件会对大宗商品市场造成剧烈冲击，导致大宗商品价格产生大幅波动，这种大幅波动又传导至经济，对我国的宏观经济和相关行业产生预期外的影响。

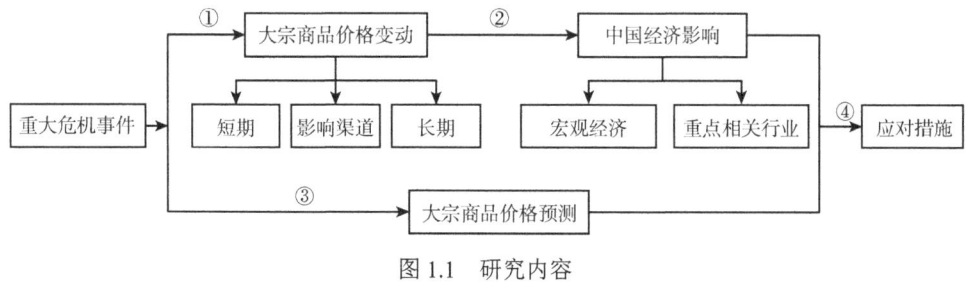

图 1.1 研究内容

本书研究如下问题：第一，重大危机事件对大宗商品价格的影响是怎样的？短期影响和长期影响具体怎么表现？影响渠道是什么？第二，重大危机事件导致的大宗商品价格剧烈变动会怎么传导至中国经济？对相关行业有什么影响？第三,在此基础上,如何将重大危机事件纳入大宗商品价格的预测模型,提高模型的精度?第四,不同事件对大宗商品价格的表现不同,怎么对未来可能发生的事件进行仿真模拟,并据此提出行之有效的应对措施?

针对这四大研究问题,进行了以下具体研究。

重大危机事件对大宗商品价格的影响会在短期内快速显现,也会逐步改变市场效率、长期均衡等市场特性,造成长期影响。因此本书首先研究重大危机事件对大宗商品价格变动的影响,这种影响包括短期影响、长期影响以及隐含在内的影响渠道。在研究短期净影响和影响渠道时,本书分别提出了普适且翔实的研究框架。为证明框架的适用性,选取了原油价格和俄乌冲突进行分析。选择原油价格的原因在于,原油是全球交易量最大的大宗商品,它的供给量和需求量极大,而且下游产业几乎覆盖了吃、穿、住、行的每个方面。同时,原油的价格波动很大,这种价格波动会传导至天然气、金属等其他大宗商品市场。选择俄乌冲突的原因在于,俄乌冲突是近几年对大宗商品市场尤其是原油市场造成严重影响的典型事件。正如上文提到的,俄乌冲突导致原油价格上涨46%、欧洲天然气价格上涨到上年同期的7.4倍、玉米和小麦价格涨幅超过30%。本书选择最典型的事件和商品进行分析,一方面可以探究清楚俄乌冲突对原油价格的短期净影响和影响渠道,另一方面也证实了本书提出的研究方法的实用性和可靠性,在研究其他事件和商品时,这一方法同样适用。

在研究长期影响时,本书选取了地缘政治冲突、自然灾害、经济和金融危机、突发卫生公共事件四类事件共同分析。在长期中,重大危机事件的影响具有更多相似性和一致性,会遵循一般规律,尤其是同类事件。因此,在长期中可以对事件进行合并研究。同样地,这部分重点关注事件对原油价格的影响。

完成长短期的影响研究后,探究大宗商品价格变动对中国经济的影响。首先分析价格变动对中国宏观经济的影响。此处,仍是重点关注原油价格变动的影响。中国作为原油进口大国,原油的对外依存度超过70%,因此原油价格变动对中国宏观经济的影响是非常显著的,选择重大危机事件下原油价格变动对中国经济的影响更具有代表性。除了对宏观经济的影响,大宗商品价格变动对相关行业的影响更直接。其次,本书选择三类代表性商品:原油、铜和大豆,研究大宗商品价格变动对重点相关行业的影响。

重大危机事件对大宗商品价格变动的影响,大宗商品价格变动对经济的影响,这一"通路"已经刻画清晰。为了有效防范未来大宗商品价格大幅变动的影响,还需要对大宗商品价格进行预测,关键是考虑重大危机事件在其中的作用。因此,在"通路"刻画的基础上,进行考虑重大危机事件影响渠道的大宗商品价格预测。这部分仍是关注原油价格,对油价进行预测。

"通路"探究和预测已经为将来应对重大危机事件的冲击奠定了渠道基础,那么应该在什么时机采取什么方式进行干预?干预的效果如何?就需要使用系统动力学进行仿真模拟。这部分同样以原油价格作为主要研究对象，对不同种类、不同程度的重大危机事件进行模拟，并据此给不同主体提供应对措施。

1.2.2 本书研究框架

本书的研究框架结构安排如下。

第1章：绪论。介绍当前大宗商品价格的变动情况，以及重大危机事件频发的国际背景，从而引申出本书的研究意义与研究内容，并提炼出本书的创新点与研究特色。

第2章：国内外研究现状。分别对重大危机事件对大宗商品价格的影响、大宗商品价格变动对经济的影响，以及大宗商品价格预测和价格大幅波动的应对措施等相关领域的文献进行调研。同时评述当前研究的优势与不足，从而引出本书的创新之处。

第3章：重大危机事件对大宗商品价格的短期影响。本书首先提出 EMC 的分析框架测算重大危机事件的短期净影响。采用多分辨率因果检验，发现俄乌冲突与原油价格之间存在显著的单向因果关系。之后，采用基于 VMD（variational modal decomposition，变分模态分解）的事件分析法，发现冲突及其连锁事件导致 WTI 原油价格上涨 37.14 美元/桶，涨幅达到 52.33%，导致 Brent 原油价格上涨 41.49 美元/桶，涨幅达到 56.33%。俄乌冲突可以解释事件窗内 WTI 原油价格 70.72%的变动和 Brent 原油价格 73.62%的变动，并放大了油价的波动性，从根本上改变了原油价格的运行趋势。之后提出 CRP-MIF 的分析框架，采用 CEMD（complex empirical mode decomposition，复杂经验模态分解），从不同子信号入手，研究重大事件对大宗商品价格的短期影响机制。发现俄乌冲突通过影响投机活动、库存和供需平衡，并与 OPEC+产量公告共同作用，导致国际油价短期剧烈波动和价格快速上涨。其中，投机活动、库存和供给的渠道影响较强。

第4章：重大危机事件对大宗商品价格的长期影响。使用 1990 年 1 月至 2022 年 12 月的月度数据，采用代理 SVAR 模型进行研究。首先，筛选了 4 类 50 个事件，以 WTI 原油期货价格在事件前后的变动百分比作为事件的代理变量进行分析。其次，通过脉冲响应辨别重大危机事件对原油价格的影响程度和持续时间，并对 4 类事件分类研究，辨别不同事件的不同影响。

第5章：大宗商品价格变动对经济的影响。该章重点关注大宗商品价格波动对中国的影响，将中国的政策纳入考量。首先，研究原油价格变动对中国宏观经济的影响，考虑成品油价格管制在其中起到的作用。具体来说，从理论层面构建原油价格对中国经济的传导路径和成品油价格管制的影响路径，构建中国成品油价格的管制水平指标，之后采用 SVAR 模型，从整体样本和分样本两个维度，研究油价上涨、油价下跌时成品油价格管制的作用，探究其是否发挥了"减震器"的功能。其次，采用 TVP-SV-VAR（time varying parameter-stochastic volatility-vector autoregression，时变参数-随机波动率-向量自回归）模型分别研究三种大宗商品价格波动对其下游行业的影响。具体来说，研究原油价格波动对能源行业的影响，铜价格波动对工业行业的影响，大豆价格波动对豆油行业的影响。

第 6 章：考虑重大危机事件的大宗商品价格预测。将重大危机事件的影响渠道纳入预测模型，来提高趋势预测尤其是转折点预测的精度。提出 CRP-MIF-F 的预测方法，首先使用 CEMD 将原油价格分解为子序列，之后判断样本区间内重大危机事件的影响渠道，其次将重大危机事件的影响渠道纳入预测模型，最后集成原油价格的预测。

第 7 章：重大危机事件下大宗商品价格大幅变动的仿真模拟。通过以上重大危机事件对大宗商品价格的影响、商品价格的响应、商品价格波动对宏观经济和重点行业的影响研究，构建 PSIR 模型，并在此理论模型的基础上，建立系统动力学仿真模型。通过不同的参数和情景设定，模拟仿真出不同类型的重大危机事件的一系列影响，并据此给出政府、企业等不同主体的应对措施，有效防范和应对重大危机事件导致的大宗商品价格波动的冲击。

第 8 章：结论与展望。该章总结了本书的主要研究内容和研究结果，给相关主体提出政策建议，并对未来的研究进行展望。

1.3　本书研究方法探讨与技术路线设计

1.3.1　本书研究方法

（1）事件分析法。研究重大危机事件对大宗商品价格的短期净影响和影响渠道时，提出的 EMC 和 CRP-MIF 分析框架都以事件分析法为基础。首先确定事件窗和估计窗。在分析窗内对大宗商品价格序列进行模态分解，对不同频率的子信号进行分析，从而得到重大危机事件对大宗商品价格的净影响和影响渠道。

（2）计量经济模型。使用代理 SVAR 模型研究重大危机事件对大宗商品价格的长期影响，代理 SVAR 模型能有效解决重大危机事件难以量化的问题和内生性问题，帮助合理分析事件的长期影响。同时，采取 SVAR 模型研究原油价格变动对中国宏观经济的影响，并在其中考虑成品油价格管制的作用。接下来，采取 TVP-SV-VAR 模型研究代表性大宗商品对重点相关行业的影响，这一模型考虑了时变特征，可以动态考察在不同时期，商品对行业的影响。

（3）机器学习方法。采用 BPNN 等机器学习方法对分解后的高频油价序列进行预测，得到高频价格的预测序列后，再与通过计量模型预测得到的低频序列进行加总，就可以得到整个油价的预测序列。

（4）系统动力学模型。构建理论的 PSIR 模型后，建立对应的系统动力学模型，仿真模拟重大危机事件对大宗商品价格的影响，大宗商品价格变动对中国宏观经济的影响这一"通路",其中考虑了不同种类、不同强度的重大危机事件,据此给出相关主体的应对措施。

1.3.2 技术路线

本书的技术路线如图 1.2 所示。

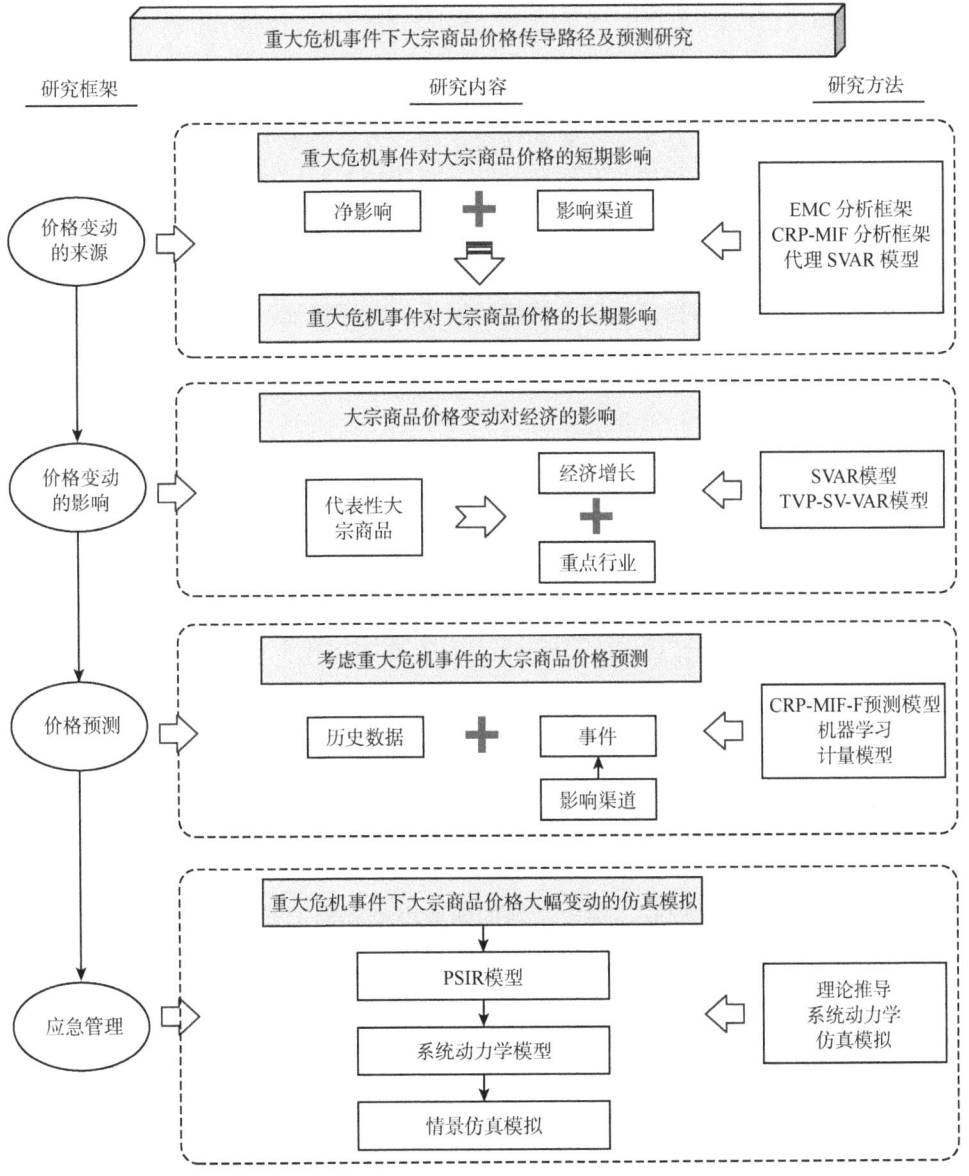

图 1.2 技术路线图

1.4 本书研究创新与特色

本书突破了以往研究侧重于基本面因素的局限，首次将重大危机事件作为分析核心，系统构建了从"重大危机事件"到"大宗商品价格"再到"经济影响"的研究框架。通过对重大危机事件短期净影响、长期影响和影响渠道的探索，完善了大宗商品的价格形成机制。通过大宗商品价格变动对宏观经济和重点相关行业的影响，丰富了大宗商品价格的传导机制。本书研究的主要创新点有以下几个方面。

1. 研究视角创新

与既有研究侧重于基本面因素的探讨不同，本书着重分析了重大危机事件在大宗商品价格波动中的作用，并构建了一个从"重大危机事件"到"大宗商品价格"再到"经济影响"的研究框架。研究揭示了在当前大宗商品市场金融化趋势不断加强的背景下，重大危机事件对价格的影响不仅被放大，而且具有传导速度快、反应强烈、作用路径多元以及持续时间不确定等特征，这些特征在以往的研究中并未得到充分认识，对于未来的研究和实际应用而言，这些都是亟待深入探讨和关注的重要方面。

2. 传导理论创新

探索了大宗商品价格新的形成机制和传导机制。在价格形成机制中，加入重大危机事件的影响。将重大危机事件对大宗商品价格的短期净影响、长期影响和影响渠道进行了深入探究，完善了当前的大宗商品价格形成机制。在价格传导机制中，考虑到国际大宗商品价格，尤其是原油价格对中国经济的传导是不完全的，本书将国家的管控措施纳入其中。中国对成品油价格的管制有效缓解了国际原油价格大幅变动对中国经济的冲击。考察了成品油价格管制在传导路径中的作用，探究了价格管制的"减震器"功能，完善了现有的价格传导机制。

3. 研究方法创新

针对要解决的现实问题，提出了新的研究框架和新的研究方法，具体如下。

（1）针对现有方法无法分离事件窗内混叠因素影响的问题，提出了 EMC 的分析框架，测算重大危机事件对大宗商品价格的净影响。目前主流的事件分析法没有考虑事件窗内其他因素的影响，导致测算出现偏差。本书提出的 EMC 方法，先采用多分辨率因果关系检验判断事件窗内重大危机事件和其他因素与大宗商品价格间的关系，分离其他事件的混叠影响后，再采用基于 VMD 的事件分析法进行研究，可以有效测算事件的净影响。

（2）针对现有研究无法分析重大危机事件对大宗商品价格影响渠道的问题，提出了 CRP-MIF 的分析框架。现有方法多采用回归方法研究所有极端事件或某类极端事件对大宗商品价格的影响渠道，但是没有对某个事件进行深入剖析，也不能判断每个渠道的影响程度。而 CRP-MIF 研究方法通过寻找影响油价不同频率的相关因素后再对比预测数据和真实数据的差距，匹配出地缘政治冲突的影响机制，并能定量判断每个机制的影响程度。同时，这一方法采用了区间计量模型，能够同时利用原油期货价格的趋势和波动率信息，相比点值模型，能获得更多信息增益。

（3）针对事件难以量化，无法测算重大危机事件长期影响的问题，采用代理 SVAR 模型进行研究。收集了 30 多年来的 4 类 50 个重大危机事件，研究了这些事件对原油市场和经济的长期影响，发现从供给层面影响的事件会导致原油价格上涨，工业生产指数下跌；从需求层面影响的事件会导致原油价格下跌，工业生产指数上涨。这其中，地缘政治冲突的影响更剧烈，但是金融危机的影响时间会更长。

（4）针对目前大宗商品价格预测没有考虑重大危机事件，导致转折点处预测效果较差的问题，提出了 CRP-MIF-F 的预测框架。现有文献较少在预测中纳入重大危机事件，更没有考虑事件的影响渠道。加入不同事件的不同影响渠道，可以提高大宗商品价格趋势预测的精度，同时帮助识别预测大宗商品价格的拐点。以原油价格为例进行预测框架的应用，在预测中同时使用了区间模型进行区间数据预测，捕捉更多信息，进而可靠地预测原油价格的变化。

第 2 章　国内外研究现状

本章主要对大宗商品价格传导路径及预测领域的相关文献进行回顾梳理，重点关注重大危机事件的研究进展。2.1 节综述重大危机事件对大宗商品价格的影响，详细考察现有文献中对重大危机事件的度量和研究方法，归纳总结不同类别的重大危机事件对大宗商品价格的影响；2.2 节整理大宗商品价格变动对经济的影响，包括宏观经济和重点行业；2.3 节梳理目前大宗商品价格预测及价格大幅波动的应对措施领域的文献进展；2.4 节归纳总结整体进展。

2.1　重大危机事件对大宗商品价格的影响

危机研究起源于对第一次世界大战和第二次世界大战的深入思考。随后，在 20 世纪五六十年代，通过分析如古巴导弹危机和布拉格之春等在错综复杂的国际背景中发生的事件，这一领域逐渐发展成为一个拥有独特研究领域和方法的新学科。到了 20 世纪 80 年代，危机学研究进一步分化为两个主要方向：一方面继续沿袭传统安全议题的研究，并扩展到公共危机管理领域；另一方面则逐步扩展至商业管理实践，发展成为企业危机管理，体现了显著的跨学科特性（程惠霞，2016）。

学界对于危机事件的定义也各不相同，不同学者会根据自己的研究领域和关注点给出不同的定义。目前最具代表性的研究者包 Hermann（赫尔曼）、Rosenthal（罗森塔尔）和薛澜等。

Hermann（1969）首次将危机定义为一种形势，认为"危机是威胁到决策集团优先目标的一种形势。在这种形势中，决策集团必须在有限的时间内做出关键决策"。Rosenthal 等（1989）认为，"危机是指具有严重威胁、不确定性和有危机感的情境"，这一定义被西方学术界普遍接受，国内学术界开始研究危机管理时也大多借用该定义。之后薛澜等（2003）将这一定义延伸到公共危机领域，认为危机是决策者的核心价值观念受到严重威胁或挑战、有关信息不很充分、事态发展具有高度不确定性和需要迅捷决策等不利情境的汇集。马建珍（2003）对危机事件的定义进一步细化，认为危机事件指社会遭遇严重天灾、疫情，或出现大规模混乱、暴动、武装冲突、战争等，社会秩序遭受严重破坏，人民生命财产和国家安全遭受直接威胁的非正常状态。

本书参考马建珍（2003）的定义，给出关注的重大危机事件的定义：重大危机事件是指国家在非战争状态的情况下，面临突发性、广泛性、持续性的事件，并引起较大规模具有破坏性的经济危机、公共安全危机和自然灾害等紧急事件，主要包括经济和金融危机、突发卫生公共事件、地缘政治冲突、自然灾害四类。与其他危机不同的是，重大危机事件的发生具有突发性，难以有效预测；后果极具破坏性，容易造成大规模的生命财产损失。因此，重大危机事件的影响更加需要关注。

2.1.1 重大危机事件的度量与研究方法

对重大危机事件的研究，一直存在一个难以解决的问题：事件难以量化。因此，无法直接采用计量方法来研究重大危机事件对大宗商品市场和经济的影响。学者试图采用其他方法进行研究。

第一类是采用事件分析法进行研究。在短期中，这是非常有效的分析工具。Ma 等（2021）使用事件分析法研究了 2020 年 3 月至 4 月俄罗斯-沙特阿拉伯石油价格战的爆发和停战对全球石油市场的影响，发现影响是不对称的。Ji 和 Guo（2015）采用事件分析法和 GARCH（generalized autoregressive conditionally heteroskedastic，广义自回归条件异方差）模型研究了四类事件对世界原油价格的影响。Zhang 等（2009）开发了基于 EMD（empirical mode decomposition，经验模态分解）的事件分析法，并分别研究了 1990 年的海湾战争和 2003 年的伊拉克战争对原油价格变化的影响，为定量估计极端事件对原油市场的影响提供了一种可行的方案。之后的学者在该方法的基础上进行拓展，并应用到粮食价格波动、天然气市场、汇率和政策的研究中（Zhu et al., 2018; Wang et al., 2018a; Wei et al., 2018; Raza and Siddiqui, 2024）。

第二类是以重大危机事件发生的时间为基础，构建 0-1 虚拟变量后使用计量经济学方法进行定量研究。Karali 和 Ramirez（2014）将亚洲金融危机、"9·11"事件、伊拉克战争、金融危机纳入模型来分析能源价格的时变波动性和溢出效应，对事件的处理方法是将事件发生的日期取值为 1，否则为 0。Wen 等（2021）使用回归模型研究极端事件与能源价格风险之间的关系。考虑的事件包括自然灾害（干旱、极端温度、风暴、洪水和野火）与恐怖主义，其中自然灾害变量也是在事件发生期间取值为 1，否则为 0。研究发现极端事件对石油价格风险存在显著的影响。

第三类是采用计量方法分段回归或者指标计算后，再将事件前后的表现进行对比。Li X G 和 Li M G（2014）通过 VAR（vector autoregression，向量自回归）模型和 HP 滤波分解（Hodrick-Prescott filter decomposition）模型，发现日本 2011 年 3 月地震后，国际原油价格上升趋势明显。Joo 等（2020）通过比较金融危机前后的赫斯特指数、熵和幂律指数，发现2008年金融危机改变了石油市场的规模不变特性，也对市场的效率和长期均衡产生了负面影响。Zavadska等（2020）通过对危机前后进行分段回归，发现1997年亚洲金融危机和2008年全球金融危机通过金融市场对石油市场产生了间接影响，使油价表现出更大的波动性。

第四类是针对不同种类的事件构建指数或采用一些具体的指标进行研究。其中，使用最多的是GPR（geopolitical risk，地缘政治风险）指数。这一指数由Caldara和Iacoviello（2022）根据《纽约时报》《金融时报》《华尔街日报》等10家报纸上地缘政治冲突文章占总文章的数量来表示。此后，很多学者采用这一指数研究地缘政治冲突与能源价格的关系（Antonakakis et al.，2017；Liu et al.，2019；Gong et al.，2022；He and Sun，2024）。也有研究采用具体的指标来表示事件，比如采用确诊病例（Le et al.，2021）、死亡率（Algamdi et al.，2021）和新闻报道（Atri et al.，2021）研究新冠疫情对原油价格的影响，均发现产生了显著的负向影响（Zhou et al.，2022）。

2.1.2 不同类别的重大危机事件对大宗商品价格的影响

Wen等（2021）认为重大危机事件主要通过四个渠道影响原油市场：首先，地缘政治冲突、流行病等对全球经济造成拖累，并影响原油的供需；其次，重大危机事件会增加股票市场的波动性，并通过股票市场和原油市场的联动影响原油价格；再次，重大危机事件会增加石油价格的跳跃风险；最后，地缘政治冲突、恐怖主义等可能通过影响地缘政治格局来间接影响石油价格。

对具体种类的事件来说，在对地缘政治冲突的研究中，Liu等（2019）提出，地缘政治风险通过影响产油国的供应政策和全球经济活动状况，从供给和需求两端影响原油价格。同时，地缘政治风险也会影响投资者的情绪和交易决策，造成油价涨跌频繁。不同类型的冲突造成的影响是不同的，有的产生的影响短暂，有的会产生更持久的影响，并造成市场的显著变化（Antonakakis et al.，2017）。Bae等（2017）将冲突分为三类：国际化的冲突，如1990年的海湾战争；国家间的冲突，如1990年的科威特战争；一国内的冲突，如叙利亚内战，来研究不同类型的冲突对石油公司回报的影响。发现，国家石油公司在国际化和国内冲突后获得了正向回报，而跨国石油公司在中东地区的国内冲突后获得了正向回报。El-Gamal和Jaffe（2018）发现破坏石油生产设施或运输网络的军事冲突会造成长期石油供应中断，给石油市场造成持续影响，而非暴力的政权更迭、低水平的地缘政治冲突带来的影响是有限的。也有文献对某个战争或冲突进行单独分析。Zhang等（2009）采用基于EMD的事件分析法对1990年的海湾战争和2003年的伊拉克战争进行了分析。Fang和Shao（2022）通过构建指数来衡量俄乌冲突强度，发现俄乌冲突的加剧显著增加了能源市场的波动性。

在对自然灾害的研究中，Wen 等（2021）使用 1983 年 4 月 1 日至 2019 年 12 月 30 日的日度数据发现自然和人为灾害都显著增加了石油价格风险。Gupta 和 Pierdzioch（2021）将气候风险因子纳入 HAR-RV（heterogeneous autoregressive-realized volatility，异质自回归-已实现波动率）模型，发现在月度层面甚至周度层面上，气候风险因子都对原油价格的样本外预测有一定的贡献。类似地，Salisu 等（2023）发现将气候风险纳入预测模型，可以显著提高油价的预测精度。Lee 等（2021）发现自然灾害对石油的消耗产生了重大的负面影响，这会在一定程度上推高原油价格。Dai 等（2020）引入特定突发事件的网络关注度指数解释油价波动，发现飓风 Katrina（卡特里娜）对油价存在正向影响。

在金融危机对原油市场的影响研究方面，学者更加关注 2008 年全球性金融危机。Joo 等（2020）发现 2008 年金融危机改变了石油市场的规模不变特性，也对市场的效率和长期均衡产生了负面影响。Zavadska 等（2020）发现 1997 年亚洲金融危机和 2008 年全球金融危机通过金融市场对石油市场产生了间接影响，使油价表现出更大的波动性。

流行病也对原油市场造成了严重影响，其中尤以新冠疫情最甚（Cheng et al.，2021）。作为一个低概率但高严重度的"黑天鹅"事件（Rizvi and Itani，2022），新冠疫情令国际油价突变（Cheng et al.，2021），使 WTI 价格首次跌至负值，并使油价方差达到历史最高水平（Shehzad et al.，2021）。新冠疫情对原油价格产生了显著的负向影响（Zhou et al.，2022），从对确诊病例（Le et al.，2021）、死亡率（Algamdi et al.，2021）和新闻报道（Atri et al.，2021）的研究中都可以得出一致的结论。

由于 2008 年金融危机和新冠疫情在不确定性、经济衰退、货币和政策当局的反应方面有着重要的相似之处，因此经常被用来进行比较（Jebabli et al.，2022；Ghazani et al.，2023）。但是二者还是存在显著区别的，2008 年金融危机是源于次贷危机，并从金融市场蔓延到实体经济，而新冠疫情导致企业停工停产，供应链中断，进而影响金融领域（Bouri et al.，2021）。并且在新冠疫情期间，油价与经济活动的关联度更高（Managi et al.，2022）。

总的来说，自然灾害对原油市场的影响较小，疫情的影响最大（Wen et al.，2021）。地缘政治冲突和新冠疫情事件期间，原油价格的波动性更大，而经济/金融危机期间原油价格波动的持续时间更长（Iglesias and Rivera-Alonso，2022；Zavadska et al.，2020）。

可以看到，学界已经对重大危机事件的影响进行了一定的探索。在短期研究中，事件分析法是有效且常用的方法。在经典方法的基础上，Zhang 等（2009）进一步提出基于 EMD 的事件分析法，只对主模态进行分析，可以剥离事件窗内小事件的影响，从而成为这一领域内的经典文献。但是这一方法无法剥离事件窗内其他因素的影响，EMD固有的问题也会导致测算出现偏差。随着时间的推移，会有更多的因素或其他事件影响大宗商品价格，该事件的影响不再占据主要地位，因此在长期分析中，事件分析法不再适用。目前在长期分析中常用的三类方法也存在不足：第一类是以事件发生的时间点为分割点，构建0-1虚拟变量进行研究。这一方法只是对事件影响的粗略估计。尤其是将所有事件共同纳入模型考虑时，无法区分不同事件的强度，也无法刻画事件随着时间推移的影响程度变化。第二类是采用计量方法进行分段回归或者指标计算后，再将事件前后的表现进行对比。这一方法会在分段回归中混叠其他事件的影响，得到的结果可靠性不强。第三类是针对不同种类的事件构建指数或采用一些具体的指标进行研究，比如 GPR 指数。这类方法对特殊事件或具有明显特质的某类事件是有效的，并不适用于所有事件。

在评估重大危机事件的影响渠道方面，目前广泛采用的方法是多项式 logit（multinomial logit）模型。该模型通过纳入所有重大危机事件数据，旨在识别这些事件影响的共同渠道。然而，这种方法主要集中于对某类事件的整体分析，缺乏对单一事件影响渠道的深入探讨。此外，现有研究尚未提出一套标准化的研究框架来分析特定危机事件的影响渠道。因此，未来的研究需要发展更为精细化的分析方法，以更准确地揭示和理解各个重大危机事件的独特影响机制。

2.2 大宗商品价格变动对经济的影响

作为现代社会命脉之一的大宗商品，其价格变动会对经济运行产生重要影响，这一影响在宏观经济运行、行业效率与回报中均有所体现。

2.2.1 对宏观经济运行的影响

大宗商品价格的剧烈波动会对宏观经济产生重要影响。以 Hamilton（1983）的工作为基础，学者开始关注石油价格与经济增长之间的关系（Lardic and Mignon，2006；Benhmad，2013；Balcilar et al.，2017；Li，2023），并从非线性的角度考量（Kilian and Vigfusson，2013；Khan et al.，2019；Liu and Yang，2024）。

从整体来看，大宗商品价格的波动通过现金流、净财富和预期等多重机制融入金融加速器效应，并对经济波动产生影响，从而加剧了经济的波动性（骆祚炎和郑佼，2017）。在传导机制方面，不同来源的外部冲击引起国际大宗商品价格波动，这些波动通过贸易和价格渠道传递至国内市场，进而影响总产出和国内价格水平，随后波及总消费和总投资，最终影响利率（王擎等，2019）。还有研究者探讨了大宗商品价格的剧烈波动对中国经济的影响，发现在1990年至2015年间，国际原油价格指数、工业投入品价格指数（包括金属和农产品）、中国工业增加值增速和消费物价指数均经历了结构性突变。国际原油价格的上涨在短期内可能会减缓中国经济增长，但在中期内可能对经济产生轻微的刺激作用，并逐步推高物价水平；工业投入品价格的上升同样会减缓经济增长，但会导致物价水平先升后降（王书平等，2017）。此外，大宗商品的金融化在中国实体经济波动中起到了放大作用（刘璐和张帮正，2020）。

具体来看，国际大宗商品价格的波动对我国CPI和PPI（producer price index，生产价格指数）有着显著的影响。对PPI而言，这种影响是直接的，并且在传递过程中被进一步增强（蔡宏波和王俊海，2012）。而对CPI的影响则既有直接作用，也有通过CCPI（core consumer price index，核心消费价格指数）和PPI间接传递的作用（王晓芳等，2011）。不同类别的大宗商品对PPI和CPI的影响程度各不相同。国际大宗商品指数和国际工业品价格指数对PPI的影响最为显著，而国际食品价格指数则对CPI的影响最大（谭小芬和邵涵，2019）。近年来，我国CPI和PPI走势的分化在很大程度上也是由大宗商品价格的波动所引起的。吴周恒等（2018）提出，这种趋势的偏离是因为国际大宗商品价格对国内上游价格的传导相对稳定，但对下游价格的传导却呈现出长期的减弱趋势。吴立元等（2020）则认为，工业原材料和大宗商品价格的波动是导致PPI变动的直接原因，而劳动力市场的摩擦则阻碍了PPI向CPI的传导，甚至在货币政策的影响下，二者可能出现相反的变动趋势。

国际大宗商品价格对中国通货膨胀的形成也具有较强的促进作用（苏明政和张庆君，2011），这一作用是非对称性传导，除了体现在边际成本渠道，还表现出受市场份额影响的策略互补性，而这一冲击主要来源于能源价格的波动（唐正明和郭光远，2018）。

作为各国重要的贸易物品，大宗商品价格与汇率间的关系也受到重点关注。Chen S S和Chen H C（2007）使用G7（Group of Seven，七国集团）的月度面板数据研究油价与实际汇率的长期关系，发现二者存在协整关系，且油价可以较好地预测汇率走势。其他文献也使用VAR、GARCH等模型，选取不同国家作为研究对象，探讨大宗商品价格与汇率间的关系（Wu et al.，2012；Aloui et al.，2013；Ji et al.，2019；Tule et al.，2019；Haider et al.，2023；Sokhanvar and Bouri，2023）。

大宗商品价格，主要是能源价格对可持续发展的影响近些年得到越来越多的关注。Borzuei等（2022）使用阈值模型研究了在不同经济增长制度下能源价格对伊朗可持续发展的影响，这种可持续发展主要是通过促进可再生能源的使用来实现的。类似地，Li和Leung（2021）、Mukhtarov等（2020）、Karacan等（2021）、

Mukhtarov 等（2022）证实了能源价格对可再生能源消费的作用，并进一步影响可持续发展目标的实现。也有研究发现有效的能源价格政策可以减少碳排放并实现可持续发展目标（Umar et al., 2021；Ma et al., 2022；Sha et al., 2022；Guo et al., 2019；Malik et al., 2020；Ike et al., 2020）。

2.2.2 对行业运行的影响

部分文献研究了大宗商品价格波动对不同行业的影响。其中，对油价波动的影响研究更集中，这些研究主要关注油价上涨和下跌的不对称冲击。Scholtens 和 Yurtsever（2012）使用动态 VAR 模型分析了油价冲击对欧洲 38 个行业的影响。研究发现油价上涨对采矿业、石油行业和天然气行业有显著的正向影响，而油价下跌对其他大多数行业是有益的。Wang 和 Zhang（2014）使用 ARJI-GARCH（autoregressive jump intensity-generalized autoregressive conditional heteroskedasticity，自回归跳跃强度-广义自回归条件异方差）模型研究了油价冲击对中国粮食、金属、石化和油脂四个基础行业的影响，发现负面冲击对这四个市场的影响更大。石化市场受油价冲击的影响更大，粮食市场对冲击最不敏感。类似地，Zhang 和 Qu（2015）使用 ARJI-GARCH 模型分析油价冲击对中国农产品的影响，发现经济作物比粮食作物更容易受到油价冲击的影响。Zhang 等（2022a）发现国际油价上涨对中国工业部门的回报会产生负面影响。也有文献探究了油价三种结构性冲击对行业的影响。谭小芬等（2015）运用基于短期约束的 SVAR 模型，分析了 1998 年至 2015 年间三种结构性冲击——供给冲击、特定需求冲击和金融投机冲击——对国际油价波动的影响，以及这些冲击对中国 37 个工业行业的影响及其作用机制。研究发现，油价上涨对工业产出具有抑制作用。然而，对于那些能源密集度较高的行业，或者国有企业在行业中占比较大的行业，这种抑制效应相对较弱。

可以看到，目前文献关注的是宏观经济指标，比如总产出、CPI、PPI 等。但在研究过程中没有考虑中国的实际情况或特色措施，比如成品油价格管制。中国独特的价格管制政策使得大宗商品价格的波动不会完全传导到实体经济，从而起到一定的"减震器"功能，然而并没有文献探讨这一问题。同时，虽然部分文献研究了大宗商品价格对不同行业的影响，但是多集中在原油价格波动的影响。大宗商品种类丰富，几乎涵盖了所有用于生产的初级产品，其价格的大幅波动对不同行业有不同影响。区分不同种类的大宗商品对相关行业的影响，并对不同行业的敏感性进行分析，是非常有必要的。

2.3 大宗商品价格预测及价格大幅波动的应对措施

2.3.1 大宗商品价格预测

了解到大宗商品价格变动的重要影响后,对其价格变动的预测就变得格外有吸引力。理论上,厘清大宗商品价格的影响因素后,就可以根据二者之间的关系进行价格预测。

已有许多文献对大宗商品价格进行预测,目前主要集中于三类方法。

第一类是采用计量模型进行预测,比如经典的 VAR、ARCH(autoregressive conditionally heteroskedastic,自回归条件异方差)、GARCH 等模型(Morana,2001;Baumeister and Kilian,2012;Xie et al.,2014)。也有一些文献针对原油价格的特点使用特定模型,比如同时考虑参数和模型不确定性的 DMA(dynamic model averaging,动态模型平均)法(Naser,2016),可以识别油价历史数据转折点的 DBSTS(dynamic Bayesian structural time series,动态贝叶斯结构时间序列)模型(Lu et al.,2020),以及半参数马尔可夫切换 AR-ARCH(autoregressive-autoregressive conditional heteroskedasticity,自回归-自回归条件异方差)模型(Nademi A and Nademi Y,2018)。Chai 等(2018a)在考虑油价的变化点、政权切换、时变决定因素的基础上,使用 TVP-STSM(time varying parameter-structural time series,时变参数-结构时间序列)模型,对油价进行预测。Snudden(2018)在经典计量模型的基础上,加入具有目标滞后选择的增长率过滤器,提高了油价长期预测的准确性。Osathanunkul 等(2018)将石油价格纳入农产品价格的预测模型,并采用 BVAR(Bayesian vector autoregression,贝叶斯向量自回归)模型和 MS-BVAR(Markov switching-Bayesian vector autoregression,马尔可夫转换-贝叶斯向量自回归)模型生成农产品价格的样本外预测。

第二类是机器学习方法,如 SVM(support vector machine,支持向量机)、ANN(artificial neural network,人工神经网络)、RF(random forest,随机森林)、Lasso(least absolute shrinkage and selection operator,最小绝对值收敛和选择算子)模型等(Godarzi et al.,2014;Ramyar and Kianfar,2019;Xing and Zhang,2022)。传统的计量模型基于严格的线性假设,且不能引入过多的自变量,而机器学习方法能够有效区分随机因素,捕捉传统计量经济模型无法考察的隐藏非线性特征,且能引入较多自变量,最大限度地控制影响因素。Costa 等(2021)比较了标准计量经济模型和机器学习方法在内的 23 种预测方法,发现机器学习方法在短期内表现良好。也有不少文献利用机器学习方法,提出新的预测范式,比如预测第二天价格涨跌的基于 ANFIS(adaptive neuro-fuzzy inference system,自适应神经模糊推理系统）的方法（Ghaffari and Zare，2009），或者对油价进行降噪后再使用机器学习方法预测（Yu et al.，2014；Zhao et al.，2017；He et al.，2021）。还有文献将 MPGA（multi-population genetic algorithm，多群体遗传算法）和 LPPL（log-periodic power law，对数周期幂律）结合，预测油价的转折点（Cheng et al.，2018）。

但是机器学习方法容易存在过拟合、收敛速度慢、参数选择困难等问题。因此，学者提出了第三类研究方法，即混合预测方法。其包括计量模型和机器学习方法的混合、机器学习方法的混合、组合预测等。Cheng 等（2019）提出了新的混合 VEC-NAR（vector error correction-nonlinear autoregressive neural network，矢量误差校正-非线性自回归神经网络）模型来同时解决油价的滞后性、非线性和关联性问题，对油价进行预测。Wang 等（2005）针对原油价格预测的固有难度，提出 TEI@I 的预测方法，即 text mining + econometrics + intelligence（intelligent algorithms）@ integration（文本挖掘+计量经济+人工智能@集成），进行油价预测。在此基础上，Yu 等（2008）将油价序列进行 EMD 后分别预测，再将子序列集成油价的预测序列，提出"分解集成"的思想。此后，将序列分解后再通过计量模型和机器学习方法进行预测成为原油价格预测的主流方法。比如使用 EMD 后，再通过 FNN（feedforward neural network，前馈神经网络）和基于斜率的方法进行预测（Xiong et al.，2013）；使用 EEMD（ensemble empirical mode decomposition，集成经验模态分解）后，通过 LSSVM-PSO（least squares support vector machine combined with particle swarm optimization，最小二乘支持向量机结合粒子群优化）方法和 GARCH 模型进行预测（Zhang et al.，2015）。此外常用的分解方法还有 VMD（Li et al.，2019；Li et al.，2023）、Haar A Trous 小波分解（Haar a trous wavelet decomposition）等（Jammazi and Aloui，2012）。在组合预测方面，主要是选择多个模型，并通过不同的方式进行组合，比如简单平均法、截尾平均法，或采用机器学习方法获取最优权重（Wang et al.，2020），而迭代组合是比较有效的组合方式（Zhang et al.，2018）。也有文献证明，在新冠疫情之后，组合预测优于 Lasso 和弹性网络（elastic net）这样的收缩方法（Tian et al.，2023）。

除了使用原油价格自身的信息外，学者还将其他因素引入模型，期望提高预测精度。这包括经济指标（Costa et al.，2021；Degiannakis and Filis，2018；Tian et al.，2023；Li et al.，2019）、金融指标（Zhang and Wang，2019；Baumeister et al.，2015；Costa et al.，2021）、技术指标（Yin and Yang，2016；Cheng et al.，2023；Tian et al.，2023）、投资者情绪（Qadan and Nama，2018；Madani and Ftiti，2024）、新闻文本（Li et al.，2019；Bai et al.，2022）、互联网关注（Wang et al.，2018b；Pan et al.，2024）、分析师预测（Cortazar et al.，2021）等。

另外，对大宗商品期货价格的预测，逐渐从低频数据转向高频数据。近年来，高频交易数据的记录和存储成本大大降低，高频交易数据越来越多地被用于建模和预测不确定性（Gong et al.，2017）。Andersen 和 Bollerslev（1998）提出新的不确定性的代理变量 RV（realized volatility，已实现波动率），并被广泛使用。在此基础上，Corsi（2009）发展了 HAR-RV 模型，这一研究极大促进了 RV 模型的发展，并有一批学者在 HAR 模型的基础上进行了扩展。比如，Wen 等（2016）采用具有结构突变的 HAR 波动模型，使用 WTI 的 5 分钟高频交易数据进行建模预测。Gong 和 Lin（2021）提出了考虑杠杆效应和结构变化的新的 HAR 模型来对原油期货波动率进行预测。Liu 等（2022）将通过谷歌搜索量构造的石油投资者关注度纳入 HAR 模型和 MS-HAR（Markov switching-heterogeneous autoregressive，马尔可夫转换-异质性自回归）模型，得到了更优的预测结果。

以上基于点值收盘价进行的预测已经获得了较大进展，但是点值预测丢失了波动率信息，并可能将时间序列内的显著变化视为噪声进行去除（Sun et al.，2018），因此部分学者开始使用区间数据进行预测。Sun 等（2018）使用 BEMD（bivariate empirical mode decomposition，二元经验模态分解）、MLP I（interval multilayer perceptron，区间多层感知机）和 Holt I（interval Holt-Winters，区间霍尔特-温特斯）方法来预测区间值原油价格。Sun 等（2022）发展了区间数据的模型平均方法，并将之应用到油价预测中。Lu 等（2022）提出带有区间值因子的 MTARIX（modified threshold autoregressive interval-valued models with interval-valued factors，含区间因子的修正阈值自回归区间模型）进行油价预测。

趋势预测已经取得了很好的进展，但是转折点预测在方法论和计算量方面存在巨大的挑战。目前常用的方法有以下两种：第一种是领先指数法，即采用市场的潜在领先指标，判断可能存在的转折点（Croce and Haurin，2009；Levanon et al.，2015），但是该方法无法提供稳定的领先关系（Chevallier et al.，2021）。第二种是 LPPL 模型，该模型通过模拟市场上理性交易者的行为而建立。Cheng 等（2018）将 MPGA 和 LPPL 结合，预测油价的转折点。但是该方法不适用于短期样本，且在原油价格震荡时期，预测结果偏差较大。

可以看到，当前研究主要侧重于采用计量模型和机器学习方法，基于价格的历史数据进行样本外的趋势预测，但是在转折点预测上却效果不佳。我们发现，重大危机事件对应着大宗商品价格的转折点。因此，在大宗商品价格预测中引入重大危机事件是非常必要的。一方面，纳入更多信息可以提高趋势预测的准确性，另一方面可以显著提高转折点处的预测效果。

2.3.2 大宗商品价格大幅波动的应对措施

在大宗商品价格大幅波动的应对措施方面，相关研究多集中在保障能源供应安全上。张焕芝等（2020）针对新冠疫情期间石油企业管理方面暴露的不足，提出完善应急管理体系建设的建议,主要包括加强应急物资供应保障管理和加强油气储备能力建设。Li 等（2014）研究了极端事件造成的石油进口中断风险及这一紧急情况下的优化规划问题。Zhu 等（2022）从供应商自身因素和进口商与供应商之间的相互作用因素两个方面提出了天然气供应安全的综合评价框架。Chen 等（2018）建立了天然气贸易破裂扩散仿真模型来检测潜在的天然气贸易风险。Zhang 等（2017）提出了液化天然气进口的多目标规划模型,该模型考虑了成本、国家风险、运输风险和极端事件的影响。类似地,Geng 等（2017）从供应链的角度,基于多目标优化模型确定液化天然气进口的最优组合策略,并从应急管理的角度,提出了不同的应急情景,分析如何调整液化天然气进口策略,以应对液化天然气出口国或海上运输路线沿线发生的极端事件。

总的来说,对大宗商品价格大幅波动如何防范的相关研究较少,且多集中在能源供应安全方面,缺少多角度、多主体的系统性应对措施。

2.4 本章小结

本章主要对大宗商品价格的传导路径及预测领域的相关文献进行回顾与梳理,并重点关注重大危机事件在现有文献中的研究进展。首先,综述了重大危机事件对大宗商品价格的影响,详细讨论了重大危机事件的定义、度量与研究方法、重大危机事件对大宗商品价格的影响；其次,整理了探究大宗商品价格变动对经济影响的文献,包括对宏观经济和相关行业的影响；最后,对大宗商品价格领域的预测进展和价格大幅波动的应对措施进行了总结。对目前领域内研究工作的梳理归纳,以及对待解决问题和现有研究方法不足的分析整理,为后续第 3 章至第 7 章的内容创新提供了理论支撑。

第 3 章　重大危机事件对大宗商品价格的短期影响

重大危机事件中地缘政治冲突的影响最为剧烈，也最快显现。近年来，俄乌冲突、巴以冲突接连爆发，也敦促学者加强以地缘政治冲突为代表的重大危机事件的研究。而在大宗商品中，原油的战略性地位最为重要，价格反应更敏感，与其他市场的联动最强。因此，本章以俄乌冲突和原油价格为例，研究重大危机事件在短期内是如何影响大宗商品价格的。

俄乌冲突及其连锁事件通过各种渠道影响着世界经济运行，包括大宗商品市场、股市、贸易等。其中，能源市场受到的冲击最大。美国《油气杂志》的数据显示，2021 年全球石油产量为 44.23 亿吨，其中俄罗斯石油产量为 5.34 亿吨，占当年全球石油产量的 12%，仅次于美国，位居世界第二。俄乌冲突爆发及美国对俄罗斯的能源制裁使原油价格一路飙升。2022 年 3 月 7 日，WTI 原油期货价格达到 133.46 美元/桶，Brent 原油期货价格达到 139.13 美元/桶，这是 2008 年 7 月以来的最高价格。后续原油价格一直在高位震荡，其间俄乌谈判、欧美国家的不同态度和 G7 制裁造成了油价短期的剧烈波动。在俄乌冲突期间也一直叠加着美联储加息，美元走强的影响。美联储自 2022 年 3 月 26 日宣布第一轮加息 25 个基点，5 月 4 日加息 50 个基点，6 月 15 日、7 月 28 日和 9 月 22 日分别加息 75 个基点。在美元持续走强的背景下，2022 年 9 月 27 日，WTI 原油期货价格跌至 76.31 美元/桶，Brent 原油期货价格跌至 83.65 美元/桶，回到 2022 年的年初水平。那么俄乌冲突造成了原油价格多大程度的上涨？影响渠道又是怎样的？这是本章重点关注的问题。

基于现在的技术，无法预测事件的发生，但是可以从事件中吸取教训，这种方法比被动等待事件发生更积极主动。当然，在现实中无法遇到完全同质的事件，但是相同类型事件的影响规律、发展态势是一致的，只是程度有所区别。对已经发生的重大危机事件进行影响判断，可以帮助相关主体在未来类似事件发生时，根据历史经验，快速做出判断和响应。这种积极主动的做法不仅减轻了经济损失和情感悲伤的负面影响，而且还具有建设性的作用。

3.1　重大危机事件对大宗商品价格的短期净影响

事件研究法是目前经济、金融领域评估特定意外事件对经济或财务影响的标准分析工具（MacKinlay，1997）。也有一些文献使用事件分析法研究重大危机事件的影响（Ji and Guo，2015；Ma et al.，2021）。但是主流的事件分析法并没有考虑事件窗内其他因素的影响。换言之，若采用现有的方法研究俄乌冲突对原油价格的影响，会将其他因素包含在内，导致测算出现偏差。尤其是在俄乌冲突期间，美联储连续进行几轮加息，美元不断走强，给原油价格造成一定的下行压力。怎么分离出俄乌冲突对油价的净影响是个挑战，而如何解决事件混叠问题，分离出事件的净影响也是事件研究法的难点。Zhang 等（2009）提出的基于 EMD 的事件分析法，主模态分析的方式在一定程度上剥离了事件窗内小事件的影响，但无法剥离同时期内可能影响主模态的其他因素。为此，本章提出 EMC 的分析方法。

  本章的创新之处在于：第一，提出了研究重大危机事件对大宗商品价格短期净影响的分析框架——EMC 方法。这一研究框架弥补了现有方法无法准确分离重大危机事件净影响的缺陷，为以后的研究提供了参考范式。同时，本章使用这一方法定量分析了俄乌冲突对世界原油价格的影响，并根据俄乌冲突对不同地区的影响程度，区分了美洲市场和欧洲市场。第二，现有的评估重大危机事件影响的研究多直接采用事件分析法，而不区分事件窗内其他重大事件的影响，这会导致对事件影响的评估存在偏差。为了辨别并分离事件窗内其他事件的混叠影响，本章采用多分辨率因果关系检验判断事件窗内地缘政治风险和美元指数与原油价格之间的因果关系。这是多分辨率因果检验方法提出以来，首次用于分离事件窗内混叠事件的影响。第三，现有的研究重大危机事件的事件分析法主要采用 EMD。但是 EMD 算法计算参数的停止标准，会导致 IMF（intrinsic mode function，固有模态函数）的极端值位置出现偏差，使主模态 IMF 的周期与原序列周期并不完全一致（Zhang et al.，2009），从而导致事件影响的测算出现偏差。而使用 VMD，则可以避免类似问题。因此本章采用这一方法定量研究俄乌冲突对原油价格的短期净影响，判断事件是否造成了油价运行规律的根本性变化。

3.1.1 研究方法

1. EMC 研究框架

  原油价格受到多种因素的影响。供给和需求的均衡关系决定了油价的长期走势。短期价格变动主要受到重大危机事件和货币因素的影响。本章提出 EMC 的分析框架，在判断事件和其他因素与油价因果关系的基础上，分离出重大危机事件对原油价格变动的净影响。这一方法在现有的事件分析法的基础上，通过 VMD 后的主模态分析来剥离事件窗内小事件的影响，并通过多分辨率因果检验剥离可能影响主模态的其他大事件的影响，进而判断事件窗内重大危机事件对大宗商品价格的净影响。

这一分析框架假设在同时期内不存在重大危机事件的混叠影响，即同一个事件窗内只存在一个主要事件，虽然存在其他混叠因素，但仍以关注的事件影响为主。该方法适用于突发、影响时间短的重大危机事件对大宗商品价格净影响的测量，比如地缘政治冲突等。但在使用时需要注意，对于持续时间长、起伏较大且引发多种连锁反应的事件，比如新冠疫情，需要划分多个事件窗，并明确研究对象对每个事件窗进行分别测算。

具体的分析框架如图 3.1 所示。

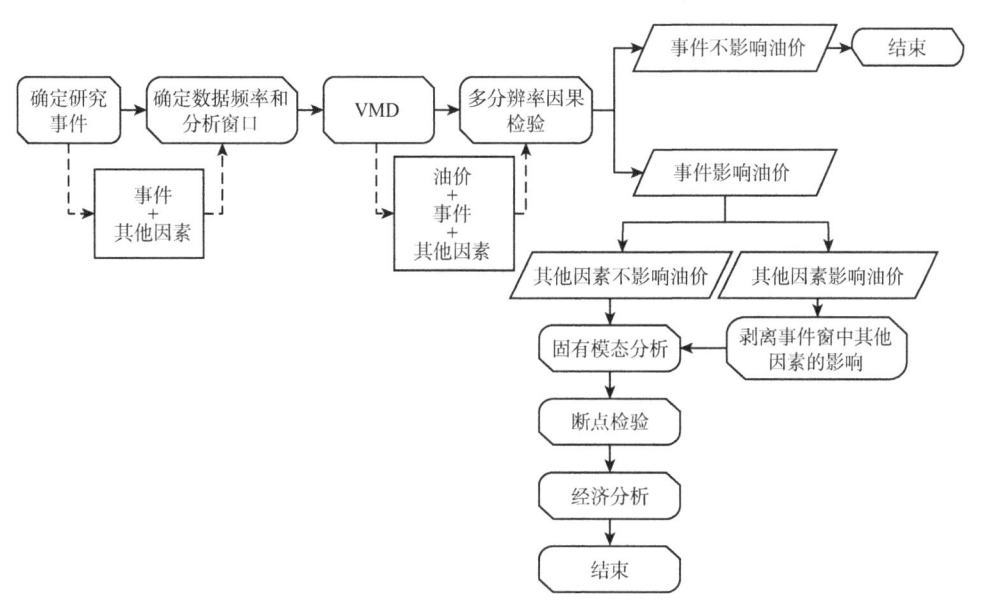

图 3.1 EMC 分析框架

1）确定研究事件

第一步是选择需要研究的事件，并确定是否存在同时期其他可能影响原油价格的因素。

2）确定数据频率和分析窗口

第二步是确定数据频率和分析窗口。数据频率需要根据整个事件的持续时间和数据的可得性等确定。事件的分析窗口包括事件窗和估计窗，事件窗是指事件发生和影响的时间段，估计窗指事件还未发生或没有影响的时间段，一般事件窗口第一天之前的交易日被选为估计窗口的最后一天。

数据频率和窗口大小共同限制了子信号 IMF 的时间尺度，可以从信号中提取的最长周期不超过数据点的一半（Zhang et al., 2009）。重大危机事件一般持续时间较短，为了对事件有深入分析，长分析窗口的高频数据是最优的。

3) VMD

第三步是将基于数据频率和分析窗口选择的原油价格序列及相关变量进行VMD，得到不同中心频率的子信号IMF。

4) 多分辨率因果检验

第四步是对感兴趣的事件进行多分辨率因果检验，初步判断事件是否为原油价格波动的原因。同时对同时期内其他可能影响原油价格波动的重要因素进行因果检验，若存在重大影响则需要剥离，若不存在显著影响则可忽略。

5) 分析固有模态

第五步的第一个任务是寻找分析窗口内的主模态。VMD得到的IMF都有具体含义，并对应不同的影响因素。重大危机事件的影响可以由一个或几个IMF的总和来表示，该IMF或这些IMF的总和在分析中被视为主模态（Zhang et al., 2009）。由于消除了原始序列中包含的噪声和长期趋势，主模态可以清晰评价事件窗内重大危机事件造成的油价变动幅度和变化规律。主模态主要通过IMF与原序列的相关系数、方差贡献度，并结合细到粗的重构、统计检验等方式来确定。

第二个任务是确定重大危机事件在其他模态上造成的影响。首先需要确定每个IMF的具体含义，关键是分析IMF的平均周期。其次通过谱分析、t检验等方式观察重大危机事件是否使原油价格产生更加剧烈的波动。

6) 检验是短期影响还是长期影响

第六步，为了判断事件是否存在长期影响，需要更长时间的数据进行断点检验，来验证事件是否使原油价格的走势产生了固有模态的改变。

7) 经济分析

根据前六步的结果，总结事件对原油价格造成的短期净影响，并给出相应的经济解释。

2. VMD

VMD假设任何的信号f都是由一系列具有特定中心频率ω_j、有限带宽的子信号（模态）u_j组成的。

不同于Huang等（1998）提出的IMF的概念，VMD算法重新定义了约束条

件更为严格的有限带宽的本征模态函数,该 IMF 被定义为调幅调频的分量模态函数,即

$$u_j(t) = A_j(t)\cos(\phi_j(t)) \tag{3.1}$$

其中,$A_j(t)$ 为信号 $u_j(t)$ 的包络幅值;$\phi_j(t)$ 为瞬时相位。该函数表征的分量也同样满足 EMD 的约束条件。

VMD 以经典维纳滤波(Wiener filtering)为基础,通过对变分问题进行求解,得到中心频率与带宽限制,找到各中心频率在频域中对应的有效成分,得到模态函数。

VMD 的分解过程就是变分问题的求解过程,主要包含以下约束条件:①要求每个模态分量中心频率的带宽之和最小;②所有模态分量之和等于原始信号,即

$$\begin{cases} \min_{\{u_j\},\{\omega_j\}} \left\{ \sum_j \left\| \partial_t \left[\left(\delta(t) + \frac{k}{\pi t} \right) \times u_j(t) \right] \mathrm{e}^{-j\omega_j t} \right\|_2 \right\} \\ \text{s.t.} \sum_j u_j = f \end{cases} \tag{3.2}$$

与 EMD 相比,VMD 通过镜像延拓的方式避免了 EMD 中出现的端点效应,也有效避免了模态混叠问题,是一种更有效的信号分解方法。

3. 多分辨率因果检验

MRDA(multiresolution data analysis,多分辨率数据分析)分解是基于 MRA(multiresolution analysis,多分辨率分析)理论,将时间序列信号 $f(t)$ 分解为多个规则或不规则的序列。将 VMD 应用到 MRDA 中,可以得到:

$$f(t) = \sum_{j=1}^{J-1} \tilde{D}_{j,t}^{(f)} + \tilde{S}_{J,t}^{(f)} \tag{3.3}$$

其中,$\tilde{D}_{j,t}^{(f)}$ 和 $\tilde{S}_{J,t}^{(f)}$ 分别为细节和平滑成分;J 为分解的 IMF 数量;j 和 t 分别为规模和频率维度。因此,我们可以看到 MRA 允许在时间和尺度上分析任何可积的平方信号,这对于非平稳时间序列尤其重要。

令 $\mathcal{F}_{j,t}^{(f_1)}$ 和 $\mathcal{F}_{j,t}^{(f_2)}$ 分别包含 $\tilde{D}_{j,t}^{(f_1)}$ 和 $\tilde{D}_{j,t}^{(f_2)}$ 过去的信息,那么当式(3.4)成立时,$f_1(t)$ 是 $f_2(t)$ 在尺度 j 上的原因:

$$\tilde{D}_{j,t+1}^{(f_1)}, \cdots, \tilde{D}_{j,t+h}^{(f_2)} \middle| \left(\mathcal{F}_{j,t}^{(f_1)}, \mathcal{F}_{j,t}^{(f_2)} \right) \sim \tilde{D}_{j,t+1}^{(f_1)}, \cdots, \tilde{D}_{j,t+h}^{(f_2)} \middle| \mathcal{F}_{j,t}^{(f_2)} \tag{3.4}$$

其中,~ 为分布的等价性。在每个尺度 j 上提出以下假设:

H_0: $\tilde{D}_{j,t+1}^{(f_1)}$ 不是 $\tilde{D}_{j,t+1}^{(f_2)}$ 的原因

H_1: $\tilde{D}_{j,t+1}^{(f_1)}$ 是 $\tilde{D}_{j,t+1}^{(f_2)}$ 的原因

这一因果关系可以通过 p 阶双变量多尺度向量自回归模型检验，即

$$\begin{pmatrix} \tilde{D}_{j,t+1}^{(f_1)} \\ \tilde{D}_{j,t+1}^{(f_2)} \end{pmatrix} = \begin{pmatrix} a_1^{(j)} \\ a_2^{(j)} \end{pmatrix} + \begin{pmatrix} \phi_{11,1}^{(j)} & \phi_{12,1}^{(j)} \\ \phi_{21,1}^{(j)} & \phi_{22,1}^{(j)} \end{pmatrix} \begin{pmatrix} \tilde{D}_{j,t}^{(f_1)} \\ \tilde{D}_{j,t}^{(f_2)} \end{pmatrix} + \cdots + \begin{pmatrix} \phi_{11,p}^{(j)} & \phi_{12,p}^{(j)} \\ \phi_{21,p}^{(j)} & \phi_{22,p}^{(j)} \end{pmatrix} \begin{pmatrix} \tilde{D}_{j,t-1}^{(f_1)} \\ \tilde{D}_{j,t-1}^{(f_2)} \end{pmatrix} + \begin{pmatrix} Z_{1t} \\ Z_{2t} \end{pmatrix} \quad (3.5)$$

其中，$t=1,\cdots,N$，$j=1,\cdots,J$；$Z=(Z_{1t},Z_{2t})^{\mathrm{T}}$ 为白噪声。

如果不拒绝以下原假设，则 $f_1(t)$ 不是 $f_2(t)$ 在尺度 j 上的原因。

H_0：$\phi_{21,1}^{(j)} = \phi_{21,2}^{(j)} = \cdots = \phi_{21,p}^{(j)} = 0$

反之亦然。

之后构建如下 F 检验统计量：

$$F_j\left(d_j^{(r)}, N-d_j^{(f)}-1\right) = \frac{\mathrm{SSE}_j^{(r)} - \mathrm{SSE}_j^{(f)}}{\mathrm{SSE}_j^{(f)}} \times \frac{N-d_j^{(f)}-1}{d_j^{(f)}-d_j^{(r)}} \quad (3.6)$$

其中，$\mathrm{SSE}_j^{(r)}$ 和 $\mathrm{SSE}_j^{(f)}$ 分别为简化回归模型和完全回归模型的误差平方和；$d_j^{(f)}$ 和 $d_j^{(r)}$ 为自由度。

3.1.2 实证分析

第一步确定研究事件和分析窗口。

本章关注俄乌冲突对原油价格的影响。2022 年 2 月 24 日，俄罗斯宣布对乌克兰采取特别军事行动，俄乌冲突爆发。事实上，俄乌冲突并不是突然爆发的，俄乌冲突由来已久。2014 年的克里米亚危机已为冲突埋下伏笔。2021 年 10 月至 2022 年 2 月的乌克兰东部危机最终演变为俄乌冲突。

一般事件窗的选取原则为事件的起始点，为保证分解结果的稳健性，估计窗和事件窗需要对称分布。而俄乌冲突目前并未结束，根据事件的后续发展和事后判断，事件窗的选取原则是囊括冲突的关键节点，包括冲突发生、美国和欧盟国家制裁、G7 限制俄罗斯石油出口价格。因此，事件窗确定为 2022 年 2 月 24 日至 2022 年 10 月 27 日，估计窗为 2021 年 6 月 24 日至 2022 年 2 月 23 日。估计窗和事件窗对称分布。整个分析窗口为 2021 年 6 月 24 日至 2022 年 10 月 27 日，共 350 个数据点。事件窗和估计窗可以在选取原则内适当调整，为保证分析结果的稳健性，之后还分别选取了 2022 年 2 月 24 日至 2022 年 9 月 22 日，2022 年 2 月 24 日至 2022 年 12 月 1 日两个事件窗进行分析，对应的估计窗为 2021 年 7 月 29 日至 2022 年 2 月 23 日、2021 年 5 月 19 日至 2022 年 2 月 23 日。

选取 WTI 和 Brent 原油现货的日度价格进行研究。图 3.2 展示了分析窗口内 WTI 和 Brent 原油现货价格的走势图，并标注了在此期间原油价格大幅波动的原因。

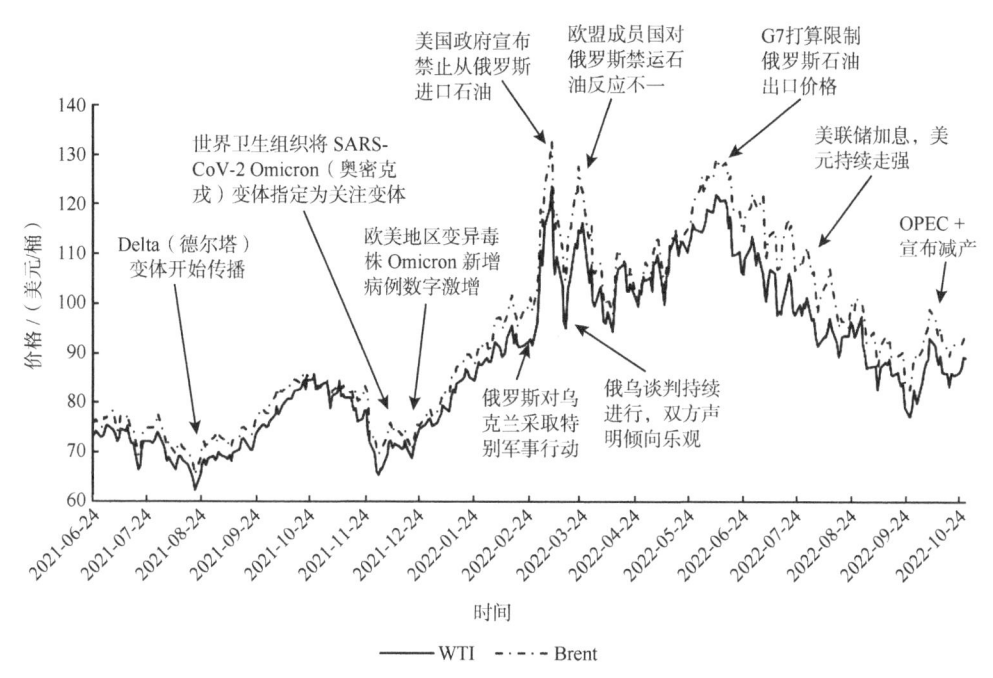

图 3.2　2021 年 6 月 24 日至 2022 年 10 月 27 日 WTI 和 Brent 原油价格走势

可以看到，俄乌冲突及其连带事件给原油市场带来了巨大冲击，造成原油价格的剧烈波动。其中还伴随着美联储不断加息，美元持续走强的影响。因此，接下来需要关注俄乌冲突和美元走强的影响。本章选取由 Caldara 和 Iacoviello（2022）构造的 GPR 指数①代表地缘政治冲突的程度，选择名义美元指数②代表美元的走强程度，分别判断俄乌冲突、美元走强与原油价格的因果关系。

第二步对分析窗口内的各变量进行 VMD。

使用 MATLAB 自带的信号多分辨率分析工具箱（signal multiresolution analyzer）对 WTI、Brent 原油价格，以及 GPR 指数和美元指数分别进行 VMD。每个序列都有 350 个数据点，将分解水平固定为 4，结果如图 3.3 所示。图 3.3（a）是 WTI 和 Brent 原油价格的分解结果，其中实线表示 WTI 原油价格，虚线表示 Brent 原油价格。图 3.3（b）为 GPR 指数的分解结果。图 3.3（c）是美元指数的分解结果。这些图的子图排序是一致的。第一行是原序列（signal），第二至五行分别是分解得到的子序列 IMF1、IMF2、IMF3 和 IMF4，第六行是分解后的残差序列（residual）。其中，IMF1 和 IMF2 为高频子信号，IMF3 为中频子信号，IMF4 为低频子信号。

---

① Geopolitical Risk（GPR）Index，https://www.matteoiacoviello.com/gpr.htm，2022 年 12 月 2 日。
② 数据来源于 Wind（万得）数据库。

(a)

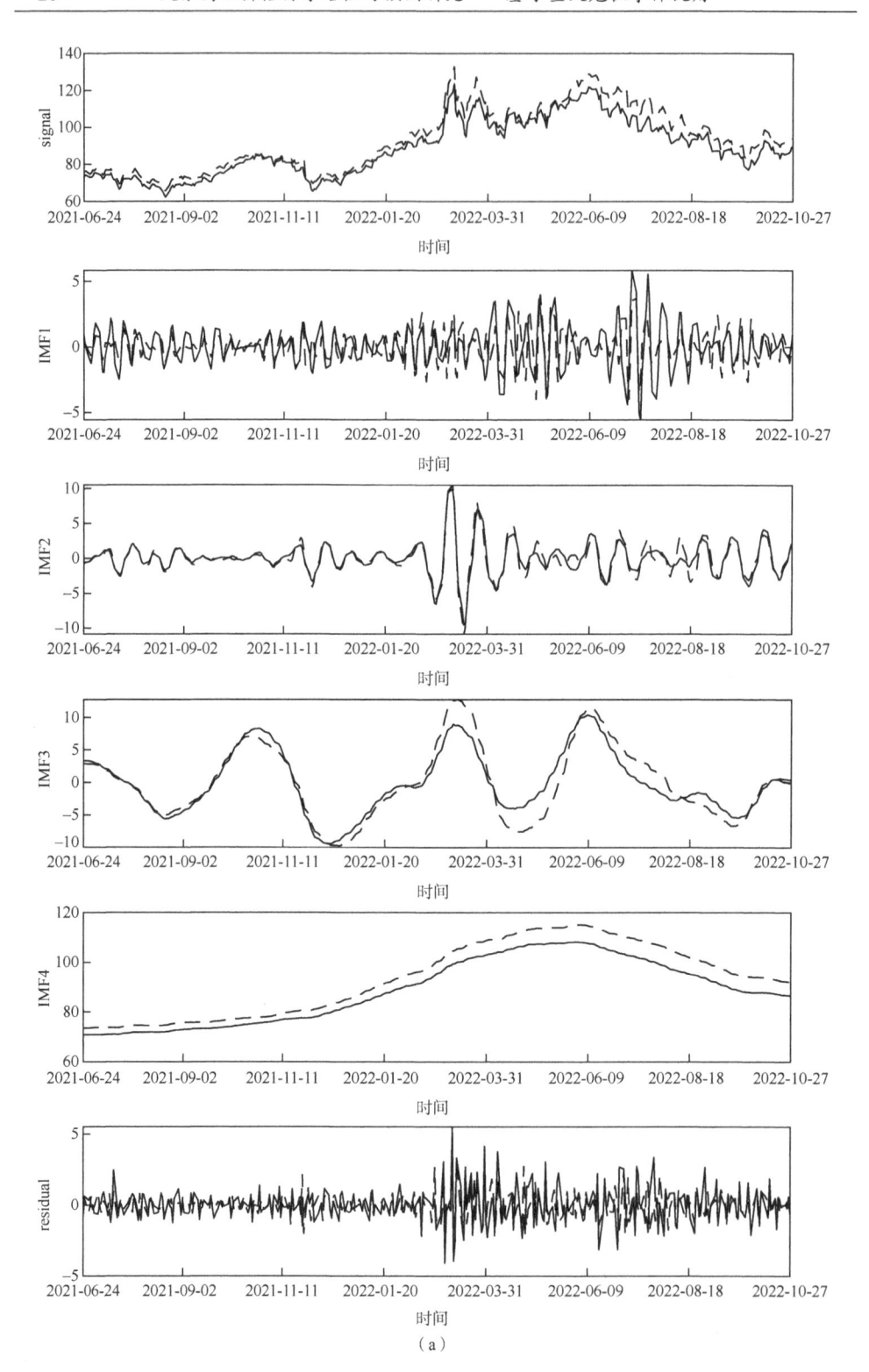

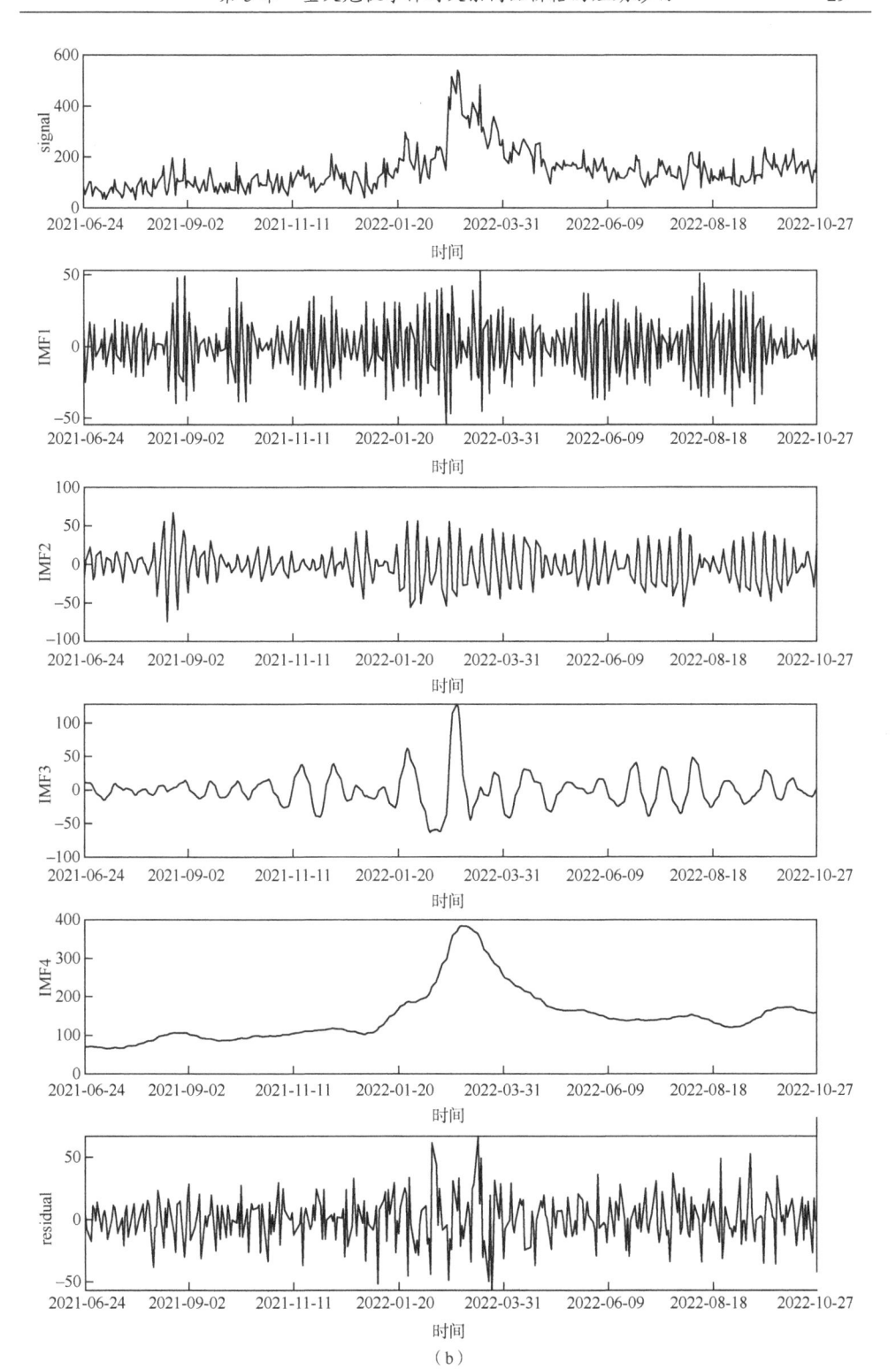

第 3 章 重大危机事件对大宗商品价格的短期影响

（b）

（c）

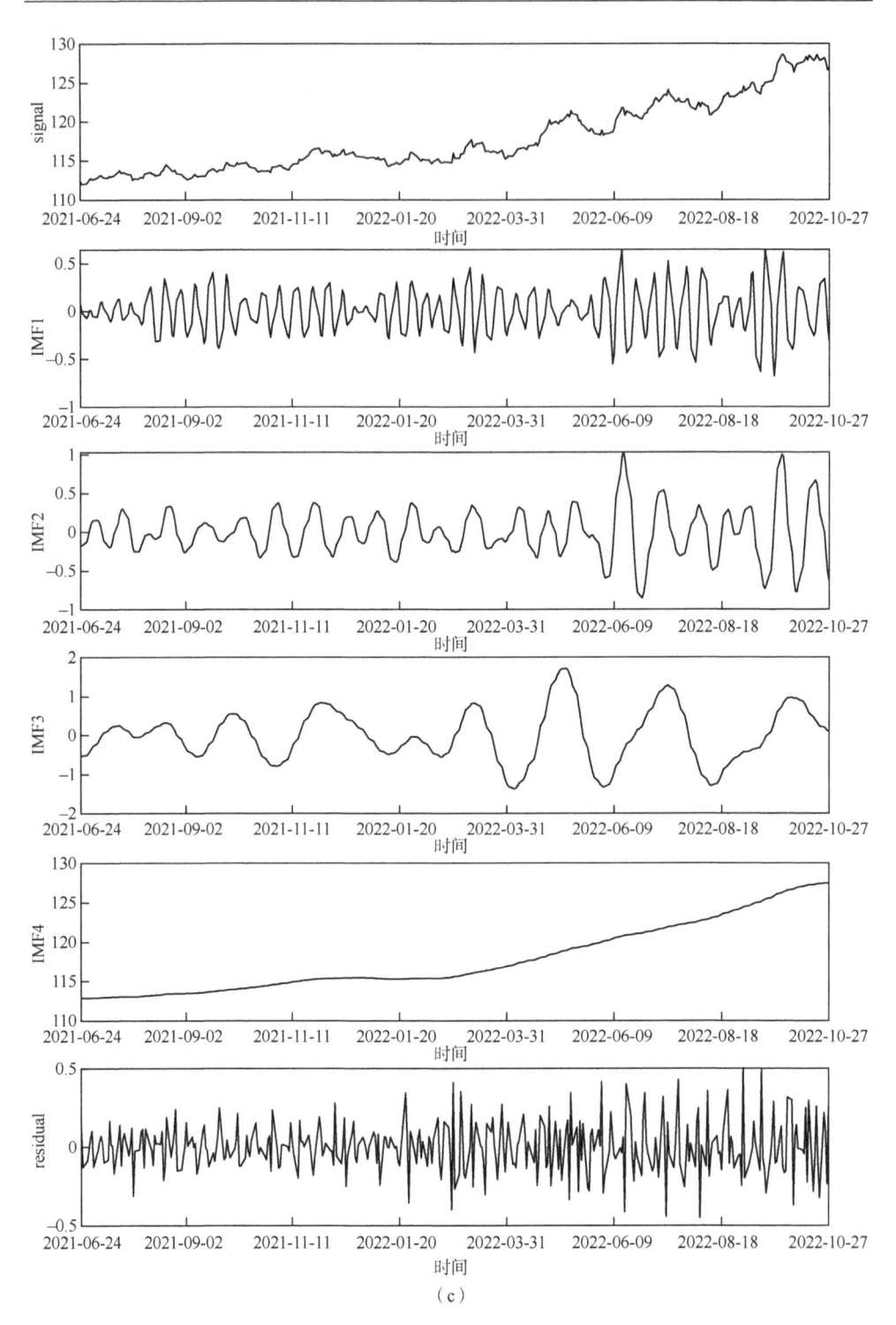

图 3.3　各变量的 VMD 结果

第三步进行多分辨率因果检验。

为了判断俄乌冲突、美元指数与原油价格之间的因果关系，首先对原序列进行格兰杰因果检验，之后采用多分辨率因果检验方法（Saâdaoui et al.，2022）对分解的信号 IMF 进行检验。具体来说，将 VMD 后得到的子序列数据，通过构建 p 阶双变量多尺度向量自回归模型进行检验，检验程序使用 Stata 编写。结果如表 3.1 所示[①]。

表 3.1 GPR 指数、美元指数与 WTI 和 Brent 原油价格间的多分辨率因果检验结果

变量	F 值	p 值
GPR 指数对原油价格的影响		
GPR ↛ WTI	4.66	0.000
$IMF1^{GPR}$ ↛ $IMF1^{WTI}$	2.82	0.003
$IMF2^{GPR}$ ↛ $IMF2^{WTI}$	1.78	0.072
$IMF3^{GPR}$ ↛ $IMF3^{WTI}$	6.73	0.000
$IMF4^{GPR}$ ↛ $IMF4^{WTI}$	4.29	0.002
GPR ↛ Brent	4.51	0.000
$IMF1^{GPR}$ ↛ $IMF1^{Brent}$	3.12	0.001
$IMF2^{GPR}$ ↛ $IMF2^{Brent}$	2.07	0.039
$IMF3^{GPR}$ ↛ $IMF3^{Brent}$	5.71	0.000
$IMF4^{GPR}$ ↛ $IMF4^{Brent}$	4.97	0.000
美元指数对原油价格的影响		
D_index ↛ WTI	0.42	0.864
$IMF1^{D\_index}$ ↛ $IMF1^{WTI}$	0.62	0.800
$IMF2^{D\_index}$ ↛ $IMF2^{WTI}$	0.63	0.767
$IMF3^{D\_index}$ ↛ $IMF3^{WTI}$	0.97	0.422
$IMF4^{D\_index}$ ↛ $IMF4^{WTI}$	0.24	0.918
D_index ↛ Brent	0.21	0.934
$IMF1^{D\_index}$ ↛ $IMF1^{Brent}$	1.41	0.175
$IMF2^{D\_index}$ ↛ $IMF2^{Brent}$	0.94	0.487
$IMF3^{D\_index}$ ↛ $IMF3^{Brent}$	0.92	0.452
$IMF4^{D\_index}$ ↛ $IMF4^{Brent}$	0.66	0.727

注：D_index 表示美元指数；A ↛ B 表示 A 不是 B 的格兰杰原因

根据表 3.1 可知，不论是原序列还是分解序列，GPR 对 WTI 和 Brent 原油价

[①] 这一方法不考虑其他因素的影响，为防止内生性问题，本章又使用了考虑其他因素的格兰杰因果检验，结果详见后文。

格的单向因果关系非常显著。但是美元指数的原序列与 WTI 和 Brent 原油价格的原序列不存在因果关系，分解后的子序列也不存在因果关系。接下来，我们通过 WTI、Brent 原油价格和美元指数的 IMF4 走势图进行进一步分析。

根据图 3.4 可以看到自从 2022 年 2 月 24 日俄乌冲突爆发以来，WTI 和 Brent 原油价格的 IMF4 就呈迅速增长的态势。美联储自 2022 年 3 月 26 日宣布第一轮加息 25 个基点，5 月 4 日加息 50 个基点，6 月 15 日、7 月 28 日和 9 月 22 日分别加息 75 个基点。石油以美元定价，若美元走强，则油价必定下跌，但第三轮加息时，油价才在各方面影响下，呈现一个缓慢下降的态势。这侧面说明了俄乌冲突及其连带事件对油价造成了剧烈冲击，因此，在后续的事件分析中，可以忽略美元走强的影响，从而得到的俄乌冲突对油价的影响是一个影响的下限值。

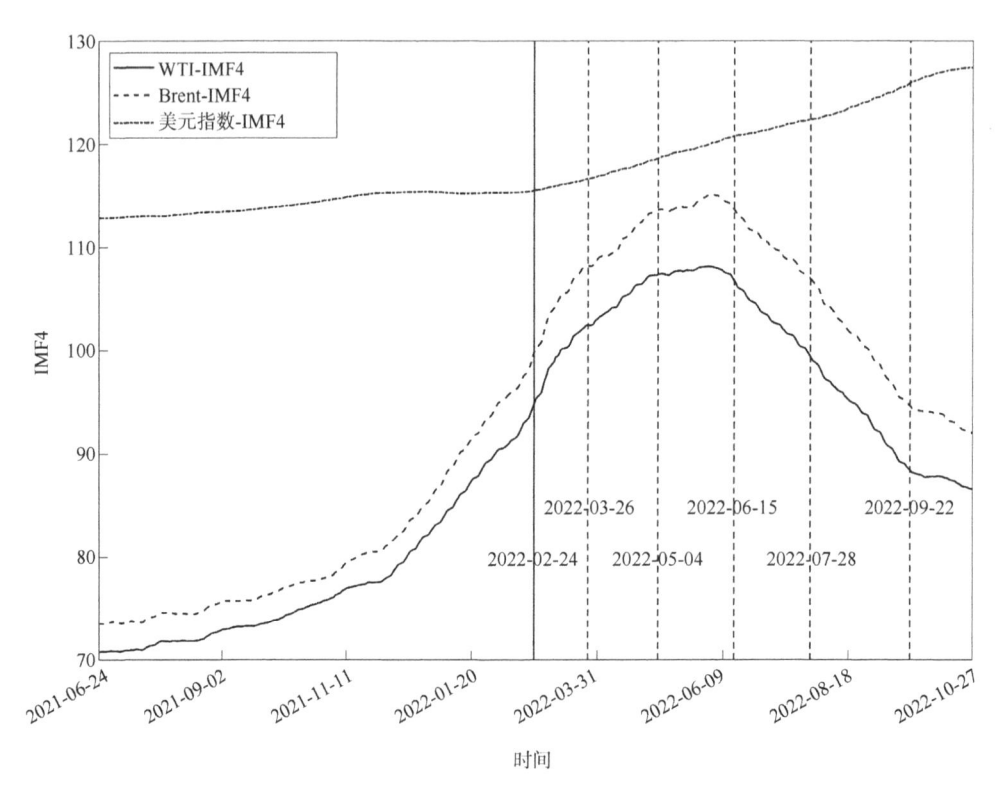

图 3.4 WTI、Brent 和美元指数 IMF4 的走势

第四步进行固有模态的分析。

为了寻找主模态，需要对分解得到的 IMF 进行统计检验，分别计算各个 IMF 的平均周期、与原序列的相关系数、方差占原序列方差的百分比。其中，IMF 的平均周期等于每个 IMF 的总点数除以峰值的总个数；与原序列的相关系数代表了

每个 IMF 与原序列的相关性；方差占原序列方差的百分比表示每个 IMF 对原序列的贡献度。结果如表 3.2 所示，可以看到，WTI 和 Brent 的 IMF 统计量没有显著差别。

表 3.2　WTI 和 Brent 原油日度价格分解后 IMF 和残差的特征

变量	WTI			Brent		
	平均周期/天	相关系数	方差占比	平均周期/天	相关系数	方差占比
IMF1	6.73	0.099	1.02%	5.30	0.091	0.55%
IMF2	13.46	0.186	2.24%	12.07	0.179	2.02%
IMF3	38.89	0.537	9.92%	35.00	0.518	10.74%
IMF4	175.00	0.930	71.87%	175.00	0.928	73.09%
residual		0.060	0.60%		0.088	0.32%

很明显，IMF4 是序列的主模态。具体来说，IMF4 的相关系数为 0.930（WTI）和 0.928（Brent），方差贡献度为 71.87%（WTI）和 73.09%（Brent）。相比之下，其他 IMF 的相关系数和方差贡献度很小，IMF1 的相关系数为 0.099（WTI）和 0.091（Brent），方差贡献度为 1.02%（WTI）和 0.55%（Brent）；IMF2 的相关系数为 0.186（WTI）和 0.179（Brent），方差贡献度为 2.24%（WTI）和 2.02%（Brent）；IMF3 的相关系数为 0.537（WTI）和 0.518（Brent），方差贡献度为 9.92%（WTI）和 10.74%（Brent）。

将 IMF4 和 WTI、Brent 原油价格的原序列归一化到[0,1]区间进行比较，如图 3.5 所示，发现 IMF4 的走势与 WTI 和 Brent 原油价格的整体走势是一致的。IMF4 从 2021 年 7 月的低点一路上涨，并在 2022 年 6 月达到顶峰，之后开始下降。根据 Zhang 等（2009）的研究，使用序列主模态的局部最小值和随后出现的局部最大值的差值来衡量俄乌冲突对原油价格的影响（即 2021 年 7 月 19 日和 2022 年 6 月 3 日 IMF4 的差值）。因此，俄乌冲突至少导致 WTI 原油价格上涨了 37.14 美元/桶，涨幅达到 52.33%，导致 Brent 原油价格上涨了 41.49 美元/桶，涨幅达到 56.33%。

接下来对更高频的 IMF 进行分析。根据表 3.2，IMF1 的周期大约为 1 周[①]，IMF2 的周期大约为 2 周，IMF3 的周期大约为 2 个月。也就是说，IMF1 捕捉到的波动仅持续 1 周，IMF2 捕捉到的波动持续 2 周，IMF3 捕捉到的波动持续大概 2 个月。IMF1 和 IMF2 捕捉到的价格波动不超过 5.03 美元/桶，中频的 IMF3 捕捉到的价格波动不超过 9.76 美元/桶。也就是说，事件窗内原油价格高频波动在 5.03

---

① 除去周六和周日，一周的交易日只有 5 天。

美元/桶以下,中频波动在 9.76 美元/桶以下。

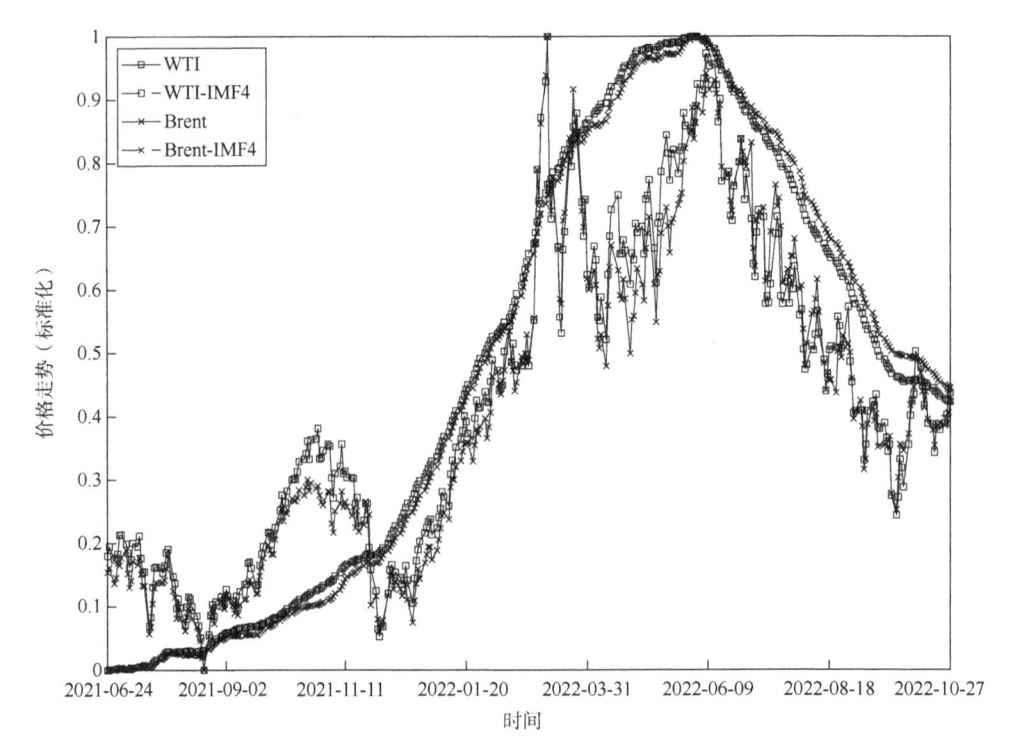

图 3.5 WTI、Brent 及其 IMF4 的归一化走势图

但是,这些高频波动在整个事件窗的影响趋于 0。我们对 IMF 的 C_i,从 C_1 到 $C_i(i=2,3,4)$ 的求和进行 t 检验,来判断其均值是否等于 0(原假设)。结果如表 3.3 所示,可以看到,从 C_1 到 C_3,均值都在统计上不偏离 0,只有 C_4 的均值显著不等于 0,这也是将 IMF4 作为主模态分析的原因之一。

表 3.3 WTI 和 Brent 原油价格 IMF 的 t 检验

K	WTI 均值	p 值	Brent 均值	p 值
C_1	2.5×10^{-6}	1.000	1.7×10^{-6}	1.000
C_2	1.3×10^{-5}	1.000	1.3×10^{-5}	1.000
C_3	3.5×10^{-4}	0.999	4.2×10^{-4}	0.999
C_4	88.524	0.000	93.217	0.000

图 3.6 展示了各 IMF 价格变动占总的价格变动的百分比。可以看到,WTI 原油 IMF4 价格变动的百分比为 70.72%,Brent 原油 IMF4 价格变动的百分比为

73.62%。也就是说，在事件窗内，俄乌冲突导致了 WTI 原油价格 70.72%的变动，导致 Brent 原油价格 73.62%的变动。

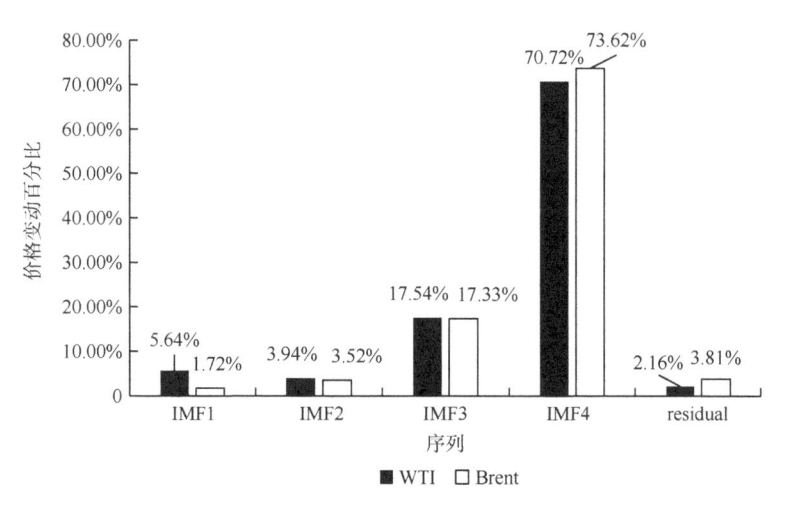

图 3.6　IMF 和残差价格变动百分比

那么俄乌冲突是否放大了原油市场的波动性？基于 HHT（Hilbert-Huang transform，希尔伯特-黄变换）（Huang et al.，1998）得到的原信号的瞬时频率进行分析，并将瞬时频率归一化为[0,1]。在 t 时刻，瞬时频率在[0.5,1]范围的结果如图 3.7 所示。相较于估计窗，事件窗内的瞬时频率更高、更密集。由此来看，俄乌冲突确实放大了原油市场的波动性，这与 Zhang 等（2009）的研究结论是一致的。

上述结果显示了俄乌冲突的短期影响，为了探究俄乌冲突是否改变了原油价格的长期运行趋势，采用 Bai 和 Perron（2003）提出的结构性断点检验，以检验在事件发生周围是否存在断点。主要采用 R 软件中的"strucchange"包。选取 Brent 现货原油的月度价格进行检验，时间长度为 1987 年 5 月至 2022 年 10 月[①]。根据 AIC（Akaike information criterion，赤池信息量准则）和 BIC（Bayesian information criterion，贝叶斯信息准则），最终得到了 7 个断点，分别是：2001 年 2 月、2005 年 11 月、2008 年 5 月、2010 年 3 月、2012 年 1 月、2016 年 3 月和 2022 年 3 月。其中，2022 年 3 月的断点是由俄乌冲突导致的。这说明俄乌冲突对原油市场产生了严重影响，从根本上改变了油价的长期运行趋势。

通过上述分析，可以得到俄乌冲突对原油价格的影响如下。

---

① 数据来源于美国能源信息署（https://www.eia.gov），可得数据的最早时间为 1987 年 5 月。

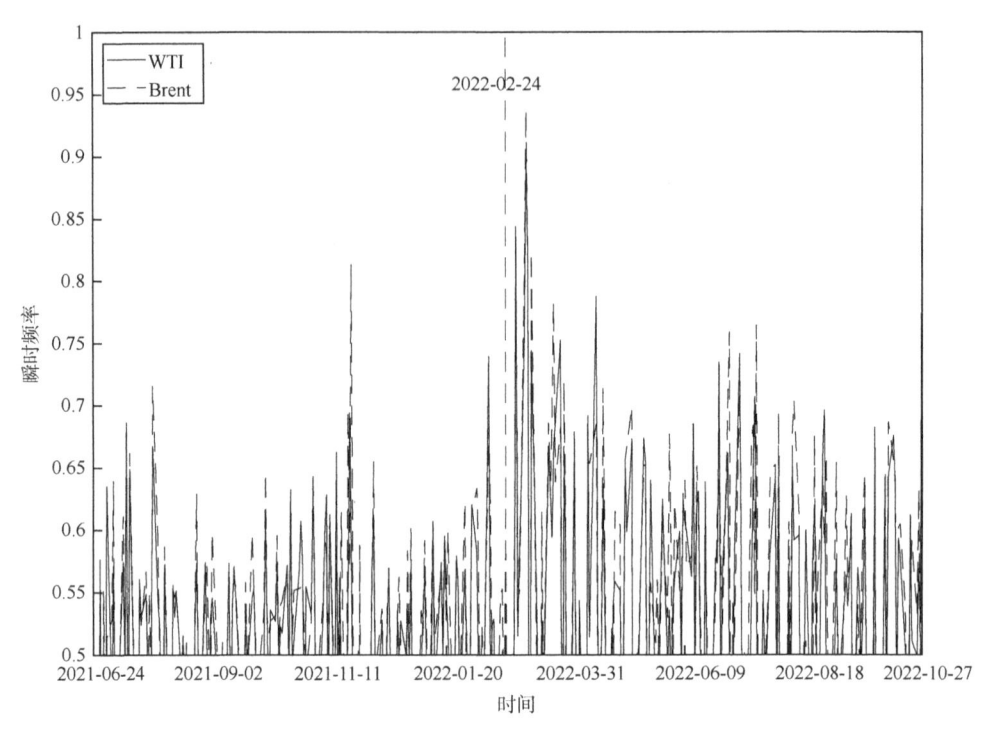

图 3.7 [0.5,1]范围的归一化的瞬时频率

（1）通过多分辨率因果检验，发现 GPR 的所有 IMF 对 WTI 和 Brent 原油价格的所有 IMF 都存在显著的单向因果关系，但是美元指数的所有 IMF 与原油价格均没有因果关系，且在美联储第三轮加息后，油价才呈现缓慢下降的趋势。因此，在事件窗内可以忽略美元走强的影响。这进一步显示了俄乌冲突对原油价格的剧烈冲击。

（2）通过事件分析可以得知，俄乌冲突及其后续事件加剧了原油价格的高频波动，并导致原油价格上涨了 37.14 美元/桶，涨幅达到 52.33%（WTI），以及 41.49 美元/桶，涨幅达到 56.33%（Brent）。俄乌冲突可以解释事件窗内 WTI 原油价格 70.72%的变动和 Brent 原油价格 73.62%的变动，同时造成了原油价格长期运行趋势的改变。

（3）俄乌冲突对 Brent 原油价格的影响要大于 WTI 原油价格。根据欧盟统计局提供的数据，欧洲的石油需求总量约为 6.5 亿吨，其中自产石油量约为 2.4 亿吨，这意味着欧洲需要进口大约 4.1 亿吨石油，进口依赖度达到了 63%。Kpler 的监测数据显示，2021 年欧洲从俄罗斯进口的石油量约为 1.2 亿吨，这一数字占到了欧洲石油进口总量的 29%，表明欧洲对俄罗斯石油的依赖程度约为 18%。在这些国家中，荷兰、意大利和土耳其对俄罗斯石油的依赖尤为显著，分别占到了他们各自石油进口总量的 35%、24% 和 42%。俄罗斯作为欧洲能源的主要输入国，俄乌冲突对欧洲的影响更大，导致 Brent 原油价格上涨了 41.40 美元/桶。俄乌冲突也导致了 Brent 原油价格和 WTI 原油价格的价差一度上涨，在 2022 年 3 月 23 日，二者的价差高达 12.64 美元/桶。

（4）高频 IMF 捕捉的波动产生的影响并不持久。比如冲突期间俄乌谈判释放的有利或不利信号，这些事件短期内会造成原油价格跳涨或下跌，但是价格会迅速调整以消除影响。

（5）俄乌冲突对原油价格的主要影响由低频 IMF 捕捉。低频 IMF 的波动周期与原油价格的整体周期是一致的。在分析窗内，原油价格的上涨实际上是由俄乌冲突引起的。因为在俄乌冲突发生前，原油价格并没有明显的大幅上涨趋势。

3.1.3 稳健性检验

1. 缩短事件窗

EMC 分析框架以事件分析法为基础，事件窗的选取会影响结果的稳定性。为了证明研究结果的可靠性，本节缩短事件窗进行进一步验证。

将事件窗选取为 2022 年 2 月 24 日至 2022 年 9 月 22 日，估计窗为 2021 年 7 月 29 日至 2022 年 2 月 23 日。估计窗和事件窗对称分布，整个分析窗口为 2021 年 7 月 29 日至 2022 年 9 月 22 日，共 300 个数据点。

在这一事件窗内执行 EMC 分析框架，依次进行 VMD、多分辨率因果检验、固有模态分析和波动性分析。

图 3.8 是在缩短的事件窗内对各变量的 VMD 结果。在相同时间段内，各变量分解后的子序列走势与原事件窗内子序列的走势是一致的，这说明了分解结果的稳健性，也从侧面证明了 VMD 的优越性，不会因数据起始点和终点的不同而改变分解结果。分解结果的稳健在很大程度上保证了最终结果的一致性。

根据多分辨率因果检验（表 3.4），在分析窗口内，WTI 和 Brent 原油价格的原序列和子序列都只受到地缘政治冲突 GPR 的影响，与美元指数无关。同时根据图 3.9，美联储的前几轮加息对原油价格并无影响，直到第三轮加息（2022 年 6 月 15 日）之后，原油价格才在综合因素的影响下开始下降。因此可以在事件窗内忽略美元走强的影响，重点关注俄乌冲突对原油价格的影响。这与基本分析的结果是一致的。

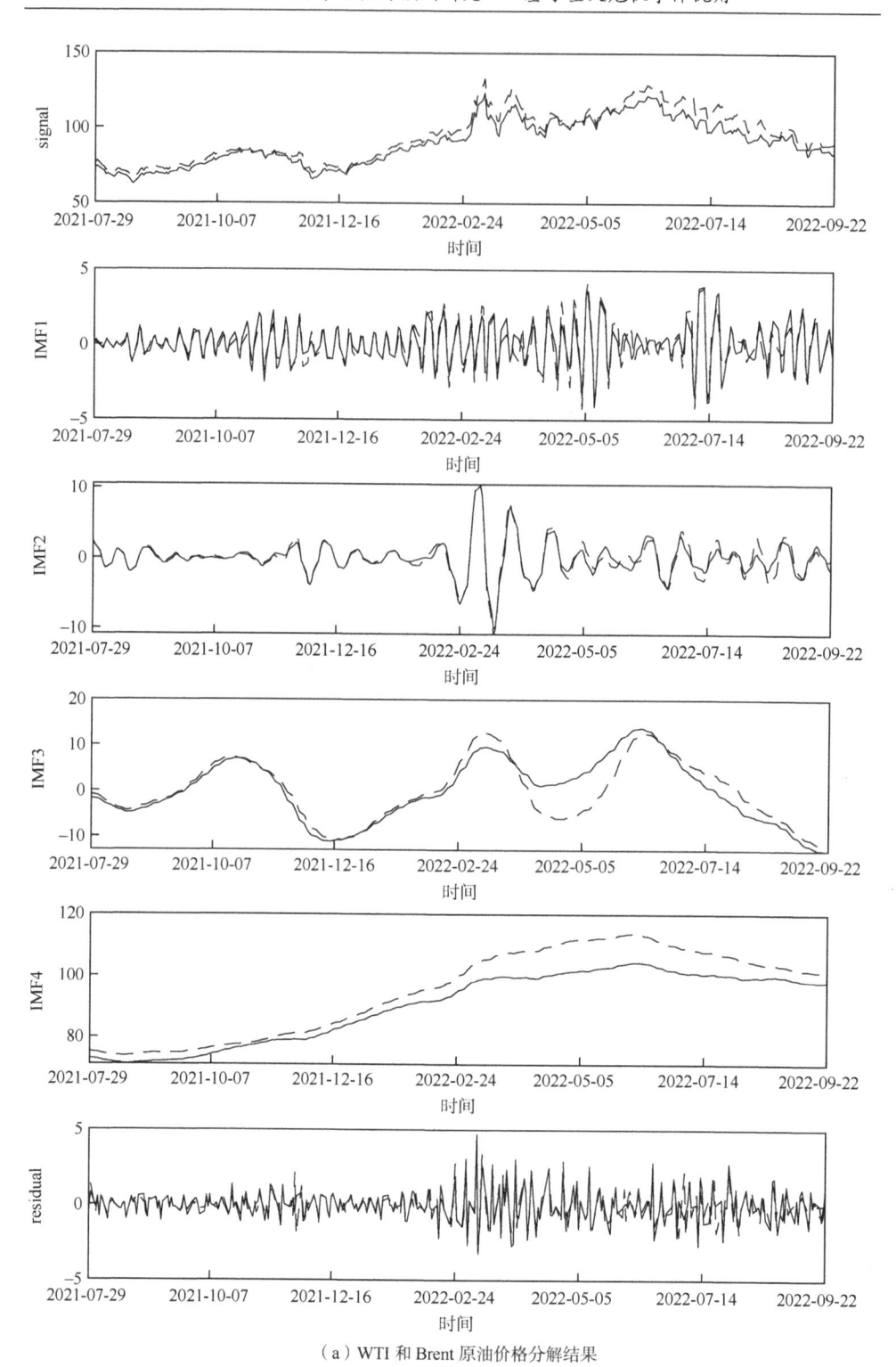

（a）WTI 和 Brent 原油价格分解结果

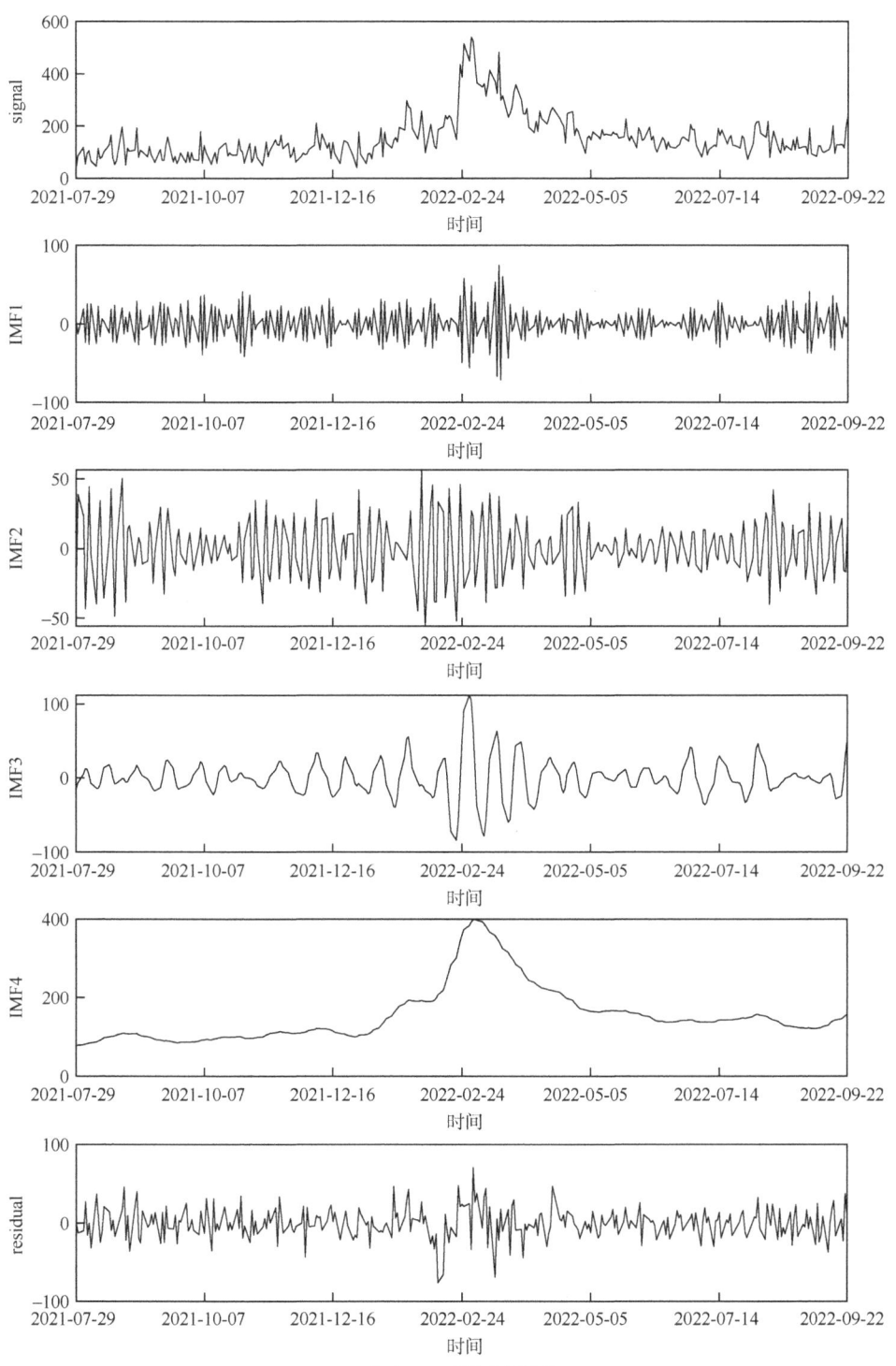

（b）GPR 指数分解结果

（c）美元指数分解结果

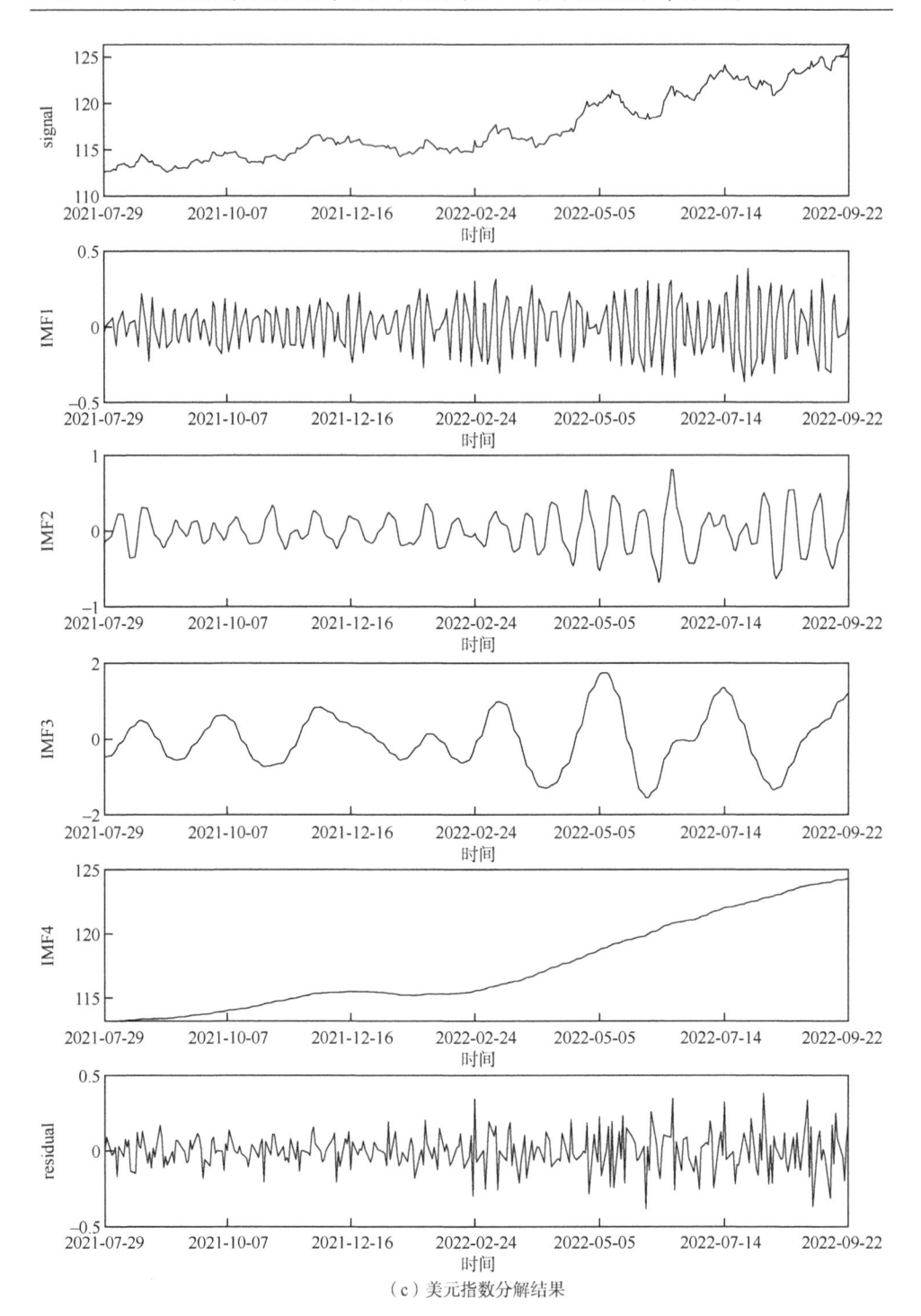

图 3.8　各变量的 VMD 结果（缩短事件窗）

(a) 中实线为 WTI，虚线为 Brent

表 3.4　GPR 指数、美元指数与 WTI 和 Brent 原油价格间的多分辨率因果检验结果（缩短事件窗）

变量	F 值	p 值
GPR 指数对原油价格的影响		
GPR ⇸ WTI	4.66	0.000
IMF1^{GPR} ⇸ IMF1^{WTI}	3.00	0.002
IMF2^{GPR} ⇸ IMF2^{WTI}	1.73	0.083
IMF3^{GPR} ⇸ IMF3^{WTI}	3.15	0.001
IMF4^{GPR} ⇸ IMF4^{WTI}	3.94	0.000
GPR ⇸ Brent	4.45	0.000
IMF1^{GPR} ⇸ IMF1^{Brent}	2.35	0.015
IMF2^{GPR} ⇸ IMF2^{Brent}	1.92	0.027
IMF3^{GPR} ⇸ IMF3^{Brent}	3.92	0.004
IMF4^{GPR} ⇸ IMF4^{Brent}	3.62	0.000
美元指数对原油价格的影响		
D_index ⇸ WTI	0.74	0.618
IMF1$^{\text{D\_index}}$ ⇸ IMF1^{WTI}	0.65	0.770
IMF2$^{\text{D\_index}}$ ⇸ IMF2^{WTI}	1.30	0.234
IMF3$^{\text{D\_index}}$ ⇸ IMF3^{WTI}	0.85	0.493
IMF4$^{\text{D\_index}}$ ⇸ IMF4^{WTI}	0.90	0.464
D_index ⇸ Brent	0.22	0.930
IMF1$^{\text{D\_index}}$ ⇸ IMF1^{Brent}	0.78	0.645
IMF2$^{\text{D\_index}}$ ⇸ IMF2^{Brent}	1.38	0.241
IMF3$^{\text{D\_index}}$ ⇸ IMF3^{Brent}	1.24	0.287
IMF4$^{\text{D\_index}}$ ⇸ IMF4^{Brent}	1.67	0.105

注：D_index 表示美元指数；A ⇸ B 表示 A 不是 B 的格兰杰原因

通过统计检验，寻找原油价格的主模态，如表 3.5 所示。WTI 和 Brent 原油价格分解后得到的 IMF 表现差异不大。通过计算每个 IMF 与原序列的相关性、每个 IMF 方差占原序列方差的百分比，可以看到 IMF4 与原序列的相关性最高，对原序列的贡献度也最高。因此，IMF4 是序列的主模态。

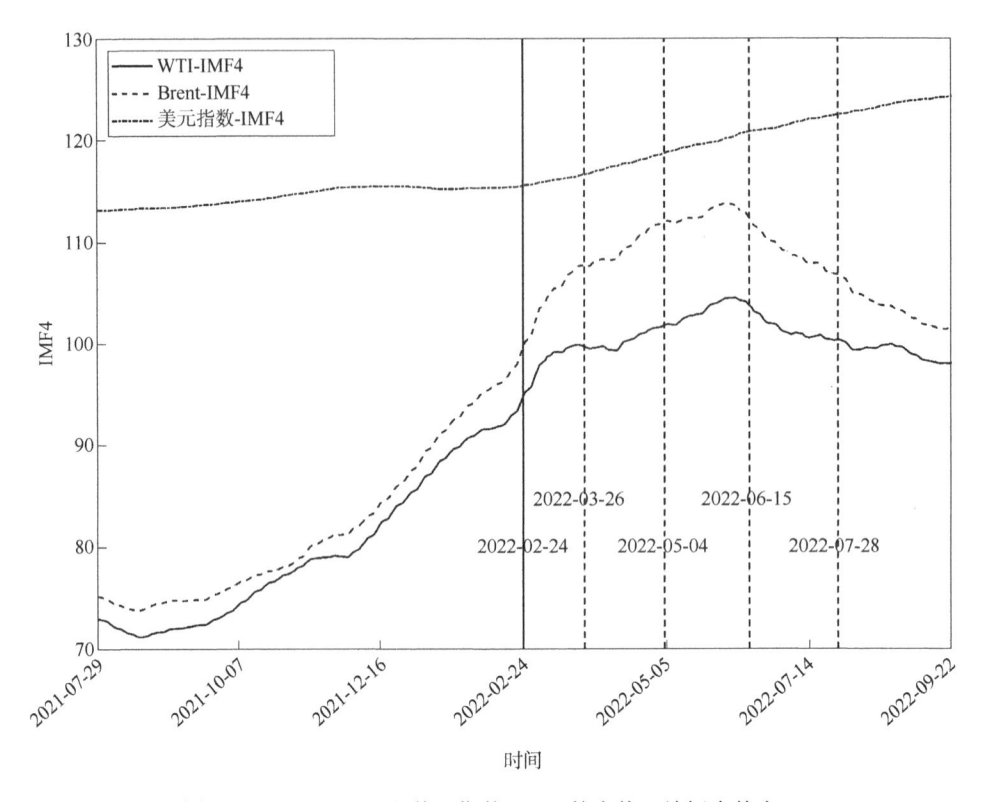

图 3.9 WTI、Brent 和美元指数 IMF4 的走势（缩短事件窗）

表 3.5 WTI 和 Brent 原油日度价格分解后 IMF 和残差的特征（缩短事件窗）

变量	WTI 平均周期/天	相关系数	方差占比	Brent 平均周期/天	相关系数	方差占比
IMF1	5.17	0.090	0.68%	5.04	0.089	0.58%
IMF2	10.71	0.190	2.26%	10.91	0.182	2.05%
IMF3	40.00	0.670	19.25%	40.00	0.578	14.40%
IMF4	85.70	0.885	56.38%	85.70	0.909	66.76%
residual		0.082	0.46%		0.086	0.35%

将 IMF4 归一化到[0,1]区间，并与原序列的走势对比，发现 IMF4 的走势与原序列的整体走势是一致的（图 3.10）。并对各个 IMF 依次求和后进行 t 检验，发现只有加总到 IMF4 后，序列的均值才显著不为零（表 3.6）。这些都进一步说明了 IMF4 是序列的主模态。

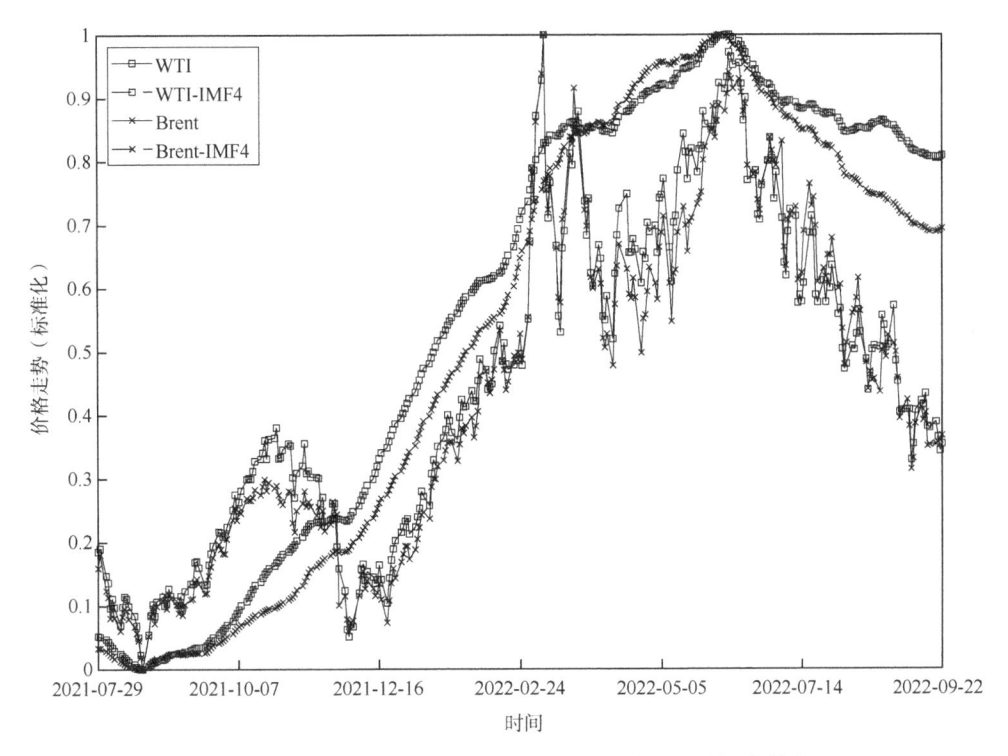

图 3.10 WTI、Brent 及其 IMF4 的归一化走势图（缩短事件窗）

表 3.6 WTI 和 Brent 原油价格 IMFs 的 t 检验（缩短事件窗）

K	WTI		Brent	
	均值	p 值	均值	p 值
C_1	7.2×10^{-7}	1.000	1.4×10^{-6}	1.000
C_2	5.3×10^{-6}	1.000	1.0×10^{-5}	1.000
C_3	3.8×10^{-4}	0.999	4.5×10^{-4}	0.999
C_4	90.078	0.000	94.847	0.000

用主模态的局部最小值和随后出现的局部最大值的差值来衡量俄乌冲突对原油价格的影响（即 2021 年 8 月 20 日和 2022 年 6 月 3 日 IMF4 的差值），发现俄乌冲突至少导致 WTI 原油价格上涨了 33.16 美元/桶，涨幅达到 46.56%，导致 Brent 原油价格上涨了 39.91 美元/桶，涨幅达到 54.03%（图 3.10）。俄乌冲突可以解释事件窗内 WTI 油价 58.47% 的变动和 Brent 油价 66.33% 的变动（图 3.11）。俄乌冲突放大了原油市场的波动，改变了油价的长期运行趋势（图 3.12）。

整体而言，缩短事件窗后，研究结果与原事件窗的结果一致，说明了分析框架和研究结果的稳健性。

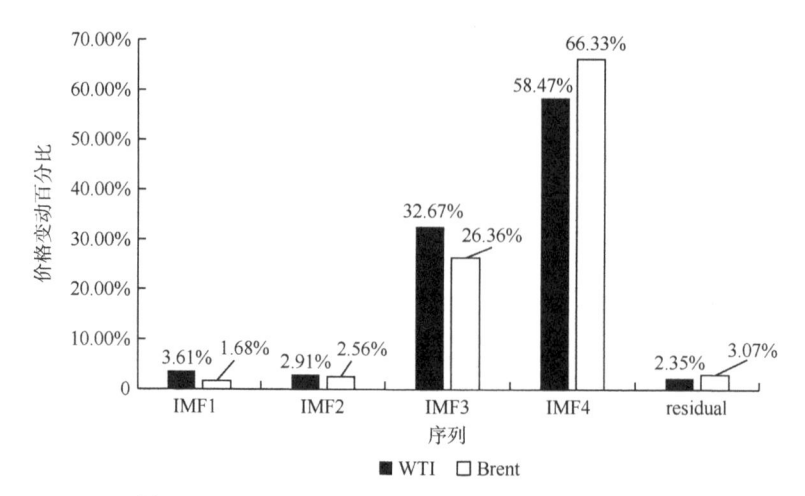

图 3.11　IMF 和残差价格变动百分比（缩短事件窗）

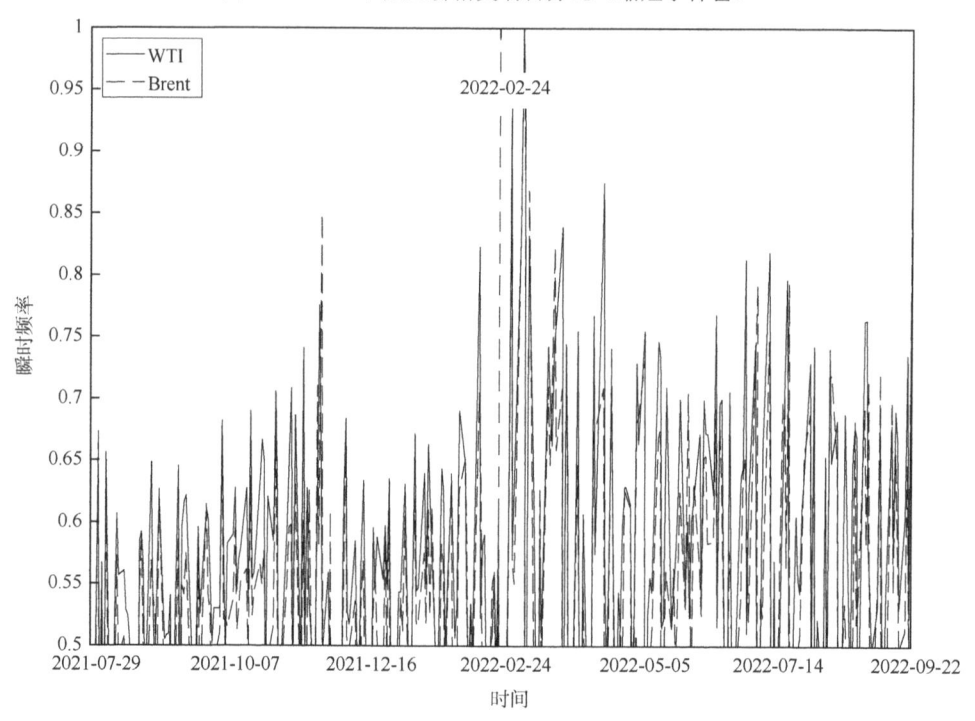

图 3.12　[0.5,1]范围的归一化的瞬时频率（缩短事件窗）

2. 延长事件窗

本节将延长事件窗进行稳健性检验。

事件窗为 2022 年 2 月 24 日至 2022 年 12 月 1 日，估计窗为 2021 年 5 月 19 日至 2022 年 2 月 23 日。估计窗和事件窗对称分布，整个分析窗口为 2021 年 5 月 19 日至 2022 年 12 月 1 日，共 400 个数据点。

第 3 章 重大危机事件对大宗商品价格的短期影响

在这一事件窗内执行 EMC 分析框架,依次进行 VMD(图 3.13)、多分辨率因果检验、固有模态分析和波动性分析。

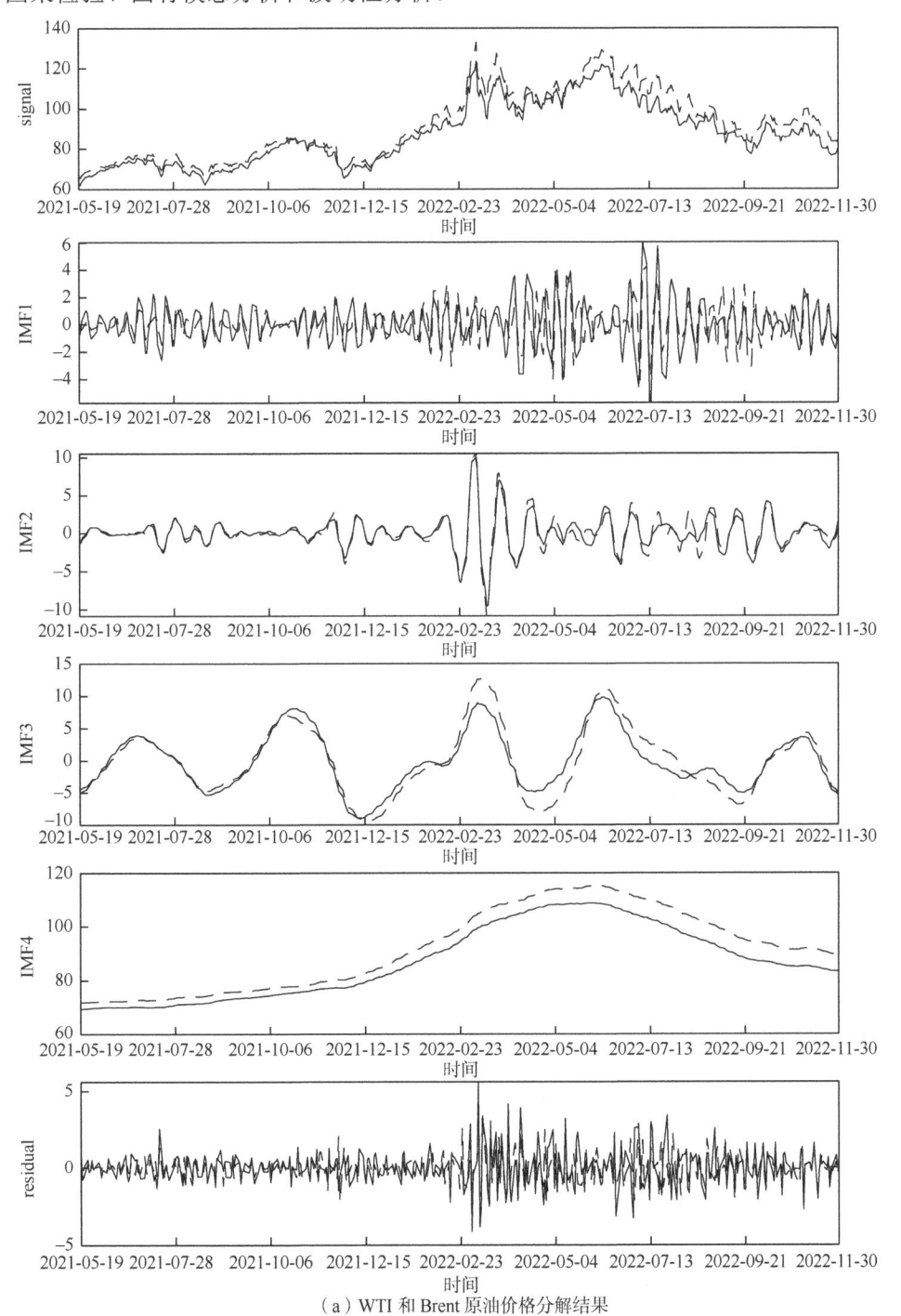

(a) WTI 和 Brent 原油价格分解结果

(b) GPR 指数分解结果

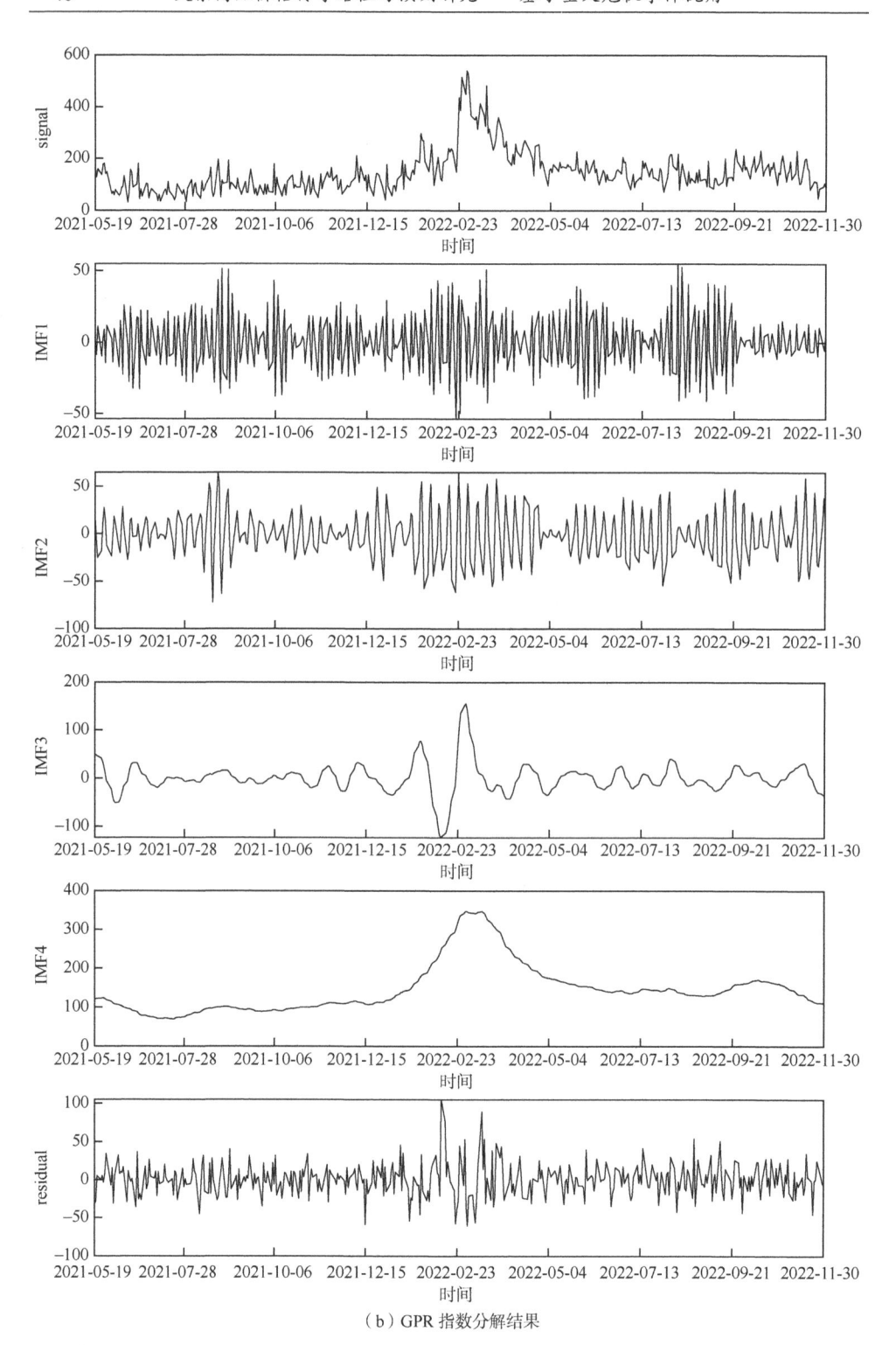

（c）美元指数分解结果

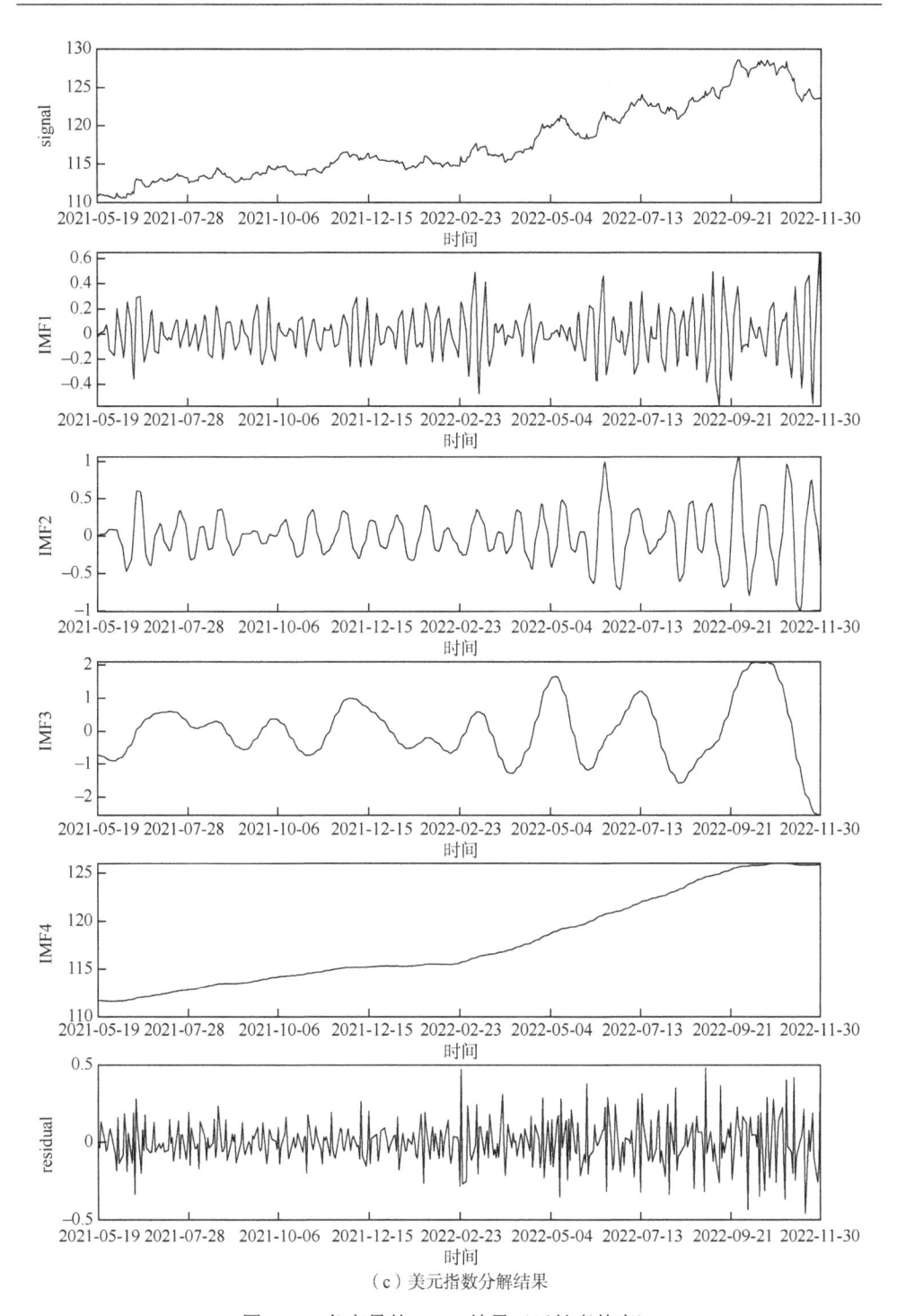

图 3.13　各变量的 VMD 结果（延长事件窗）

(a) 中实线为 WTI，虚线为 Brent

根据多分辨率因果检验可得（表 3.7），在分析窗口内，WTI 和 Brent 原油价格的原序列和分解后的子序列都只受到 GPR 的影响，而与美元指数无关。进一步地，对最低频子序列 IMF4 的走势单独分析。发现自 2022 年 3 月 26 日美联储第一轮加息以来，美元指数就呈一路走高的趋势，但是原油价格上涨的趋势仍不变。直到 2022 年 6 月 15 日的第三轮加息后，原油价格才在各方面因素的共同作用下开始下降。这说明在分析窗口内，美元指数对原油价格的影响不大，可以忽略，只需要关注地缘政治冲突的影响即可。

表 3.7 GPR 指数、美元指数与 WTI 和 Brent 原油价格间的多分辨率因果检验结果（延长事件窗）

变量	F 值	p 值
GPR 指数对原油价格的影响		
GPR ⇸ WTI	5.16	0.000
$IMF1^{GPR}$ ⇸ $IMF1^{WTI}$	2.64	0.006
$IMF2^{GPR}$ ⇸ $IMF2^{WTI}$	3.25	0.001
$IMF3^{GPR}$ ⇸ $IMF3^{WTI}$	8.17	0.000
$IMF4^{GPR}$ ⇸ $IMF4^{WTI}$	4.85	0.001
GPR ⇸ Brent	4.93	0.000
$IMF1^{GPR}$ ⇸ $IMF1^{Brent}$	3.40	0.001
$IMF2^{GPR}$ ⇸ $IMF2^{Brent}$	2.57	0.010
$IMF3^{GPR}$ ⇸ $IMF3^{Brent}$	6.36	0.000
$IMF4^{GPR}$ ⇸ $IMF4^{Brent}$	3.63	0.000
美元指数对原油价格的影响		
D_index ⇸ WTI	0.32	0.925
$IMF1^{D\_index}$ ⇸ $IMF1^{WTI}$	1.53	0.126
$IMF2^{D\_index}$ ⇸ $IMF2^{WTI}$	0.45	0.907
$IMF3^{D\_index}$ ⇸ $IMF3^{WTI}$	0.36	0.834
$IMF4^{D\_index}$ ⇸ $IMF4^{WTI}$	0.43	0.785
D_index ⇸ Brent	0.05	0.996
$IMF1^{D\_index}$ ⇸ $IMF1^{Brent}$	1.01	0.432
$IMF2^{D\_index}$ ⇸ $IMF2^{Brent}$	0.85	0.557
$IMF3^{D\_index}$ ⇸ $IMF3^{Brent}$	0.60	0.666
$IMF4^{D\_index}$ ⇸ $IMF4^{Brent}$	1.16	0.324

注：D_index 表示美元指数；A ⇸ B 表示 A 不是 B 的格兰杰原因

通过原油子序列的分解特征、归一化的走势图和 t 检验等固有模态分析可知，IMF4 是序列的主模态（图 3.14～图 3.16，以及表 3.8 和表 3.9）。用主模态的局部最小值和随后出现的局部最大值的差值来衡量俄乌冲突对原油价格的影响（即 2021 年 5 月 20 日和 2022 年 6 月 3 日 IMF4 的差值），发现俄乌冲突至少导致 WTI 原油价格上涨了 39.32 美元/桶，涨幅达到 56.66%，导致 Brent 原油价格上涨了 43.64 美元/桶，涨幅达到 60.80%。接下来，通过图 3.17 的瞬时频率分析发现俄乌冲突明显放大了原油市场的波动。进一步地，根据断点检验发现冲突改变了油价的长期运行趋势。

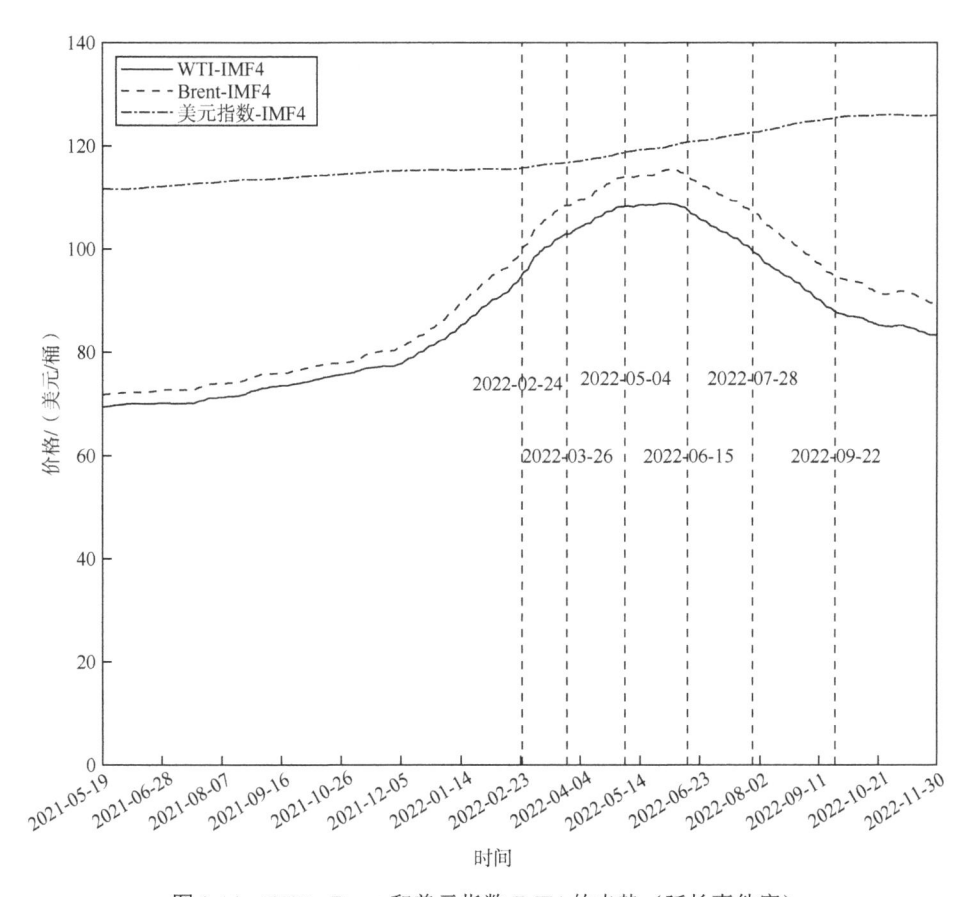

图 3.14　WTI、Brent 和美元指数 IMF4 的走势（延长事件窗）

表 3.8　**WTI 和 Brent 原油日度价格分解后 IMF 和残差的特征**（延长事件窗）

变量	WTI 平均周期/天	WTI 相关系数	WTI 方差占比	Brent 平均周期/天	Brent 相关系数	Brent 方差占比
IMF1	6.78	0.095	1.03%	5.37	0.087	0.61%
IMF2	11.76	0.180	2.03%	11.11	0.172	1.80%

续表

变量	WTI			Brent		
	平均周期/天	相关系数	方差占比	平均周期/天	相关系数	方差占比
IMF3	34.78	0.473	8.70%	38.10	0.472	9.68%
IMF4	100.00	0.937	76.84%	133.33	0.934	76.93%
residual		0.054	0.58%		0.073	0.35%

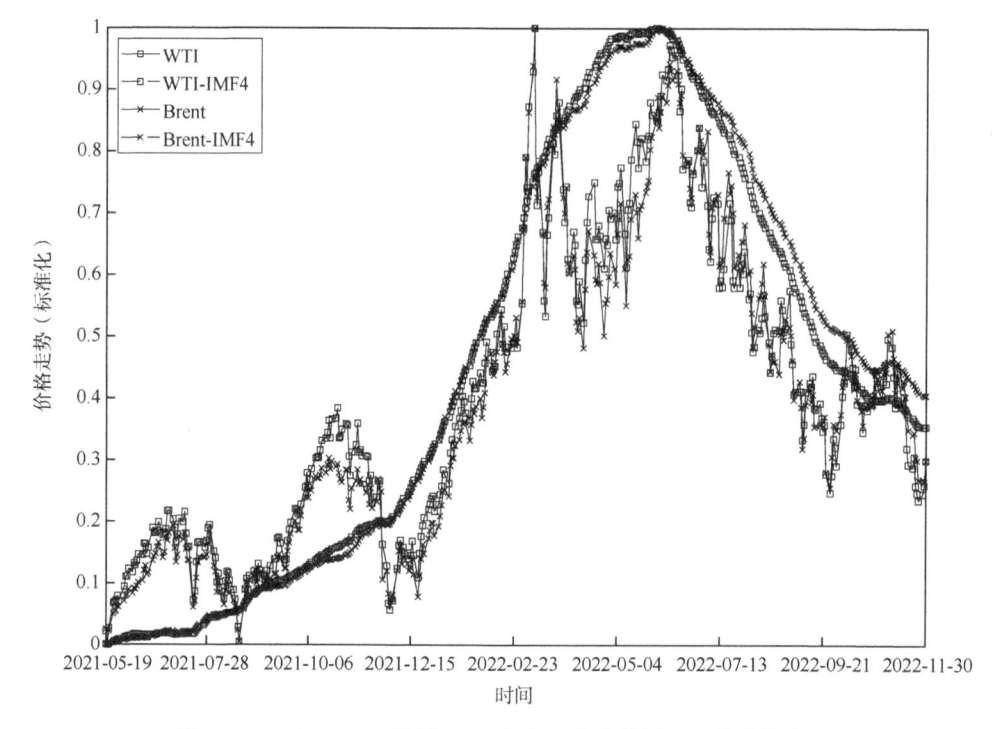

图 3.15 WTI、Brent 及其 IMF4 的归一化走势图（延长事件窗）

表 3.9 WTI 和 Brent 原油价格 IMF 的 t 检验（延长事件窗）

K	WTI		Brent	
	均值	p 值	均值	p 值
C_1	2.7×10^{-6}	1.000	2.0×10^{-6}	1.000
C_2	1.4×10^{-5}	0.999	1.4×10^{-5}	0.999
C_3	3.1×10^{-4}	0.999	3.7×10^{-4}	0.999
C_4	87.029	0.000	91.713	0.000

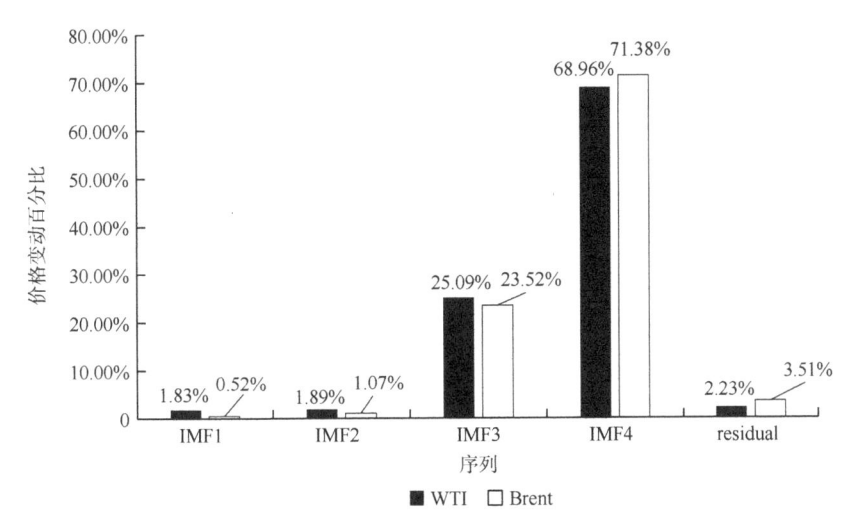

图 3.16　IMF 和残差价格变动百分比（延长事件窗）

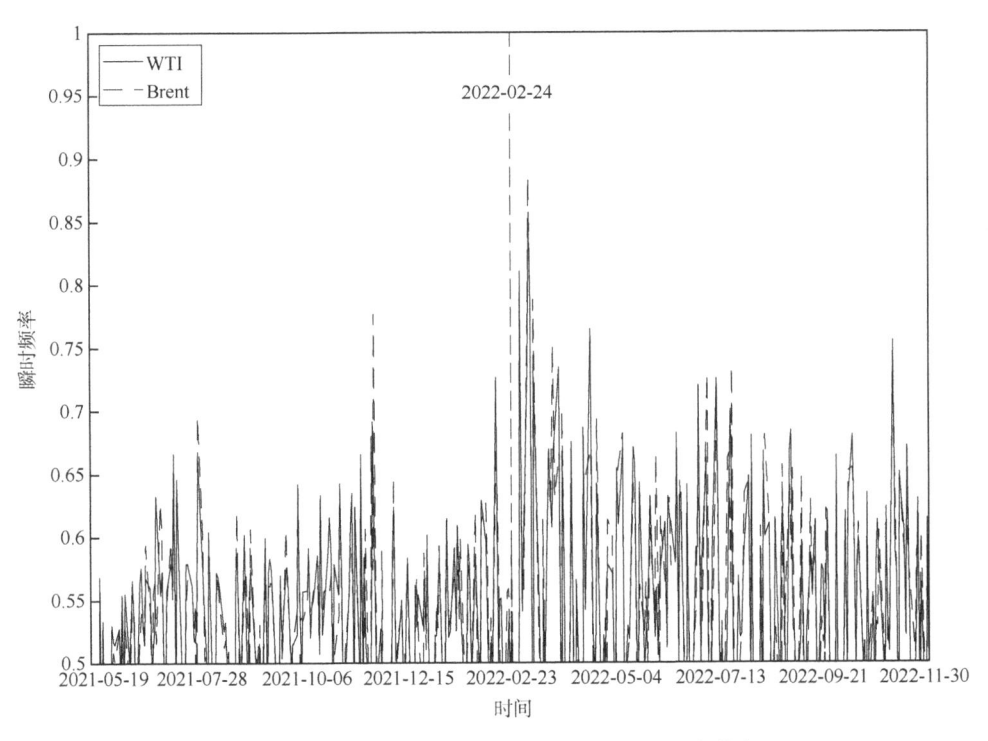

图 3.17　[0.5,1]范围的归一化的瞬时频率（延长事件窗）

整体而言，延长事件窗后，研究结果与原事件窗的结果一致，说明了分析框架和研究结果的稳健性。

3. 加入控制变量的因果检验

为解决内生性问题，需要在因果检验过程中控制同时影响地缘政治冲突和原油价格的因素。宏观经济的运行趋势在一定程度上决定了地缘政治冲突发生的频次和程度，同时影响了原油的需求，进而影响了油价。俄罗斯作为主要产油国，原油的供给除了影响油价外，也影响俄乌冲突的进展。因此，在因果检验中，同时控制宏观经济的运行趋势和原油的供给。其中，宏观经济运行趋势以 WIP（world industrial production，世界工业生产指数）为代表，选择 Baumeister 和 Hamilton（2019）构建的 OECD（Organisation for Economic Co-operation and Development，经济合作与发展组织）国家和其他六个国家（巴西、中国、印度、印度尼西亚、俄罗斯和南非）生产指数，数据来源于 Baumeister 的主页[①]。原油供给以 WOP（world oil production，世界原油产量）为代表，选择 Datastream 数据库中收录的世界石油产量月度数据，单位为千桶/天。

格兰杰因果检验结果如表 3.10 和表 3.11 所示，可以看到，在控制其他因素后，GPR 仍是原油价格的格兰杰原因，美元指数不是原油价格的格兰杰原因。与多分辨率因果检验的结果一致，说明了因果检验的稳健性。

表 3.10　WTI 与其他变量间的格兰杰因果检验表

变量	检验变量	卡方值	自由度	p 值
WTI	GPR	8.440	1	0.004
WTI	D_index	1.335	1	0.248
WTI	WOP	8.563	1	0.003
WTI	WIP	5.879	1	0.015
WTI	ALL	89.401	4	0.000

注：ALL 表示所有变量

表 3.11　Brent 与其他变量间的格兰杰因果检验表

变量	检验变量	卡方值	自由度	p 值
Brent	GPR	12.359	1	0.000
Brent	D_index	0.005	1	0.944
Brent	WOP	5.655	1	0.017
Brent	WIP	7.392	1	0.007
Brent	ALL	94.502	4	0.000

---

① https://sites.google.com/site/cjsbaumeister/datasets，2022 年 12 月 2 日。

3.2 重大危机事件对大宗商品价格的影响渠道

上文中已经将重大危机事件对大宗商品价格的短期净影响探究清楚。在明确事件净影响的同时，人们更希望寻找价格波动背后的原因，剖析重大危机事件对大宗商品价格的影响渠道，从而进行有效防范和应对。这也是本节的研究目的。俄乌冲突持续了两年多，已被证实会对能源市场、粮食安全、股市和环境产生巨大影响（Wang et al.，2023；Lin et al.，2022；Rawtani et al.，2022）。那么俄乌冲突通过什么渠道影响原油价格？每个渠道的作用时间有多长？哪些渠道的影响程度更大？需要相关主体多加防范。这些都是本节希望探讨的问题。

目前，很少有文献探究重大危机事件通过什么渠道影响大宗商品价格。Koch（2014）使用多项式 logit 模型研究尾部事件对大宗商品价格的影响渠道，包括实际需求渠道、金融需求渠道和流动性渠道。类似地，Algieri 等（2017）使用多项式 logit 模型确定了极端事件对农产品市场的影响渠道，包含宏观经济渠道、能源渠道和金融渠道。Lin 和 Zhang（2022）从金融机制、政策流动性渠道和地缘政治供需渠道解释了传染病事件对原油期货价格的影响机制。但是这些文章都是对一类事件的整体研究，没有深入研究某个事件或者某次冲突的影响渠道。每个事件都有其独特性和特殊的影响渠道，使用像 logit 模型这样一般性的模型，只能提取事件共性的影响机制，而忽略其特殊的影响渠道。对单个事件的影响渠道缺乏普适的研究框架。

因此，本章提出 CRP-MIF 的研究方法，深入研究俄乌冲突对原油价格的影响渠道及每个渠道的影响程度。具体来说，首先使用 CEMD 对 Brent 原油期货价格进行分解，确定每个子序列的影响因素。其次，采用 BPNN 和 ACI（autoregressive conditional interval，自回归条件区间）模型分别对高中频和低频的子序列进行事件窗内的预测，得到不受俄乌冲突影响的子序列的预测数据。最后，将真实数据与预测数据进行对比，获得俄乌冲突对每个子序列的影响，并与每个子序列的影响因素相匹配，最终得到俄乌冲突对油价的影响渠道。

本章提出的 CRP-MIF 研究方法有以下几点创新：第一，这一方法解决了重大危机事件的影响渠道问题。现有研究多采用回归方法探究所有重大危机事件或某类重大危机事件对大宗商品价格的影响渠道，但是没有对某个事件进行深入剖析，也不能判断每个渠道的影响程度。而 CRP-MIF 研究方法通过寻找影响油价不同频率的相关因素后再对比预测数据和真实数据的差距，匹配出地缘政治冲突的影响机制，并能定量判断每个机制的影响程度。第二，这一方法采用了区间计量模型，能够同时利用原油期货价格的趋势和波动率信息，相比点值模型，能获得更多信息增益。第三，以俄乌冲突为例进行研究，在验证方法可靠性的同时，厘清了俄乌冲突对原油价格的影响渠道和每个渠道的影响程度，对冲突的传导机制进行深入剖析，辅助决策者通过渠道干预的方式降低冲突的影响。

3.2.1 研究方法

1. CRP-MIF 研究框架

重大危机事件发生后会通过多种路径传导至大宗商品市场，导致商品价格波动。比如，供给渠道、需求渠道、市场投机等。为了探究重大危机事件对大宗商品价格的具体影响渠道，以及每个渠道的影响程度，本章提出 CRP-MIF 的研究框架，具体如图 3.18 所示。

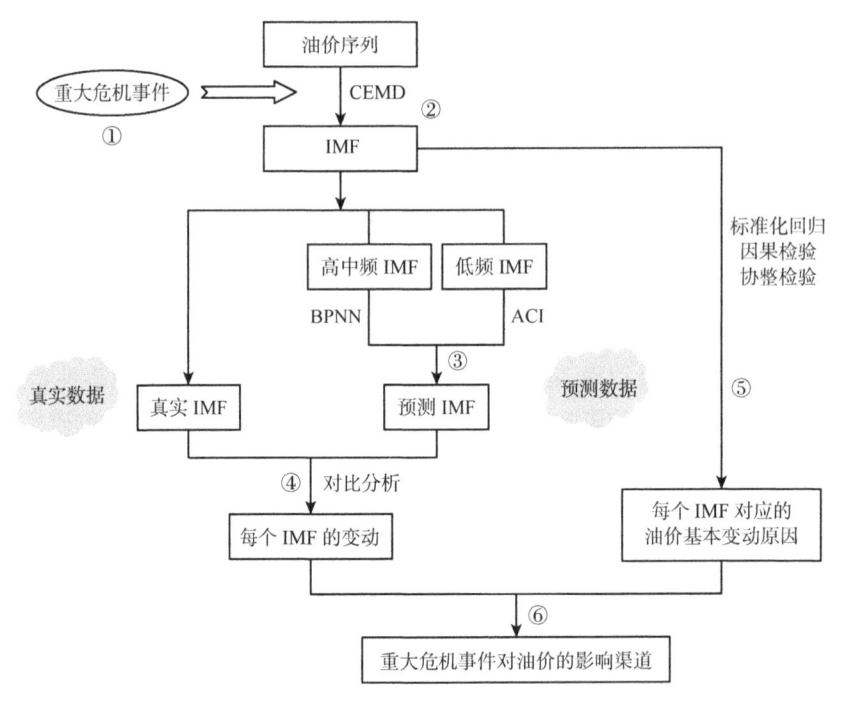

图 3.18 CRP-MIF 研究框架

1）确定研究事件和分析窗口

选择需要研究的事件，以及对应的分析窗口和数据频率。分析窗口包含事件窗和估计窗，事件窗指事件发生和影响的时间段，估计窗指事件未发生或未受影响的时间段。为了能更好地拟合事件发生前的油价序列，估计窗要足够长。数据频率需要根据事件的持续时间和数据可得性进行判断，一般来说，高频数据是更优的。

2）CEMD

将基于数据频率和分析窗口选择的估计窗和事件窗内原油价格的高价和低价序列进行 CEMD，分别得到高价和低价的子信号 IMF。

这一步是基于"分而治之"（divide-and-conquer）的原则进行分析的，目的是将复杂的原油价格序列分解为一些独立的子序列或组成部分（Yu et al.，2008）。一般而言，这些子序列包括剧烈波动的高频序列，频率较低、周期明显的中频序列和波动不明显、比较平缓的低频序列。

CEMD 是 CRP-MIF 框架分析的基础，只有先得到子序列，才能根据每个子序列的变动情况和对应的影响因素来判断重大危机事件对原油价格的影响渠道。正如 Zhang 等（2008）通过 EEMD 将原油价格序列表示为短期波动、重大事件冲击和长期趋势三部分。

3）子序列预测

这一步是构建没有受到事件影响的原油价格序列和各个 IMF 的运行趋势。假设不发生重大危机事件时，各个子序列的运行规律不变。利用第二步中分解得到的估计窗内的子序列数据训练预测模型，因为这一窗口内的数据没有受到重大危机事件的影响。之后，将训练好的预测模型推广到事件窗内，得到不受事件影响的子序列预测数据。

具体而言，对高频和中频的 IMF 采用 BPNN 进行预测，对低频的 IMF 采用 ACI 模型进行预测。

4）确定 IMF 变动幅度

第二步分解得到了事件窗内的子序列 IMF，这是受到重大危机事件影响的、真实的 IMF，第三步预测得到了事件窗内的子序列 IMF，这是不受重大危机事件影响的、预测的 IMF，将两类 IMF 分别进行相应的对比分析，就可以得到每个 IMF 的变动方向和变动幅度，确定重大危机事件对每个 IMF 的影响。

5）判断 IMF 对应的因素

通过文献梳理确定影响原油价格的基本因素，如供给与需求、原油库存、投机者交易等，并获取影响因素在估计窗内的对应变量数据。接下来，采用标准化回归、因果检验、协整检验等方式，确定每个 IMF 对应的具体变动因素。

6）确定重大危机事件的影响渠道

第四步中得到了事件造成的每个 IMF 的变动方向和变动幅度，第五步中得到了每个 IMF 对应的变动因素，将二者结合分析，就可以得出重大危机事件是通过什么渠道影响油价的，以及渠道的相对重要程度，并进行经济解释。

2. CEMD

Tanaka 和 Mandic（2007）提出了一种适用于复数信号的 CEMD 方法，该方法利用傅里叶频谱将应用于一维数据信号分解的 EMD 方法推广至二维的复数域，能够分解得到复数值的 IMF。本章使用 CEMD 方法分解由每日最高价和最低价构成的区间值的原油价格数据，但是 CEMD 方法并不是直接用于区间值时间序列的，因此先构造区间数据到复数的可逆映射 $\mathbb{R}^2 \to \mathbb{C}$，把区间值的原油价格与复数对应起来。这样的可逆映射可以构造为

$$C_t = f\left(\left[p^{high}, p^{low}\right]\right) = p^{high} + i \times p^{low}, \quad t = 1, 2, \cdots, T \tag{3.7}$$

其中，p^{high} 和 p^{low} 分别为原油价格的每日最高价和最低价；$i = \sqrt{-1}$ 为虚数单位；$\{C_t\}_{t=1}^T$ 为复数域上的复值信号。上述映射是可逆的，分别将原油价格每日的最高值和最低值对应到复数的实部和虚部，因此将 CEMD 应用到信号 $\{C_t\}_{t=1}^T$ 上得到复数值的 IMF 后，不同 IMF 的实部和虚部都对应着原油价格最高价和最低价的不同频率。

CEMD 算法借助离散傅里叶变换来分解复值信号，对任意一个非解析信号 $\{C_t\}$，记 $\mathcal{F}(e^{j\theta})$ 是 $\{C_t\}$ 的离散傅里叶变换，对 $\mathcal{F}(e^{j\theta})$ 的正负频率部分进行如下形式的分解：

$$\begin{cases} Y^+(e^{j\theta}) = I(e^{j\theta})\mathcal{F}(e^{j\theta}) \\ Y^-(e^{j\theta}) = I(e^{-j\theta})\overline{\mathcal{F}(e^{-J\theta})} \end{cases} \tag{3.8}$$

其中，$\overline{\mathcal{F}(e^{-J\theta})}$ 为 $\mathcal{F}(e^{j\theta})$ 的共轭复数；$I(e^{j\theta})$ 为理想带通滤波器，能过滤留下正频率的部分。根据上述公式分解得到的 $Y^+(e^{j\theta})$ 和 $Y^-(e^{j\theta})$ 都是解析信号，它们的实部和虚部是由 HHT 关联的实值函数。对这两个解析信号进行傅里叶逆变换得到：

$$\begin{cases} c_t^+ = \text{Real}(\mathcal{F}^{-1}(Y^+(e^{j\theta}))) \\ c_t^- = \text{Real}(\mathcal{F}^{-1}(Y^-(e^{j\theta}))) \end{cases} \tag{3.9}$$

其中，$\text{Real}(\cdot)$ 为取复数的实部，由此得到的 c_t^+ 和 c_t^- 都是实数值信号，记 HHT 为 $\mathcal{H}(\cdot)$ 原始的复值信号，C_t 可由实数值信号 c_t^+ 和 c_t^- 还原得到：

$$C_t = c_t^+ + i \times \mathcal{H}\left(c_t^+\right) + \overline{c_t^- + i \times \mathcal{H}\left(c_t^-\right)} \tag{3.10}$$

对实值信号 c_t^+ 和 c_t^- 分别进行 EMD 可得到：

$$\begin{cases} c_t^+ = \sum_{k=1}^{N} z_t^k + r_t^+ \\ c_t^- = \sum_{j=-M}^{-1} z_t^j + r_t^- \end{cases} \tag{3.11}$$

其中，z_t^k 和 z_t^j 分别为 c_t^+ 和 c_t^- 进行 EMD 后得到的 IMF；r_t^+ 和 r_t^- 分别为原始实值信号减去对应的 IMF 后剩下的残差序列。

得到上述分解后，可定义初始的复值信号 C_t 的 CEMD 为

$$C_t = \sum_{l=-M, l\neq 0}^{N} Z_t^l + r_t \tag{3.12}$$

其中，Z_t^l 为第 l 个复数值分量，满足：

$$Z_t^l = \begin{cases} z_t^l + i \times \mathcal{H}(z_t^l), & l = 1, 2, \cdots, N \\ \overline{z_t^l + i \times \mathcal{H}(z_t^l)}, & l = -M, \cdots, -2, -1 \end{cases} \tag{3.13}$$

在得到 CEMD 的分解结果后，根据初始复值信号 $\{C_t\}_{t=1}^T$ 的构造可知，每一个复值的固有模态函数 Z_t^l 的实部和虚部分别对应原油价格的最高价和最低价在该频率下的模态分量。

3. 预测方法

1）BPNN

BPNN 作为一种常用的预测方法，属于多层前馈神经网络，由多个神经元组成。BPNN 是有监督学习中的一种模型，其学习目标是利用网络的输出值与真实值之间的误差来不断改进各层神经元之间的连接系数。通常 BPNN 包含三层网络结构，即输入层、隐含层和输出层，每层分别有 n, h, m 个节点，在选定激励函数后，可以通过如下的算法刻画 BPNN 的网络结构。

在确定输入的 n 个神经元 $X_1, X_2, \cdots, X_n$ 后，可以得到隐含层的节点输出结果：

$$H_i = f_{\text{hide}}\left(\sum_{j=1}^{n} \theta_j^i X_j + \alpha_i\right), \quad i = 1, 2, \cdots, h \tag{3.14}$$

其中，X_j 为输入层的第 j 个神经元；H_i 为隐含层的第 i 个神经元；α_i 为输入层传递到隐含层第 i 个神经元时产生的截距项；f_{hide} 为应用于隐含层的激励函数；θ_j^i 为与隐含层的第 i 个节点相连的输入层的第 j 个神经元的权重。

计算好隐含层后，就能得到 BPNN 的输出层结果：

$$\hat{Y}_k = f_{\text{out}}\left(\sum_{i=1}^{h}\gamma_i^k H_i + \beta_k\right), \quad k=1,2,\cdots,m \tag{3.15}$$

其中，$\hat{Y}_k$ 为输出层的第 k 个节点；β_k 为隐含层传递到输出层第 k 个神经元时产生的截距项；f_{out} 为应用于输出层的激励函数；γ_i^k 为与输出层的第 k 个节点相连的隐含层的第 i 个神经元的权重。

BPNN 的特点是信号向前传递，而误差反向传播，通过反向传播的误差来改进各神经元之间的连接，优化各层网络之间的连接权重，以实现更加精确的预测。在优化时首先需要根据输出层的结果 $\hat{Y}_k$ 与真实值 $Y_k(k=1,2,\cdots,m)$ 计算预测误差，其次根据预测误差更新网络的连接权重 θ_j^i 和 γ_i^k。得到改进的连接系数后，经过正向传播的信号又可以对网络进行再次优化，当达到设定的预测误差阈值后就得到了训练完成的 BPNN。

原油区间价格经过 CEMD 后会得到几组高频区间值时间序列，我们把这些高频区间值时间序列的左右端点拆分得到两组高频的点值序列，再用 BPNN 分别预测这两组点值序列，把得到的两组点值预测结果分别作为左右端点再合并为区间值的预测结果，以此作为原油区间价格高频模态的预测值。

2）ACI 模型

区间值时间序列相比点值时间序列，能以较低的频率包含更多的信息，Han 等（2016）提出了能应用于区间值时间序列的 ACI 模型，并且提出了两阶段最小距离估计法用于模型的参数估计。本章认为区间值原油价格经 CEMD 后得到的低频区间值时间序列是满足平稳性假设的（Han et al., 2016），并应用不加移动平均项的区间自回归模型对低频序列进行建模预测，该模型如下：

$$Y_t = \alpha_0 + \beta_0 I_0 + \sum_{i=1}^{p}\Psi_i Y_{t-i} + \varepsilon_t, \quad t=p+1, p+2, \cdots, p+T \tag{3.16}$$

其中，$\left\{Y_t = \left[Y_t^L, Y_t^R\right]\right\}_{t=1}^{T}$ 为分解后的低频区间值原油价格序列，Y_t^L 为分解后的左端点，Y_t^R 为分解后的右端点；$I_0 = \left[-\dfrac{1}{2}, \dfrac{1}{2}\right]$ 为单位区间；ε_t 为鞅差分序列代表区间值的误差扰动项；α_0、β_0 和 Ψ_i 都是点值的待估系数。本章使用 Han 等（2016）提出的两阶段最小距离估计法来估计上面模型的参数，在获得参数估计值后就可以得到对应的区间值预测结果。

3.2.2 渠道探讨

首先确定研究事件和分析窗口。

本章关注俄乌冲突对原油价格的影响机制。2022 年 2 月 24 日，俄罗斯宣布对乌克兰采取特别军事行动，俄乌冲突爆发。此后，原油价格一路上涨。2022 年 3 月 8 日，WTI 原油期货价格盘中最高价达到 124.98 美元/桶，Brent 原油期货价格结算价达到 127.98 美元/桶创下自 2008 年 7 月以来最快的上涨势头。

因此，事件窗选择 2022 年 2 月 24 日至 2022 年 3 月 8 日。为了探究油价运行规律，估计窗口需要足够长，选择 2018 年 1 月 2 日至 2022 年 2 月 23 日。分析窗内 Brent 原油价格走势如图 3.19 所示。

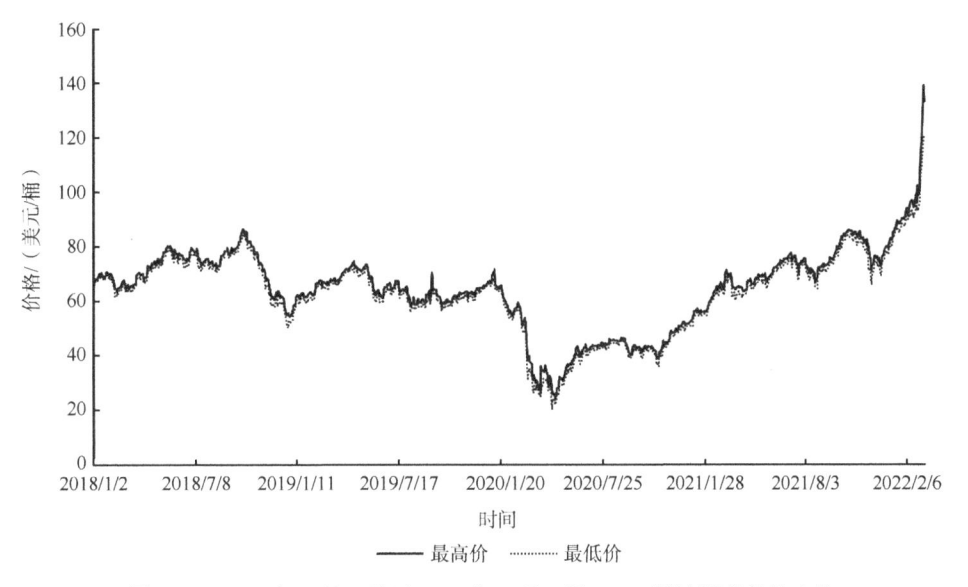

图 3.19　2018 年 1 月 2 日至 2022 年 3 月 8 日 Brent 原油期货价格走势

其次对事件窗内各变量进行 CEMD。

使用 MATLAB 现有的 CEMD 命令对 Brent 原油期货价格进行分解，结果如图 3.20 所示。原油价格序列共分解为 5 个子序列，其中 IMF1 和 IMF2 为高频序列，IMF3 为中频序列，IMF4 和 IMF5 为低频序列。

对子序列进行统计检验。表 3.12 展示了 Brent 原油期货价格最高价和最低价子序列的平均周期、相关系数及方差占比。其中，平均周期等于每个 IMF 的数据长度除以峰值的个数。相关系数代表了每个 IMF 与原序列的相关性，用每个 IMF 的方差占原序列方差的百分比表示贡献度。总体而言，Brent 原油期货价格最高价和最低价的统计量差别不大。IMF1 平均周期约为 3.6 天，相关系数为 0.05，方差

(a)

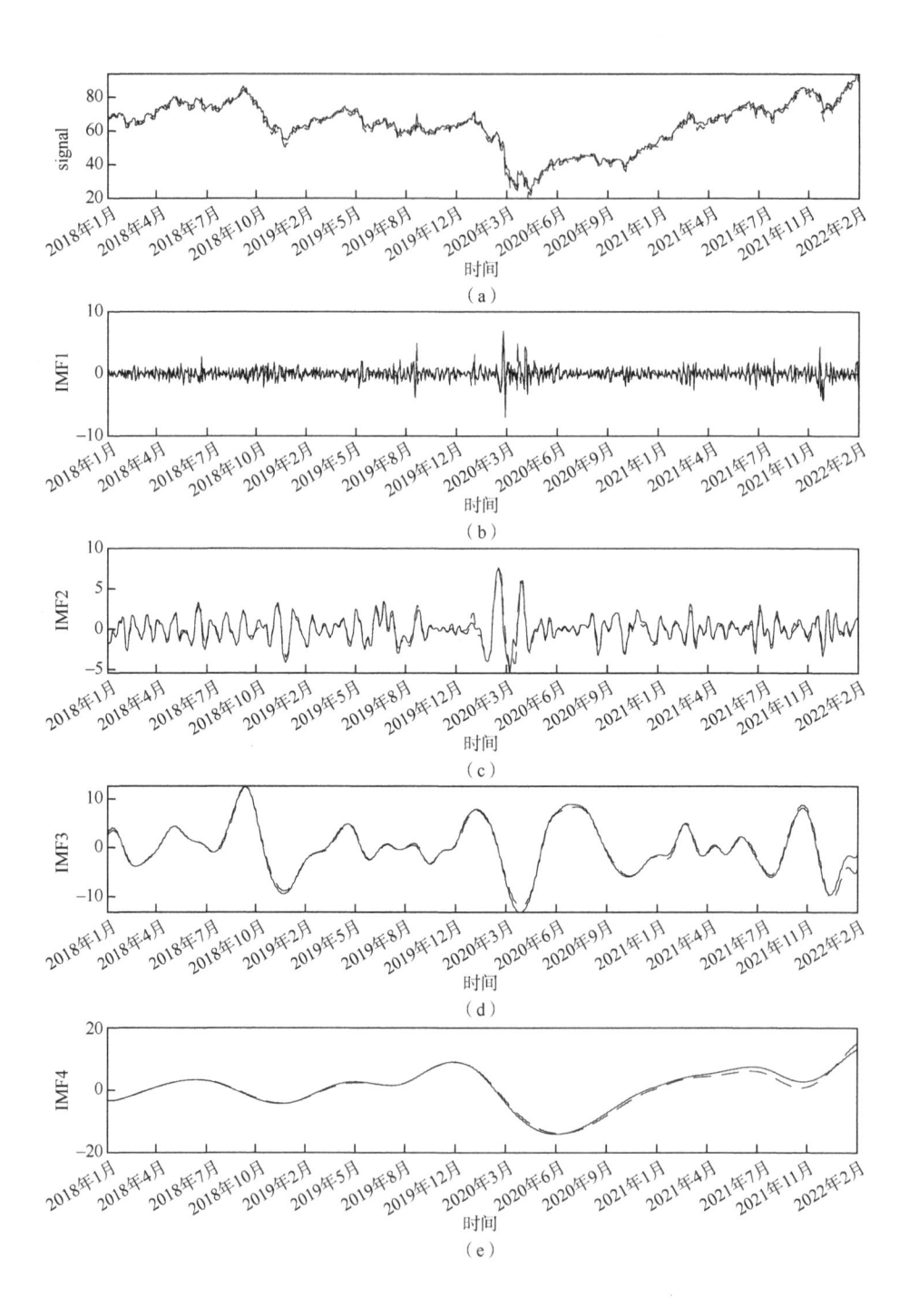

(b)

(c)

(d)

(e)

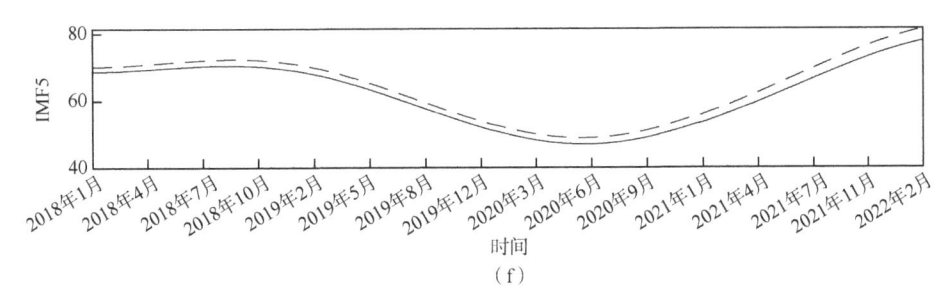

图 3.20 Brent 原油日度期货价格 CEMD 分解

实线为最高价,虚线为最低价。按照交易日进行图像绘制,每个月交易日数不同,图中呈现的时间间隔不同

表 3.12 Brent 原油期货价格分解的 IMF 特征

IMF		平均周期/天	相关系数	方差占比
IMF1	最高价	3.59	0.032	0.42%
	最低价	3.68	0.059*	0.45%
IMF2	最高价	13.87	0.164***	1.53%
	最低价	13.87	0.133***	1.36%
IMF3	最高价	61.83	0.344***	11.13%
	最低价	61.83	0.350***	11.56%
IMF4	最高价	154.57	0.750***	17.10%
	最低价	154.57	0.747***	17.79%
IMF5	最高价	360.67	0.859***	41.45%
	最低价	360.67	0.854***	40.97%

*、*** 分别表示在 10%、1% 的显著性水平上显著

占比为 0.44%。IMF2 的平均周期约为 14 天,大约为 3 周[①],相关系数为 0.15,方差占比为 1.45%。IMF3 的平均周期约为 3 个月,相关系数为 0.35,方差占比为 11.35%。IMF4 的平均周期约为 8 个月,相关系数为 0.75,方差占比为 17.45%。IMF5 的平均周期约为 18 个月,相关系数为 0.86,方差占比为 41.21%。

得到分解的子序列后,对子序列进行预测,并通过对比确定 IMF 的变动幅度。使用估计窗的数据对每个子序列进行预测,得到了事件窗内不受事件影响的子序列(图 3.21 的虚线部分),再与事件窗内真实的子序列,即受到事件影响的子序列(图 3.21 的实线部分)进行比较,就可以得到事件对每个子序列的影响程度。

---

① 除去周六和周日,一周仅交易 5 天。

（a）最高价

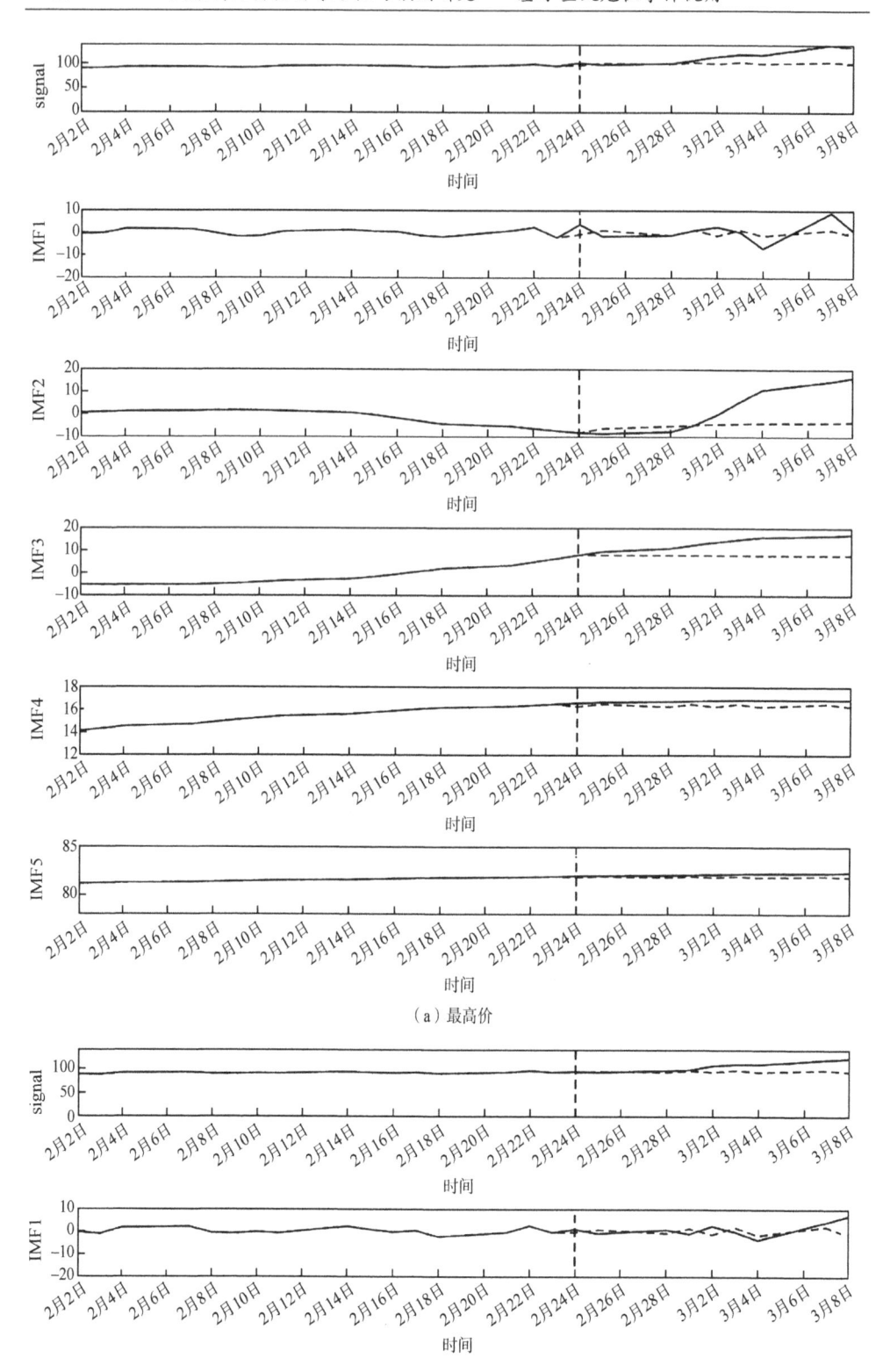

(b)最低价

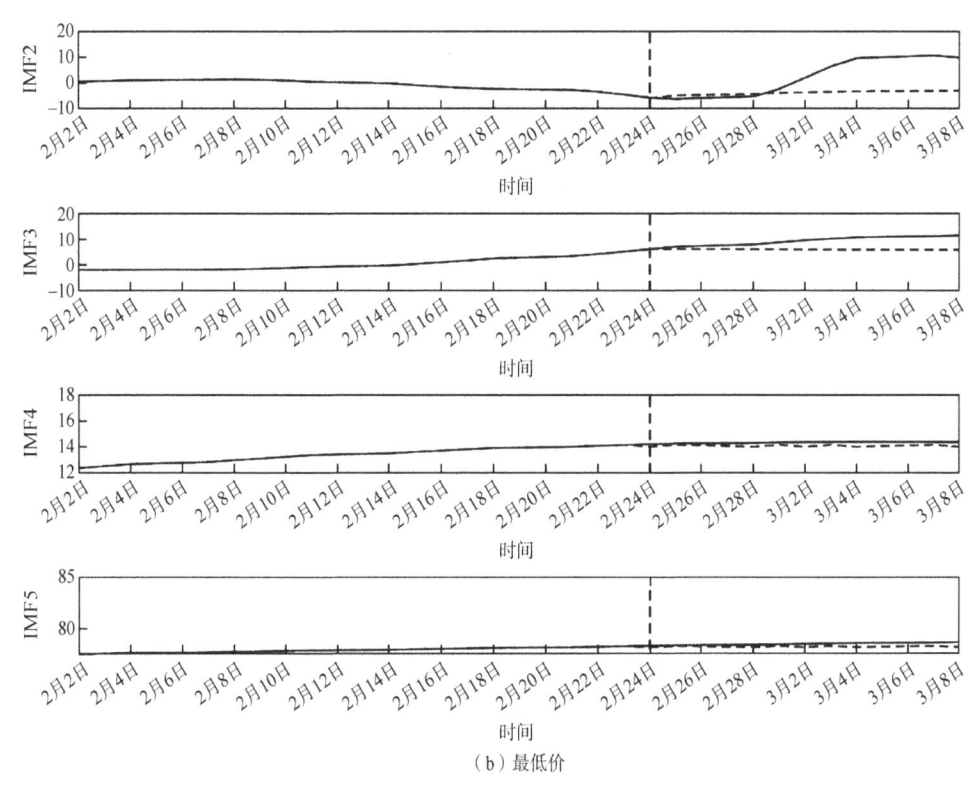

图 3.21 Brent 原油期货价格的 IMF 变动
图中曲线部分的实线为真实值,虚线为预测值

为避免油价预测结果受到俄乌冲突的影响,因此预测模型的训练只使用分析窗口的数据。将分析窗的样本以 8∶2 的比例划分成训练集和测试集用以评估模型预测能力,选择的指标为 MAE(mean absolute error,平均绝对误差)、MAPE(mean absolute percentage error,平均绝对百分比误差)和 RMSE(root mean square error,均方根误差),结果如表 3.13 所示。可以看到除 IMF1 因包含噪声,指标结果较大,预测结果稍差些以外,其他子序列的三个指标都很小,预测结果较好,可以用预测数据来进行之后的分析。

表 3.13 模型预测指标评价结果

IMF		MAE	MAPE	RMSE
IMF1	最高价	0.647	6.487	0.860
	最低价	0.710	1.795	0.978
IMF2	最高价	0.034	0.124	0.050
	最低价	0.034	0.532	0.053

续表

IMF		MAE	MAPE	RMSE
IMF3	最高价	0.001	0.001	0.002
	最低价	0.001	0.001	0.001
IMF4	最高价	0.104	0.025	0.131
	最低价	0.084	0.014	0.101
IMF5	最高价	0.095	0.001	0.158
	最低价	0.091	0.001	0.151

接下来通过对比预测数据和真实数据（图 3.21），判断俄乌冲突对每个 IMF 的影响。

第一，俄乌冲突加剧了 IMF1 的波动。冲突后，最低价的标准差为 2.97，最高价的标准差为 3.97，但若没有这一事件的发生，最低价的标准差仅为 1.41，最高价的标准差为 1.13。

第二，俄乌冲突显著提高了 IMF2 的走势。冲突后，相较于 2 月 23 日的 IMF2 的值，3 月 8 日，最低价的 IMF2 提高了 14.13，最高价的 IMF2 提高了 23.22。若没有冲突发生，最低价的 IMF2 仅提高 1.55，最高价的 IMF2 提高 3.76。也就是说，俄乌冲突导致 IMF2 的最低价提升了 12.58，最高价提升了 19.46。

第三，俄乌冲突保持了 IMF3 的上升势头。冲突后，相较于 2 月 23 日的 IMF3 的值，3 月 8 日，最低价的 IMF3 提高了 6.27，最高价的 IMF3 提高了 10.62。若没有冲突发生，最低价的 IMF3 仅提高 0.67，最高价的 IMF3 提高 1.41。也就是说，俄乌冲突导致 IMF3 的最低价提升了 5.6，最高价提升了 9.21。

第四，俄乌冲突略抬高了 IMF4 走势。冲突发生后，2 月 24 日至 3 月 8 日期间，最低价的 IMF4 均值为 14.34，最高价的 IMF4 均值为 16.78。若未发生冲突，事件窗内最低价的 IMF4 均值为 14.07，最高价的 IMF4 均值为 16.38。

第五，俄乌冲突略抬高了 IMF5 走势。冲突后，事件窗内最低价的 IMF5 均值为 78.56，最高价的 IMF5 均值为 82.14。若未发生冲突，事件窗内最低价的 IMF5 均值为 78.30，最高价的 IMF5 均值为 81.87。

整体来说，与 2 月 23 日的油价相比，俄乌冲突导致最低价上涨了 27.76 美元/桶，最高价上涨了 31.66 美元/桶。另外，冲突增大了最高价和最低价的差距。冲突发生后的事件窗内，最高价和最低价的平均差距为 9.79 美元/桶，但若未发生冲突，平均差距仅为 6.87 美元/桶。

接下来，判断每个 IMF 对应的影响因素。总的来说，供需双方的矛盾及库存的变化是影响原油价格波动的基本因素（Zhang et al., 2022b），从需求来看，世界经济运行情况是原油供需的根本（Zhang et al., 2008）；从供给来看，作为卖方寡头垄断的商品，OPEC+的影响不容小觑。投机因素也在里面起着重要作用，且这一作用在2008年之后更加明显（Morana，2013）。另外，原油价格以美元计价，因此也容易受到各国尤其是美国货币因素的影响。一般而言，原油价格与美元指数呈负向关系（Zhou et al.，2021；Lu et al.，2020）。最后，原油价格也会受地缘政治冲突等重大危机事件的影响（Iglesias and Rivera-Alonso，2022；Zavadska et al.，2020；Liu et al.，2019）。

基于此，本章选择以下变量。

（1）世界原油供给（Supply）。选择世界原油产量作为衡量指标，数据来源于Datastream数据库中收录的世界石油产量月度数据，单位为千桶/天。

（2）世界原油需求（Demand）。世界经济的运行情况决定了世界原油的需求，因此选择世界经济增速来表示。数据来源于世界银行[①]。

（3）OPEC+产量公告（Announcement）。OPEC+产量公告宣布了未来一段时间内OPEC+的石油产量配额，将直接影响原油的供给从而影响价格。2018年以来，OPEC+的产量配额都是由OPEC和非OPEC部长级会议决定的。基于此，构建虚拟变量，有产量公告的月份为0，没有产量公告的月份为1。

（4）原油库存（Inventory）。选择OECD的原油库存，数据来源于OPEC月报[②]。

（5）投机因素（Speculation）。根据Selmi等（2023）的研究，选择美国商品期货交易委员会（Commodity Futures Trading Commission，CFTC）原油非商业净头寸作为衡量指标，数据来源于美国商品期货交易委员会[③]。

（6）美元指数（Dollar index）。选择名义美元指数，数据来源于英为财情[④]。

（7）地缘政治冲突（GPRI）。选择Caldara和Iacoviello（2022）构造的GPR指数[⑤]。

除世界经济增速以外，以上变量的数据频率均为月度。因此，对估计窗内Brent原油月度期货价格进行CEMD后，再进行相关检验。此外，因为数据可得性的原因，上述数据均为点值数据，需要分别对最高价和最低价序列进行分析。上述分解和预测过程都显示了最高价和最低价序列的一致性，因此后续研究将选择高价序列为代表进行分析。

图3.22为月度Brent原油期货价格的CEMD结果，可以看到，各个IMF的整体走势与日度分解结果是一致的，因此可以采用月度数据进行相关影响因素的确定。

[①] https://data.worldbank.org.cn/indicator/NY.GDP.MKTP.KD.ZG，2023年5月20日。
[②] Monthly Oil Market Report 2018，https://www.opec.org/opec_web/en/publications/4814.htm，2023年5月20日。
[③] https://www.fxstreet.com/economic-calendar/event/49d52e0f-bdc1-404b-a510-245bf8ade536#fxs_home，2023年5月20日。
[④] https://www.investing.com/indices/usdollar-historical-data，2023年5月20日。
[⑤] Geopolitical Risk（GPR）Index，https://www.matteoiacoviello.com/gpr.htm，2023年5月20日。

（a）

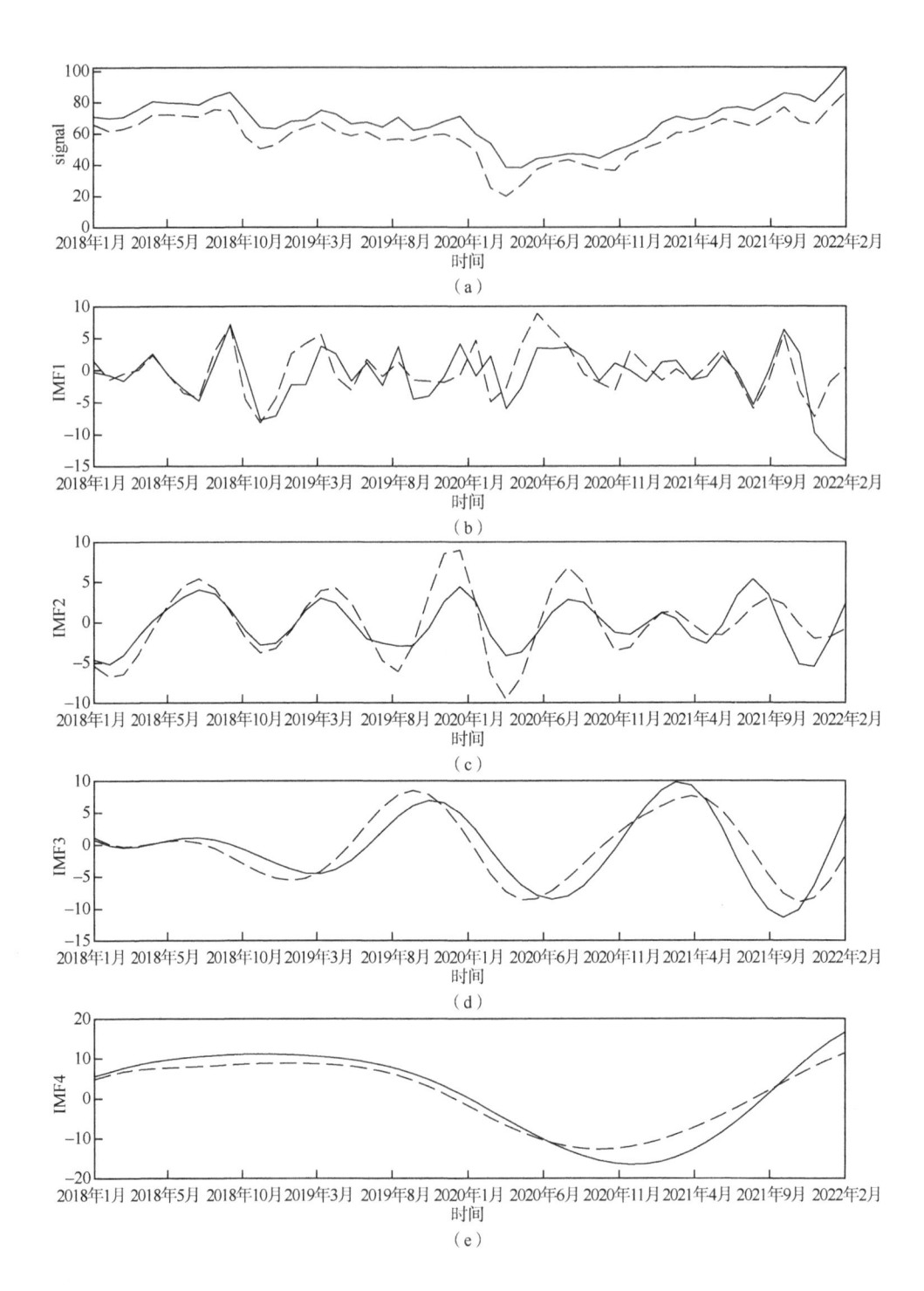

（b）

（c）

（d）

（e）

(f)

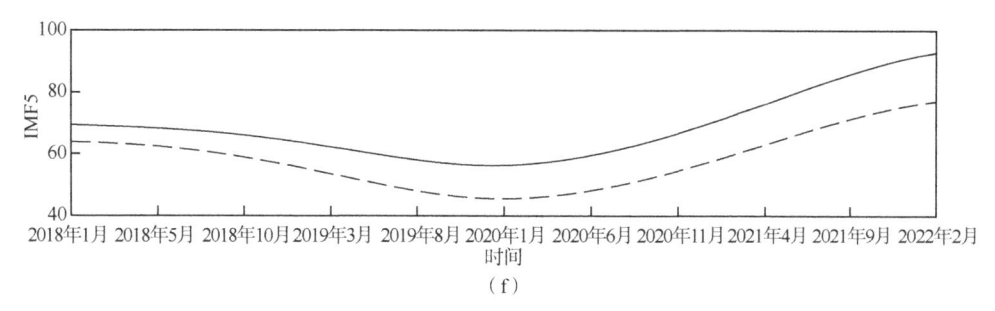

图 3.22 Brent 原油月度期货价格 CEMD 结果

实线为最高价，虚线为最低价

对所有变量进行单位根检验，结果如表 3.14 所示。通过 ADF（augmented Dickey-Fuller，增广迪基-富勒）检验和 PP（Phillips-Perron）检验可以看到所有变量都存在单位根，因此需要通过协整检验来判断变量间是否存在长期均衡关系。选择 EG-ADF（Engle-Granger augmented Dickey-Fuller，恩格尔-格兰杰增广迪基-富勒）两步法进行检验。如果多个 $I(1)$ 变量间存在协整关系，那么使用 OLS（ordinary least squares，普通最小二乘法）回归后，残差应该服从 $I(0)$ 过程。此时，OLS 回归的结果可以被视为变量间的长期均衡关系。

表 3.14 变量单位根检验结果

变量	ADF 检验	PP 检验	结果
IMF1	−1.060	−2.993**	$I(1)$
IMF2	−2.921**	−2.425	$I(1)$
IMF3	−1.429	−2.564	$I(1)$
IMF4	0.148	−0.684	$I(1)$
IMF5	−1.518	1.734	$I(1)$
Speculation	−1.265	−2.102	$I(1)$
Dollar index	−2.235	−2.307	$I(1)$
Supply	−1.454	−1.739	$I(1)$
Demand	−1.304	−1.810	$I(1)$
Announcement	1.222	−5.784***	$I(1)$
Inventory	−1.972	−0.386	$I(1)$
GPRI	−0.261	−1.446	$I(1)$

、*分别表示在 5%、1%的显著性水平上显著

将自变量标准化后，对每个 IMF 进行协整分析，寻找对应的影响因素（Xian et al.，2016），结果如表 3.15 所示。对所有回归的残差进行 ADF 检验，发现全部拒绝原假设，即不存在单位根，说明变量间存在长期均衡关系，可以通过标准化

回归进行因素判断。可以看到，IMF1 对应的因素为投机因素（Speculation）和地缘政治冲突（GPRI），且地缘政治冲突的系数为−2.021，投机因素的系数为 1.849。说明对于 IMF1 来说，地缘政治冲突的影响最大，其次是投机因素。IMF2 对应的因素为 OPEC+产量公告（Announcement），系数为−0.853，即 IMF2 主要受到 OPEC+产量公告的影响。IMF3 对应的因素为美元指数（Dollar index）、世界原油供给（Supply）、世界原油需求（Demand）、原油库存（Inventory）和地缘政治冲突（GPRI）。对这些因素系数的绝对值进行比较，发现原油库存的影响最大，其次是世界原油需求、地缘政治冲突和世界原油供给，最后是美元指数。IMF4 对应的因素为美元指数（Dollar index）、世界原油供给（Supply）、原油库存（Inventory）和地缘政治冲突（GPRI）。其中，世界原油供给的影响最大，美元指数次之，之后是原油库存，最后是地缘政治冲突。IMF5 对应的因素为美元指数（Dollar index）、世界原油供给（Supply）、世界原油需求（Demand）和原油库存（Inventory）。其中，最大的影响因素是原油库存，其次是世界原油供给，最后是美元指数和世界原油需求。

表 3.15　影响因素与 IMF 间的协整检验

变量	（1）IMF1	（2）IMF2	（3）IMF3	（4）IMF4	（5）IMF5
Speculation	1.849*** (2.867)	0.085 (0.162)	−0.525 (−0.651)	1.331 (1.461)	−0.009 (−0.019)
Dollar index	1.137 (1.472)	0.227 (0.366)	−1.581* (−1.705)	3.607*** (3.613)	−1.504** (−2.039)
Supply	−0.699 (−0.895)	−0.546 (−0.942)	2.225*** (2.700)	4.891*** (4.570)	−5.366*** (−8.146)
Demand	0.428 (0.616)	−0.175 (−0.350)	2.482* (1.935)	1.239 (0.980)	1.474* (1.779)
Announcement	−0.850 (−1.440)	−0.853* (−1.777)	0.270 (0.373)	−1.022 (−1.130)	1.169 (1.442)
Inventory	−0.369 (−0.355)	−0.867 (−1.087)	4.506*** (3.270)	−2.993** (−2.358)	−8.450*** (−9.350)
GPRI	−2.021*** (−3.157)	0.080 (0.155)	2.338*** (2.750)	1.736** (2.532)	0.624 (1.215)
常数	−0.935* (−1.818)	−0.255 (−0.624)	−0.630 (−0.971)	1.426** (2.213)	68.228*** (139.406)
样本量	50	50	50	50	50

续表

变量	（1）IMF1	（2）IMF2	（3）IMF3	（4）IMF4	（5）IMF5
R^2	0.392	0.097	0.354	0.832	0.905
F	4.273***	0.631	3.103***	44.09***	54.09***
残差 ADF 检验	−5.502***	−3.297***	−2.623*	−3.037**	−4.458***

注：括号内为 t 统计量

*、**和***分别表示在 10%、5%和 1%的显著性水平上显著

接下来，对每个 IMF 的影响因素进行因果检验，结果如表 3.16 所示，发现通过标准化回归得到的影响因素与对应的 IMF 存在显著的单向因果关系。

表 3.16　影响因素与 IMF 间的因果检验

IMF	变量	卡方值	p 值
IMF1	GPRI→IMF1	17.57	0.004
	Speculation→IMF1	29.28	0.010
IMF2	Announcement→IMF2	12.89	0.024
IMF3	Inventory→IMF3	17.65	0.000
	Demand→IMF3	20.13	0.005
	GPRI→IMF3	23.89	0.032
	Supply→IMF3	14.08	0.003
	Dollar index→IMF3	18.60	0.069
IMF4	Supply→IMF4	21.32	0.011
	Dollar index→IMF4	29.45	0.000
	Inventory→IMF4	19.42	0.007
	GPRI→IMF4	14.84	0.038
IMF5	Inventory→IMF5	10.14	0.038
	Supply→IMF5	12.95	0.002
	Dollar index→IMF5	14.96	0.005
	Demand→IMF5	17.770	0.000

将重大危机事件冲击下每个子序列 IMF 的变动和每个 IMF 对应的影响因素结合起来，就可以对重大危机事件的影响渠道进行判断。俄乌冲突对原油价格影响渠道的示意图如图 3.23 所示。

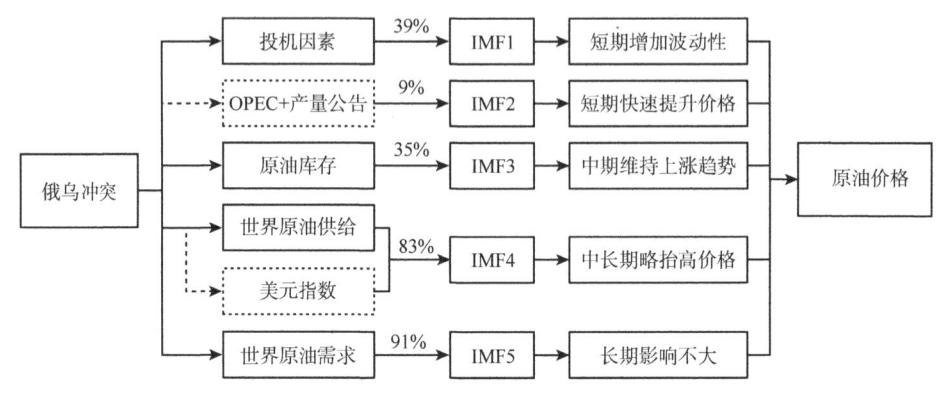

```
          投机因素    ——39%——→  IMF1  → 短期增加波动性
       ┌─ OPEC+产量公告 ──9%──→  IMF2  → 短期快速提升价格
俄乌冲突 ─┤  原油库存    ——35%——→  IMF3  → 中期维持上涨趋势  → 原油价格
       │  世界原油供给  ┐
       └─ 美元指数     ┘─83%─→  IMF4  → 中长期略抬高价格
          世界原油需求  ——91%——→  IMF5  → 长期影响不大
```

图 3.23　俄乌冲突对油价的影响渠道

实线为直接作用，虚线为共同作用

（1）俄乌冲突通过影响投机因素，加剧了原油期货价格的短期波动，将油价的标准差放大了两倍（IMF1）。地缘政治冲突会增加投资者关注，进而增加投机活动（Xiao et al.，2023）。投机活动的增加在短期内会放大油价的波动性（Kaufmann and Ullman，2009），并推高油价（Yao and Alexiou，2022）。事件窗内 Brent 原油期货的 9 个交易日的成交量均值为 45 875.933 万桶，而在事件窗前 9 个交易日[①]的成交量均值为 34 958.389 万桶，事件窗后 9 个交易日[②]的成交量均值为 28 952.889 万桶。期货交易的增加有助于短期内油价上涨（D'Ecclesia et al.，2014），且与波动率之间存在正相关关系（Fleming and Ostdiek，1999）。

（2）俄乌冲突与 OPEC+产量公告共同作用，短期快速提升了原油价格，使 IMF2 提升了 19.47。俄罗斯作为石油的生产和出口大国，根据 2022 年《BP 世界能源统计年鉴》，2021 年俄罗斯石油产量占全球总产量的 12.7%，仅次于美国；原油出口量占全球总出口量的 12.8%，仅次于沙特阿拉伯。俄乌冲突爆发，美国宣布禁止进口俄罗斯石油，引发市场原油供给缺口恐慌。同时，OPEC+产量公告显示 2022 年 3 月和 4 月的原油产量上调 40 万桶/天，这显然不能弥补俄罗斯原油的份额，导致出现供给中断预期，造成原油价格短期快速上涨。另外，OPEC+增加产量的公告对原油价格的影响并不显著（Demirer and Kutan，2010；Loutia et al.，2016），这也是俄乌冲突导致原油价格短期快速上涨的重要原因。

（3）俄乌冲突加剧了低库存的现状，维持了原油价格中期的上涨势头，使 IMF3 提升了 9.21。根据美国能源信息署的《短期能源展望》，2020 年中以来，全球石油库存稳步下降，从 2020 年第三季度到 2021 年底平均每天消耗 180 万桶/天。2022 年 2 月底，OECD 的石油库存为 26.4 亿桶，为 2014 年 4 月以来的最低水平。俄乌

---

① 2022 年 2 月 11 日至 2022 年 2 月 23 日。
② 2022 年 3 月 9 日至 2022 年 3 月 21 日。

冲突的发生引发了石油供给中断的重大不确定性，加剧了低库存的情况，而石油库存对油价波动的影响比石油总量的供需更加显著（Gong et al.，2020；Gong et al.，2021）。俄乌冲突通过对库存的影响，维持了油价中期的上涨趋势。

（4）俄乌冲突引发供给中断恐慌，叠加美元指数走强，略抬高了原油的中长期价格，使油价上涨 2%左右（IMF4）。俄乌冲突爆发后，欧美国家对俄罗斯的能源制裁引发了石油中断恐慌，对石油供给造成冲击，支撑原油价格在中长期上涨。但同时，美联储为了应对通货膨胀，不断加息。自 2022 年 3 月至 2022 年 12 月，共加息 7 次，累计加息 425 个基点，最终将联邦基金利率目标区间上调到 4.25%～4.50%，达到 2008 年国际金融危机以来的最高水平。随着利率水平的提高，美元指数持续走强，而美元指数与原油价格呈显著的负相关关系（Elbeck，2010；Chai et al.，2011；Zhou et al.，2021）。俄乌冲突与美元指数反方向作用，最终导致中长期中原油价格上涨幅度有限。

（5）俄乌冲突长期中使油价提升了 0.3%，影响不大（IMF5）。虽然俄乌冲突及欧美等国家和地区对俄罗斯的制裁在短期引发供给中断恐慌，但俄罗斯原油产量和出口在长期中表现出韧性，叠加美联储加息造成的美欧经济衰退、世界原油需求疲软，因此俄乌冲突长期中对油价的影响不大。同时，俄乌冲突没有影响到原油需求，但是总需求才是原油价格的关键驱动因素（Archanskaïa et al.，2012；Jacks and Stuermer，2020）。

总的来说，俄乌冲突主要通过投机者活动和库存渠道，并与 OPEC+产量公告共同作用，影响原油价格。冲突加剧原油价格高频波动，短期快速提升原油价格，并维持了中期上涨趋势，但是在长期中影响不大。从各渠道的影响程度来看，投机因素主导的 IMF1 占比 7%，OPEC+产量公告主导的 IMF2 占比 61%，库存主导的 IMF3 占比 29%，世界原油供给和世界原油需求主导的 IMF4 和 IMF5 占比 3%。

3.3 本章小结

近年来，重大危机事件频发，比如新冠疫情、俄乌冲突、巴以冲突等，对大宗商品市场造成了剧烈的冲击，其中尤以原油价格的反应最为明显。原油市场的反应也会传导到其他市场，对其他大宗商品价格和宏观经济造成冲击。为了探究重大危机事件对大宗商品价格的净影响以及影响渠道，本章提出 EMC 和 CRP-MIF 的研究框架，并以俄乌冲突和原油市场为例进行研究。

在重大危机事件对大宗商品价格的净影响方面，创新性地提出 EMC 的分析框架。发现俄乌冲突使 Brent 和 WTI 原油价格上涨了 50%以上，且对 Brent 原油价格的影响大于 WTI 原油价格，导致二者的价差不断增大。同时，俄乌冲突加剧了原油价格的高频波动，从根本上改变了油价的运行趋势。

在重大危机事件对大宗商品价格的影响渠道方面，创新性地提出 CRP-MIF 的框架。发现俄乌冲突通过以下渠道影响了原油价格：首先，俄乌冲突在短期内促进了投机活动，放大了原油价格的高频波动；其次，俄乌冲突与 OPEC+产量公告共同作用，短期快速提升了原油价格；再次，俄乌冲突加剧了低库存的现状，维持了原油价格中期的上涨势头；最后，俄乌冲突在长期中通过引发供给中断恐慌，导致原油价格有小幅的上涨倾向。

本章的研究结论可以帮助相关主体针对影响渠道进行特定干预，平缓重大危机事件的冲击。提出的两个研究框架（EMC 分析框架和 CRP-MIF 分析框架）也为重大危机事件净影响的测量、判断重大危机事件对大宗商品价格的影响渠道和每个渠道的影响程度提供了参考范式。

第 4 章　重大危机事件对大宗商品价格的长期影响

重大危机事件对大宗商品价格的短期影响和影响渠道已经探究完成，但是相较于重大危机事件造成的短期冲击，长期影响更需要关注。一方面，事件的长期影响更容易改变市场的性质，比如市场效率、长期均衡等（Joo et al., 2020）。相比油价的短期波动，市场特性的改变更需要关注。另一方面，重大危机事件难以预测，导致短期冲击难以防范和有效应对，相关主体只能事后反应。而事件的长期效应是可以分析和外推的，这给予决策者更多的反应空间和时间，可以进一步采取相关措施，将长期的不利影响降到最低。

在经济学中，短期和长期没有明确的时间长度划分。长期指生产要素都可变并通常处于均衡点的时期，而短期则存在约束，某些生产要素不可变，比如技术、厂房、固定设备等，市场不完全或不总是处于均衡点。在金融市场上，对期限的划分比较明确，以利率为例，短期利率指一年以内的金融资产的利率，长期利率指一年及以上的市场利率。长短期债务的划分也是以一年为期限。重大危机事件对油价的短期影响主要通过投资者预期实现，长期中则是改变了供需平衡进而影响价格。原油作为基础的资源性产品，处于卖方寡头垄断市场，以 OPEC+为代表的供给方对原油价格形成起着重要作用。OPEC+的原油产量配额通过 OPEC 和非 OPEC 的部长级会议决定。2020 年之前，OPEC+的产量配额调整周期在一年以上。因此，对重大危机事件影响的划分也是以一年为期限，一年以内为短期影响，一年及以上为长期影响。同时，石油产品金融化程度越来越高，参考金融市场的期限划分，同样以一年为期限。

重大危机事件给原油市场和经济造成的影响会持续多久？不同类型事件的影响程度和影响时间是否相同？长期中如何进行分析和应对？这是本章需要探索的问题。

现有文献对长期影响的研究并不多见。关键的难点在于，事件难以量化。在短期中，这一问题可以避免。短期中，因同时期事件的相对重要性，可以暂时忽略其他因素的影响，从而使用事件分析法进行研究（Zhang et al., 2009; Ji and Guo, 2015; Zhu et al., 2018）。但是在长期中，这一问题无法避免，如果不能合理量化事件，就无法研究其在石油市场和经济中的长期影响。针对这一问题，有些学者选择构建指数进行量化，比如 GPR 指数，采用指数研究地缘政治冲突的长期影响（Antonakakis et al., 2017）。但是目前指数构建只适用于地缘政治冲突，金融危机、新冠疫情等重大危机事件的长期影响仍无法研究。也没有成熟的方法将所有事件纳入到一个模型中，得到事件影响的一般性规律。

本章在这方面做出了边际贡献：第一，将所有重大危机事件整合到一个统一的框架中，同时考察所有重大危机对原油市场和经济的长期影响。现有文献主要关注特定类型事件或单一事件的影响，分析事件前后原油市场和经济的变化，但无法获得事件影响的时变特征。从中得出的结论和政策含义只能针对具体事件，而不适用于普遍情况。如果同时研究所有重大危机事件，则可以揭示事件长期影响的普遍规律和主要特征。我们无法对未来事件做出准确的预测，但我们可以根据其主要特征采取基本的预防措施，以应对未来事件的影响。第二，合理量化了重大危机事件。同时研究所有事件对原油市场和经济的长期影响，最大的难点在于事件难以量化。最常用的事件分析法，因长期中因素混叠和只适用于单个事件研究，而不再适用。本章构建了基于石油市场的重大危机事件的代理变量，解决了事件难以量化的问题，可以同时考虑所有事件的影响，帮助政府、投资者等相关主体在长期中进行有效应对。另外，在现有研究中，将重大危机事件作为控制变量时，只能同时考虑几个事件，将事件合理量化后，就可以同时控制所有事件的影响，避免遗漏变量问题。第三，使用代理 SVAR 模型解决了事件的内生性问题。虽然重大危机事件有一定的突发性，但仍存在经济诱因，也有不少事件与石油资源相关，比如海湾战争和叙利亚战争。因此，需要在研究中考虑事件的内生性。但现有文献仅考虑了 OPEC+产量公告在原油市场上的内生性（Känzig, 2021; Shioji, 2021）。如果将重大危机事件的代理变量直接引入模型分析，则容易导致系数估计错误，结果存疑。对此，本章选择合理的工具变量，使用代理 SVAR 模型解决内生性问题，得到更加可靠的结论。

4.1 研 究 方 法

4.1.1 代理 SVAR 模型

SVAR 模型是常用的研究变量对石油市场冲击的方法。Kilian（2009）使用 SVAR 模型识别了石油价格受到的不同种类的冲击，包括石油供应冲击、全球需求冲击和特定石油冲击。后续学者使用 SVAR 模型多角度地对能源市场冲击进行了研究（Naccache, 2010；Herwartz and Plödt, 2016；Ahmadi et al., 2016）。使用 SVAR 模型研究重大危机事件对石油市场冲击的难点在于，事件无法量化，且事件作为外生冲击不能直接引入 SVAR 模型中作为内生变量使用。因此，本章选择合适的工具变量，采用 Stock 和 Watson（2012）与 Mertens 和 Ravn（2013）提出的代理 SVAR 模型进行研究。该模型的主要思想是对外部工具变量施加限制，即与关注的冲击相关，而与其他结构性冲击正交。用这些矩条件来补充 VAR 模型对方差、协方差的限制，避免对结构参数直接假设，实现对模型的识别（Mertens and Ravn，2013）。这一方法可以解决事件的内生性问题，外部工具变量的选择可以同时解决事件难以量化的问题。

模型的具体设定与估计如下。

假设 Y_t 为 $n \times 1$ 的内生变量，那么滞后 p 阶的 VAR 模型的约简式为

$$Y_t = a + A_1 Y_{t-1} + A_2 Y_{t-2} + \cdots + A_p Y_{t-p} + u_t \tag{4.1}$$

其中，u_t 为 $n \times 1$ 简化形的新息向量，协方差为 $\mathrm{Var}(u_t) = \Sigma_u$；$a$ 为 $n \times 1$ 的常数向量；$A_1, A_2, \cdots, A_p$ 为 $n \times n$ 的系数矩阵。

假设 u_t 与结构性冲击 ε_t 存在以下线性关系：

$$u_t = B\varepsilon_t \tag{4.2}$$

其中，$B = [B_1 \cdots B_n]$ 为 $n \times n$ 的非奇异结构性冲击矩阵；$\varepsilon_t = \varepsilon_{1,t}, \varepsilon_{2,t}, \cdots, \varepsilon_{n,t}$ 为 $n \times 1$ 的结构冲击向量；$\varepsilon_{1,t}$ 为第一个冲击。结构性冲击之间互不相关，即 $\mathrm{Var}(\varepsilon_t) = \Sigma_\varepsilon$ 是对角矩阵。

不失一般性地，将关注的冲击定义为结构冲击向量的第一个 $\varepsilon_{1,t}$。此时，估计时不需要得到矩阵 B 的所有元素，而只需要得到矩阵 B 的第一列元素即可。

根据 Stock 和 Watson（2012）与 Mertens 和 Ravn（2013）的研究，可以使用外部工具识别 $\varepsilon_{1,t}$。假设存在外部工具变量（代理变量）z_t 满足以下条件：

$$E(z_t \varepsilon_{1,t}) = \alpha \neq 0 \tag{4.3}$$

$$E(z_t \varepsilon_{j,t}) = 0, \quad j = 2, \cdots, n \tag{4.4}$$

其中，公式（4.3）为相关性条件；公式（4.4）为外部性条件。

令 $B_1 = (b_{1,1}, b_{2,1}, \cdots, b_{n,1})^\mathrm{T}$，其中 $b_{j,1}$ 是 $u_{j,t}$ 对 $\varepsilon_{1,t}$ 一单位冲击的响应，根据公式（4.3）和公式（4.4），B_1 可以标识为符号和标度：

$$\tilde{b}_{j,1} \equiv \frac{b_{j,1}}{b_{1,1}} = \frac{E(z_t u_{j,t})}{E(z_t u_{1,t})}, \quad j = 2, \cdots, n \tag{4.5}$$

假设 $E(z_t u_{1,t}) \neq 0$，$\tilde{b}_{j,1}$ 可以被视为将 z_t 作为工具变量时，$u_{j,t}$ 的工具变量估计量在 $u_{1,t}$ 上的总体模拟。

通过标准化设置 $b_{1,1}$ 服从 $\Sigma_u = B\Sigma_\varepsilon B^\mathrm{T}$，令 $\Sigma_\varepsilon = \mathrm{diag}(\sigma_{\varepsilon 1}^2, \cdots, \sigma_{\varepsilon n}^2)$，$b_{1,1} = x$，这意味着 $\varepsilon_{1,t}$ 一单位的正值对 Y_{1t} 有 x 单位的正效应。本章参考 Känzig（2021）的研

究，事件冲击被标准化为立即使石油实际价格上涨10%。

4.1.2 重大危机事件数据

本节主要关注1990年至2022年间四种类型的重大危机事件：第一类是地缘政治冲突，如俄乌冲突、"9·11"事件等；第二类是自然灾害，如1998年中国特大洪水灾害、中国"5·12"汶川大地震等；第三类是经济和金融危机，如2008年全球性金融危机、欧洲主权债务危机；第四类是新冠疫情之类的突发卫生公共事件。

具体来说，选取的地缘政治冲突的关注事件主要参考维基百科的战争列表[①]，根据社会系统影响程度（magnitude of societal-systemic impact，Mag）[②]，选择Mag值在5及以上的事件。自然灾害的关注事件来源于紧急事件数据库（EM-DAT）[③]，选择总影响人数在1000万以上且经济损失（调整后）在十亿美元以上的重大灾害。经济和金融危机的关注事件主要参考维基百科的金融危机列表[④]及Piffer和Podstawski（2018）的研究进行选择。突发卫生公共事件参考维基百科的流行病列表[⑤]，选择全球范围内流行疾病的标志性事件。经过筛选，最终得到50个关注事件，其中包括21个地缘政治冲突的标志性事件，16个自然灾害的标志性事件，7个经济和金融危机的标志性事件，6个突发公共卫生事件，具体如表4.1所示。

表4.1 所选事件及代理变量

序号	日期	$\Delta P_{\text{WTI-future}}$	事件	事件类型
1	1990/8/2	7.29%	伊拉克入侵科威特，海湾战争	1
2	1991/6/1	0	中国华东水灾	2
3	1991/8/19	5.49%	莫斯科政变未遂	1
4	1991/12/12	0.26%	批准宣布苏联终结的协定	1
5	1992/4/1	2.06%	波黑战争	1
6	1992/9/16	0.95%	英国黑色星期三	3
7	1993/7/8	1.29%	印度洪水	2
8	1994/4/7	−1.20%	卢旺达种族大屠杀	1
9	1994/6/9	1.80%	中国洪水	2

---

① Major Episodes of Political Violence 1946-2019，https://www.systemicpeace.org/warlist/warlist.htm，2023年4月27日。

② 列出的数字是一个按比例调整的指标，用于衡量暴力事件对直接受影响社会或多个社会的破坏程度或严重性，范围从1（最低）到10（最高）。这一评分综合考虑了多个因素，包括国家治理能力、冲突强度（手段与目标）、人员伤亡与破坏的范围、人口流离失所的情况以及事件持续时间。

③ https://public.emdat.be/data，2023年4月27日。

④ https://en.wikipedia.org/wiki/Financial_crisis，2023年4月27日。

⑤ https://en.wikipedia.org/wiki/List_of_epidemics，2023年4月27日。

续表

序号	日期	$\Delta P_{\text{WTI-future}}$	事件	事件类型
10	1994/12/11	−1.28%	俄罗斯出兵车臣，第一次车臣战争	1
11	1995/6/15	0.30%	中国长江流域洪水	2
12	1995/8/30	−0.17%	北约宣布空袭塞尔维亚	1
13	1996/6/30	2.92%	中国洪水	2
14	1997/7/2	1.09%	泰铢贬值	3
15	1998/5/12	−1.90%	埃塞俄比亚-厄立特里亚战争	1
16	1998/7/1	1.34%	中国特大水灾	2
17	1998/8/17	−1.12%	俄罗斯金融危机	3
18	1998/12/17	−10.90%	美英空袭伊拉克，"沙漠之狐"行动失败	1
19	1999/3/24	−1.10%	克林顿宣布美国加入北约对科索沃的轰炸	1
20	1999/6/23	4.77%	中国太平湖流域洪水	2
21	1999/8/26	1.80%	第二次车臣战争	1
22	2001/9/11	6.88%	"9·11"袭击	1
23	2001/10/7	0.27%	阿富汗战争	1
24	2003/2/26	4.55%	达尔富尔危机（苏丹）	1
25	2003/3/12	3.02%	世界卫生组织发布 SARS（severe acute respiratory syndrome，严重急性呼吸综合征）全球警报	4
26	2003/6/23	−5.35%	中国长江流域洪水	2
27	2008/1/3	−2.05%	中国南方雪灾	2
28	2008/5/12	−1.37%	中国四川汶川 8.0 级大地震	2
29	2008/6/4	−3.02%	美国中西部大洪水	2
30	2008/9/14	−5.41%	AIG（American International Group，美国国际集团）请求紧急贷款+雷曼兄弟控股公司（Lehman Brothers Holdings Inc.）破产 [1]	3
31	2009/6/11	1.89%	世界卫生组织宣布甲型 H1N1 流感大流行	4
32	2010/4/27	−2.09%	希腊、葡萄牙主权信用降级	3
33	2010/5/9	2.25%	EFSF（European Financial Stability Facility，欧洲金融稳定基金）创立	3
34	2010/7/28	−0.66%	巴基斯坦洪灾	2
35	2011/3/15	0.28%	叙利亚战争	1
36	2013/11/8	0.42%	菲律宾超强台风海燕登陆	2
37	2013/12/15	0.91%	南苏丹内战	1
38	2014/3/25	−0.41%	几内亚暴发埃博拉病毒	4
39	2014/7/17	0.32%	世界卫生组织宣布埃博拉疫情为国际关注的突发公共卫生事件	4

续表

序号	日期	$\Delta P_{\text{WTI-future}}$	事件	事件类型
40	2015/9/30	−0.31%	俄军空袭叙利亚反政府武装	1
41	2016/6/28	3.28%	中国南方水灾	2
42	2017/4/7	1.04%	美国等直接攻击叙利亚政府军事设施	1
43	2018/3/22	−1.33%	中美贸易摩擦	3
44	2020/1/23	−4.26%	武汉防控新冠疫情/在其他国家发现	4
45	2020/3/11	−13.57%	世界卫生组织宣布新冠疫情构成全球大流行+后续美国疫情恶化，触发第三次熔断机制	4
46	2020/5/20	3.05%	超级气旋安攀登陆印度，造成暴风雨灾害	2
47	2021/7/15	1.51%	中国河南暴雨	2
48	2022/2/24	0.77%	俄罗斯对乌克兰采取特别军事行动	1
49	2022/3/8	3.60%	拜登宣布禁止美国进口俄罗斯能源	1
50	2022/6/3	1.71%	欧盟宣布禁止通过海运进口俄罗斯原油和石油产品	1

注：① $\Delta P_{\text{WTI-future}}$ 表示油价的涨跌幅。②事件类型1为地缘政治冲突，2为自然灾害，3为经济和金融危机，4为突发卫生公共事件。③部分事件没有具体的时间，但是根据事件计算的指标需要精确到日，因此进行了估算

1）2008年9月14日，AIG请求紧急贷款；9月15日，雷曼兄弟控股公司破产，这两个标志性事件代表着金融危机的开始

事件本身不能量化，因此需要选择其他指标进行替代。使用WTI期货价格的变动作为重大危机事件的代理变量。原则上，可以使用任何对重大危机事件有足够反应的资产价格。但是不同资产价格对事件的反应速度是相似的，只是反应程度不同。石油期货价格作为石油价格基于市场变化、经济状况等的预期反应（Känzig，2021），非常适合在石油市场的研究中作为重大危机事件的代理变量。

具体而言，使用事件发生后第一个交易日的收盘价和事件发生前最后一个交易日的收盘价的百分比变化作为事件的代理变量，并通过加总日度价格的变化合成月度数据。

图4.1为重大危机事件代理变量（MCE）的走势图，并标注了使WTI期货价格剧烈反应的事件。可以看到，多数事件导致WTI期货价格上升。地缘政治冲突、自然灾害等事件主要导致WTI期货价格上涨，比如海湾战争导致油价上涨7.29%。俄乌冲突后，美国禁止进口俄罗斯石油的制裁导致油价上涨3.60%。经济和金融危机及突发卫生公共事件主要导致WTI期货价格下跌，比如以雷曼兄弟控股公司破产为标志的2008年金融危机导致油价下跌5.41%，新冠疫情的流行导致油价下跌13.57%。

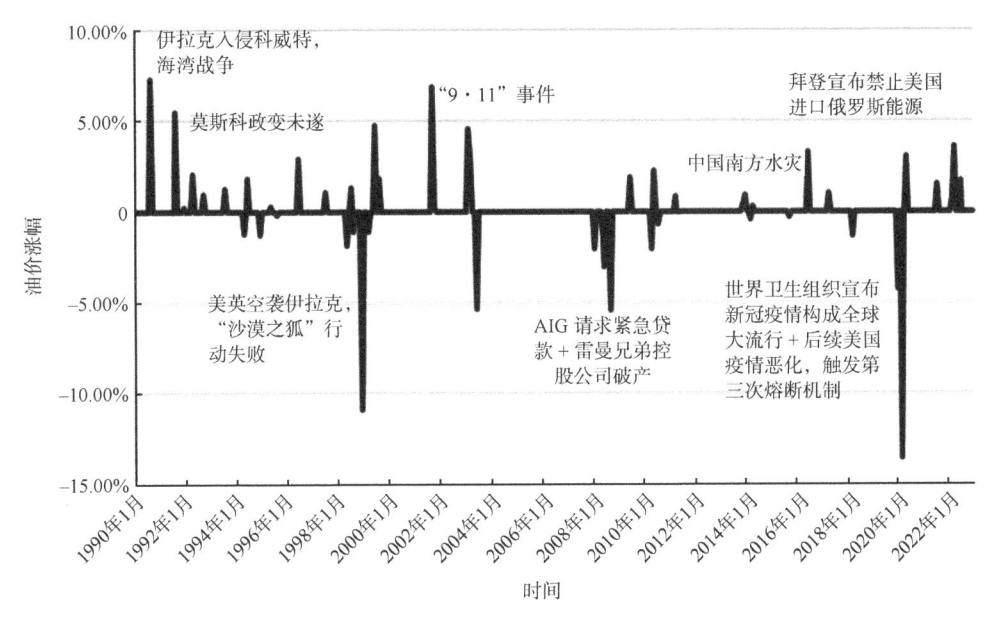

第 4 章　重大危机事件对大宗商品价格的长期影响

图 4.1　以 WTI 原油期货价格为基础构建的重大危机事件代理变量

4.1.3　其他变量数据

关注重大危机事件对石油市场和世界经济的影响，并选择美国和中国的经济指标进行对比研究，内生变量选择如下。

（1）实际原油价格（Price）。选择美国西得克萨斯中质原油现货离岸价格（WTI spot price FOB）代表市场上的原油价格，并采用美国 CPI 定比数据将其转换为以 2015 年为定基的实际原油价格。时间区间为 1989 年 1 月至 2022 年 12 月的月度数据。该数据来源于美国能源信息署[①]。

（2）世界石油产量（OP）。选择 Datastream 数据库中收录的世界石油产量月度数据，时间区间为 1989 年 1 月至 2022 年 12 月，单位为千桶/天。

（3）标准普尔 500 指数（S&P500）。选择这一变量来考察重大危机事件对世界股市的影响，时间区间为 1989 年 1 月至 2022 年 12 月。该数据来源于英为财情[②]。

（4）世界主要国家生产指数（OECD+6IPI）。选择这一变量来观察重大危机事件对世界生产的影响。指标选为 Baumeister 和 Hamilton（2019）构建的 OECD 国家和其他六个国家（巴西、中国、印度、印度尼西亚、俄罗斯和南非）综合生产指

---

① Petroleum & Other Liquids，https://www.eia.gov/dnav/pet/pet_pri_spt_s1_d.htm，2023 年 4 月 27 日。
② https://www.investing.com/indices/us-spx-500-historical-data，2023 年 4 月 27 日。

数。时间区间为1989年1月至2022年12月，数据来源于Baumeister的主页[①]。

（5）美国生产指数（USIPI）。选择这一变量来观察重大危机事件对美国生产的影响，时间区间为1989年1月至2022年12月，数据来源于美联储的经济数据库FRED[②]。

（6）美国居民消费价格指数（USCPI）。选择这一变量来观察重大危机事件对美国通货膨胀的影响，选取2015年为定基的月度数据，时间区间为1989年1月至2022年12月，数据来源于美联储的经济数据库FRED[③]。

（7）中国生产指数（ChinaIPI）。选择这一变量来观察重大危机事件对中国生产的影响。现有的中国生产指数区间只在2010年1月到2015年10月，不能满足本章的数据需求，因此选择工业增加值以2010年为100的定基指数进行替代。需要说明的是，数据库中工业增加值的定基指数从2011年1月开始统计，本章使用工业增加值的当月同比数据对1989年1月到2010年12月的定基指数进行计算。时间区间为1989年1月至2022年12月，所用数据均来源于Wind数据库。

（8）中国居民消费价格指数（ChinaCPI）。选择这一变量来观察重大危机事件对中国通货膨胀的影响，选取2015年为定基的月度数据，时间区间为1989年1月至2022年12月，数据来源于Wind数据库。

为了构建代理SVAR模型并进行有效研究，确保数据序列的平稳性是前提条件。因此，首要步骤是对数据序列进行单位根检验。采用ADF检验和PP检验作为检验方法，检验结果如表4.2所示。可以看到，除了重大危机事件的代理变量（MCE），其他变量的原序列均不平稳。接下来，对剩余变量取对数后进行一阶差分，此时所有变量的序列均平稳。因此，选择MCE的原序列和其他变量的对数一阶差分序列进行分析。

表4.2 变量单位根检验

变量	ADF检验	PP检验	结果
MCE	−18.641***	−18.685***	$I(0)$
Price	−1.996	−2.536	$I(1)$
D.lnPrice	−15.238***	−14.848***	
OP	−1.333	−1.262	$I(1)$
D.lnOP	−20.886***	−20.993***	
S&P500	0.434	0.629	$I(1)$
D.lnS&P500	−20.013***	−20.022***	

---

① https://sites.google.com/site/cjsbaumeister/datasets，2023年4月27日。

② Industrial Production: Total Index，https://fred.stlouisfed.org/series/INDPRO，2023年4月27日。

③ Consumer Price Indices（CPIs，HICPs），COICOP 1999：Consumer Price Index：Total for United States，https://fred.stlouisfed.org/series/USACPIALLMINMEI，2023年4月27日。

续表

变量	ADF 检验	PP 检验	结果
OECD+6IPI	−0.162	−0.280	$I(1)$
D.lnOECD+6IPI	−17.090***	−17.340***	
USIPI	−1.614	−1.600	$I(1)$
D.lnUSIPI	−16.303***	−16.123***	
USCPI	2.533	1.624	$I(1)$
D.lnUSCPI	−11.538***	−11.166***	
ChinaIPI	−1.647	0.356	$I(1)$
D.lnChinaIPI	−32.993***	−56.367***	
ChinaCPI	−1.635	−1.467	$I(1)$
D.lnChinaCPI	−13.931***	−13.850***	

注：D.表示进行了一阶差分

***表示在1%的显著性水平上显著

4.2 研 究 结 果

首先整体探索四种类型重大危机事件对原油市场和经济的影响。整体研究将所有重大危机事件都视为对原油市场的冲击。虽然不同类型事件的事件窗长度不同，但主要关注事件发生第一天，原因在于期货市场的净反应主要体现在第一天，后续市场的波动已经掺杂了预期和应对措施，因此所有事件的代理变量是统一的，可以共同研究，这与Piffer和Podstawski（2018）对不确定冲击的处理是一致的。另外，整体研究可以总结重大危机事件对原油市场和经济的共性影响，比某类事件的分析更具一般性。其次，对四种类型的重大危机事件分别研究，得出每类事件影响的特性。

4.2.1 原油市场和经济的脉冲响应

图4.2展示了原油市场、世界经济、美国经济和中国经济对重大危机事件冲击的脉冲响应，其中实线为点估计值，深色和浅色阴影区域分别为基于10 000次Bootstrap得到的68%和90%的置信区间。同时，图4.2中标注了第一阶段回归的F检验结果，稳健F值为19.70，大于10，说明不存在弱工具变量问题。

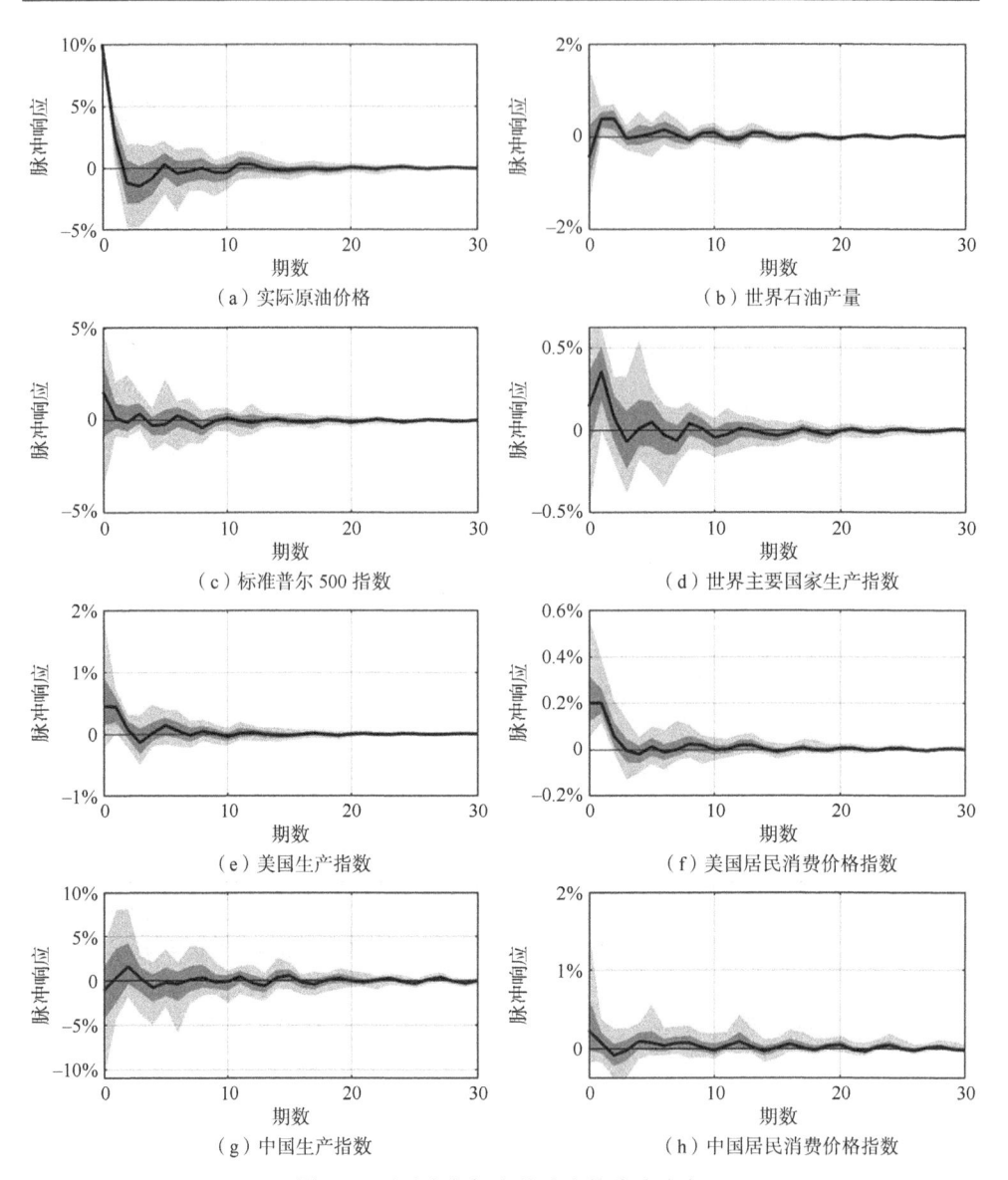

图 4.2　对重大危机事件冲击的脉冲响应

对重大危机事件冲击的脉冲响应,该冲击被标准化为立即使石油实际价格上涨10%。第一阶段回归的 F 统计量为 19.38,稳健 F 统计量为 19.70,R^2 为 4.49%,调整的 R^2 为 4.45%

从原油市场来看,重大危机事件的爆发使实际原油价格快速上涨,但这一影响随时间推移逐渐减弱,并在第 2 期转为负向,之后这一响应曲线在 0 附近上下波动,并在第 20 期后逐渐趋于 0。原油价格的反应一方面源于对重大危机事件的过度反应(Borgards et al.,2021),另一方面重大危机事件影响了原油的生产。世界石油产量在当期下降,在第 1 期后才逐渐恢复,产能的恢复改变了原油供小于求的局面和预期,支持原油价格逐渐下降。

从经济来看,重大危机事件导致了标准普尔500指数的上涨,之后这一正向响应逐渐减弱,并在第2期转为负值,在长期中趋于0。重大危机事件会增加投资者的关注,进而增加投机活动(Xiao et al.,2023),投机活动的增加在短期内会放大股价的波动性。同时,重大危机事件推动了世界主要国家生产指数的上涨,并在第1期达到最大值0.358%,之后这一响应逐渐减弱,并在长期中趋于0。可能的原因在于,搜集到的重大危机事件只有极少数发生在OECD国家,在其他区域发生的重大危机事件,在一定程度上会推动发达国家的工业生产,比如对事件发生国的生活必需品、灾后重建物资的出口增加。美国生产指数的正向响应也是这一原因。而中国生产指数最开始的响应为负,这是因为许多重大危机事件尤其是损失严重的自然灾害发生在中国,比如2008年5月的汶川大地震,2021年7月的河南暴雨,使得当期的工业生产有所减弱。但是从第1期开始,这一响应变为正值,并在第3期达到最大值1.61%,主要是为高效完成灾后重建,形成的暂时性生产增长。当重建完成后,从第4期转为负向响应,之后长期趋于0。重大危机事件对油价的影响比生产指数更大,这与Zhang等(2022b)的研究是一致的。

同时,重大危机事件推动了居民消费价格指数的快速上涨,极易导致通货膨胀的发生。一方面,在战争期间,政府往往通过增发货币来提高收入,从而导致通货膨胀(Adam et al.,2008)。另一方面,重大危机事件会对经济造成重创,比如2008年金融危机及新冠疫情全球大流行等,为了恢复经济活力,政府会采取降低利率、大规模资产购买(即扩表)等措施,从而带来通货膨胀。从图4.2也可以看到,美国居民消费价格指数的正向响应在第5期之前都是高于中国的,而从第5期开始,中国居民消费价格指数的响应高于美国。除了中国自身的经济刺激政策外,美国扩张性的货币政策存在国际溢出效应,并通过国际短期资本流动、大宗商品价格和对外贸易三个渠道对中国的通货膨胀产生溢出效应(Neri and Nobili,2010),导致后期中国居民消费价格指数的响应更剧烈。

整体来看,重大危机事件对原油市场的影响大约持续2年,而对经济的影响大约持续2年半。

4.2.2 重大危机事件对原油价格波动的历史贡献

接下来对实际原油价格进行历史分解,探索重大危机事件对原油价格波动的累计历史贡献,结果如图4.3所示。

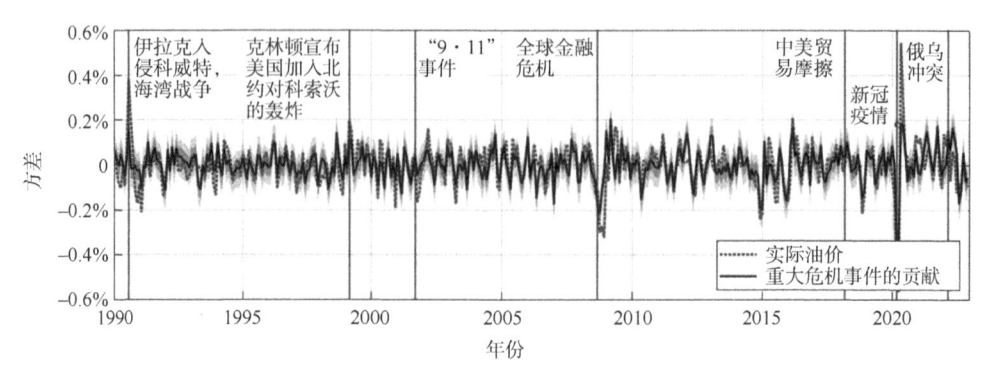

图 4.3　实际原油价格的历史分解

可以看到重大危机事件对油价的变动特别是突变（跳涨或跳跌）的影响很大。1990年8月，伊拉克入侵科威特，打响海湾战争，导致原油价格跳涨，之后几年油价的波动并不剧烈，原油价格在20美元/桶上下浮动。1999年3月，北约空袭南斯拉夫，造成油价小幅上涨。2001年"9·11"事件也导致油价上涨，但幅度不大。随后几年间，油价变动多为正向，原油价格呈稳步上升趋势。2008年9月，全球性金融危机爆发，油价急剧下跌，实际原油价格下跌达70%。之后在各国刺激政策的推动下，经济逐步复苏，油价也逐步抬升（He et al.，2010）。受2018年3月中美贸易摩擦的影响，油价略有下跌。2020年1月，新冠疫情在全球范围内暴发，严重影响生产活动，导致石油需求下降，实际原油价格下跌超71%。之后，疫情逐步得到控制，再叠加俄乌冲突及其后续事件的影响，2022年6月，油价被推至新的高峰。总的来说，重大危机事件对历史实际原油价格的形成影响很大，尤其是跳涨或跳跌，在对油价进行分析时，需要重点关注此类事件。

4.3　进一步讨论

不同类型的事件是否存在不同的影响水平和持续时间？下面将进行具体探讨。

4.3.1　地缘政治冲突的影响

图4.4展示了地缘政治冲突对原油市场和经济的影响。第一阶段回归的稳健 F 值为13.54，大于10，说明代理变量是可靠的。

第 4 章 重大危机事件对大宗商品价格的长期影响

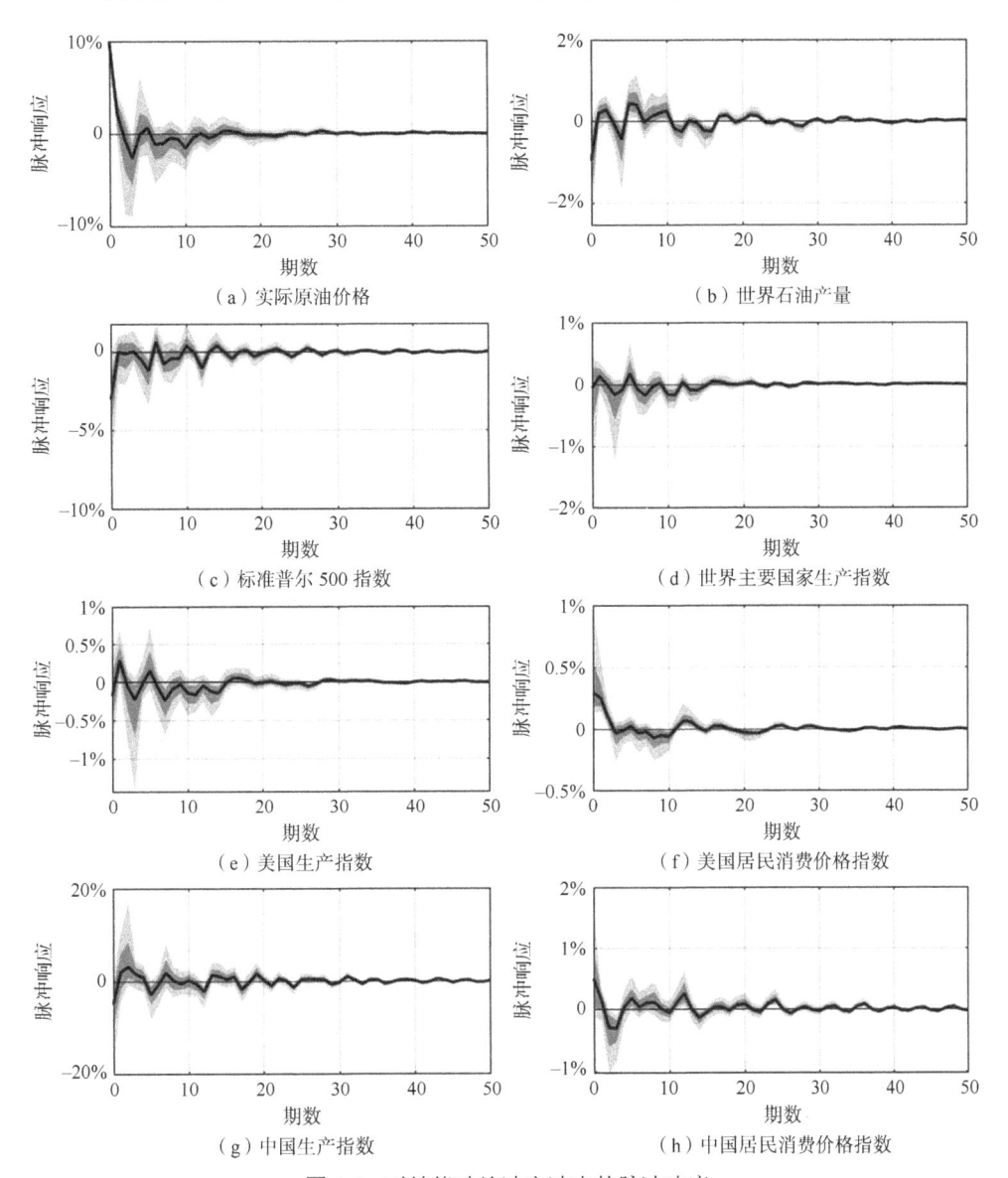

(a) 实际原油价格
(b) 世界石油产量
(c) 标准普尔 500 指数
(d) 世界主要国家生产指数
(e) 美国生产指数
(f) 美国居民消费价格指数
(g) 中国生产指数
(h) 中国居民消费价格指数

图 4.4 对地缘政治冲突冲击的脉冲响应

对重大危机事件冲击的脉冲响应，该冲击被标准化为立即使石油实际价格上涨 10%。实线是点估计，深色和浅色阴影区域分别是基于 10 000 次 Bootstrap 得到的 68% 和 90% 的置信区间。第一阶段回归的 F 统计量为 9.32，稳健 F 统计量为 13.54，R^2 为 2.31%，调整的 R^2 为 2.06%

具体来看，地缘政治冲突对原油市场的影响与总体事件的结果一致，地缘政治冲突使得实际原油价格在前两期有所上涨，但是这一影响逐渐减弱并在长期中趋于 0。地缘政治冲突使得世界石油产量先下降，之后缓慢恢复，但与总体事件相比，地缘政治冲突对世界石油产量的影响更大，因为在收集的 21 个地缘政治冲突事件中，超过半数发生在产油国，因此对石油产量的影响较大。这也对应了世界石油分布情况。根据美国能源信息署的数据，世界上大部分原油位于历史上容易发生政治动荡或因政治事件导致石油生产中断的地区（Monge et al.，2017）。

与整体结果不同的是，地缘政治冲突使标准普尔 500 指数快速下降，当期的负向响应为 2.99%，第 1 期响应有所减缓，第 2 期再次增大，第 3 期转为正向响应后，所受影响逐渐变小，并在长期趋于 0。这说明地缘政治冲突对股市的影响呈现"V"字形。事件冲击下，投资者对不确定性的恐慌导致标准普尔 500 指数下降，不确定性消失后，标准普尔 500 指数又可以快速回调。地缘政治冲突除了使中国生产指数在当期下降外，也使得美国和世界主要国家的生产指数有所下降，说明地缘政治冲突对世界各国的生产都存在负向影响。

中国和美国居民消费价格指数的响应与总体事件的结果一致。地缘政治冲突会导致通货膨胀，除了上文中提到的战时增发货币的原因外（Adam et al., 2008），战后经济政策的不确定性也是导致恶性通货膨胀的重要原因（Lopez and Mitchener，2021）。与美国相比，地缘政治冲突对中国生产指数和居民消费价格指数的影响更大，影响时间更长。美国在世界经济中的领导作用和美元在国际货币体系中的核心地位，使美国经济的脆弱性不高。

整体来看，地缘政治冲突对原油市场的影响时间更长，大约持续 3 年，对美国经济的影响大约持续 2 年半，而对中国的影响长达 4 年。

4.3.2 自然灾害的影响

图 4.5 展示了原油市场和经济对自然灾害的脉冲响应。第一阶段回归的稳健 F 值仅为 0.52，远小于 10，说明存在弱工具变量问题，但可以通过脉冲响应函数对自然灾害的影响进行初步说明。

自然灾害对原油市场的影响与总体事件和地缘政治冲突的结果大致相同，实际原油价格前期上涨，之后回调，并在长期中趋于 0，但是在此类事件中，油价的回调幅度更大。世界石油产量也呈先下降后上升且长期趋于 0 的走势。

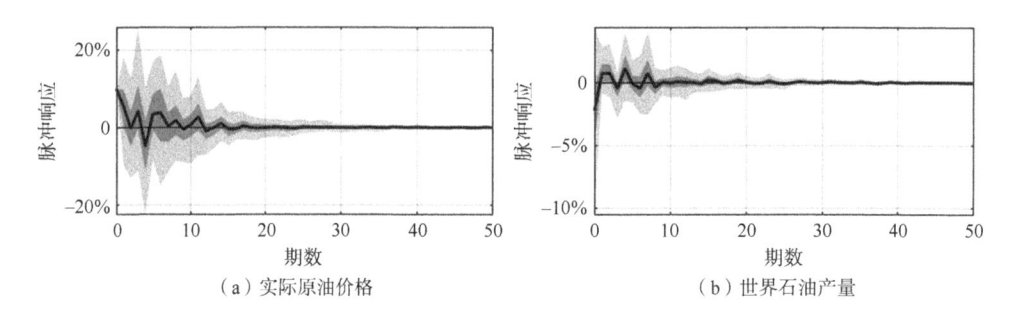

（a）实际原油价格　　　　　　　　（b）世界石油产量

(c) 标准普尔 500 指数　　　　　　　　(d) 世界主要国家生产指数

(e) 美国生产指数　　　　　　　　　　(f) 美国居民消费价格指数

(g) 中国生产指数　　　　　　　　　　(h) 中国居民消费价格指数

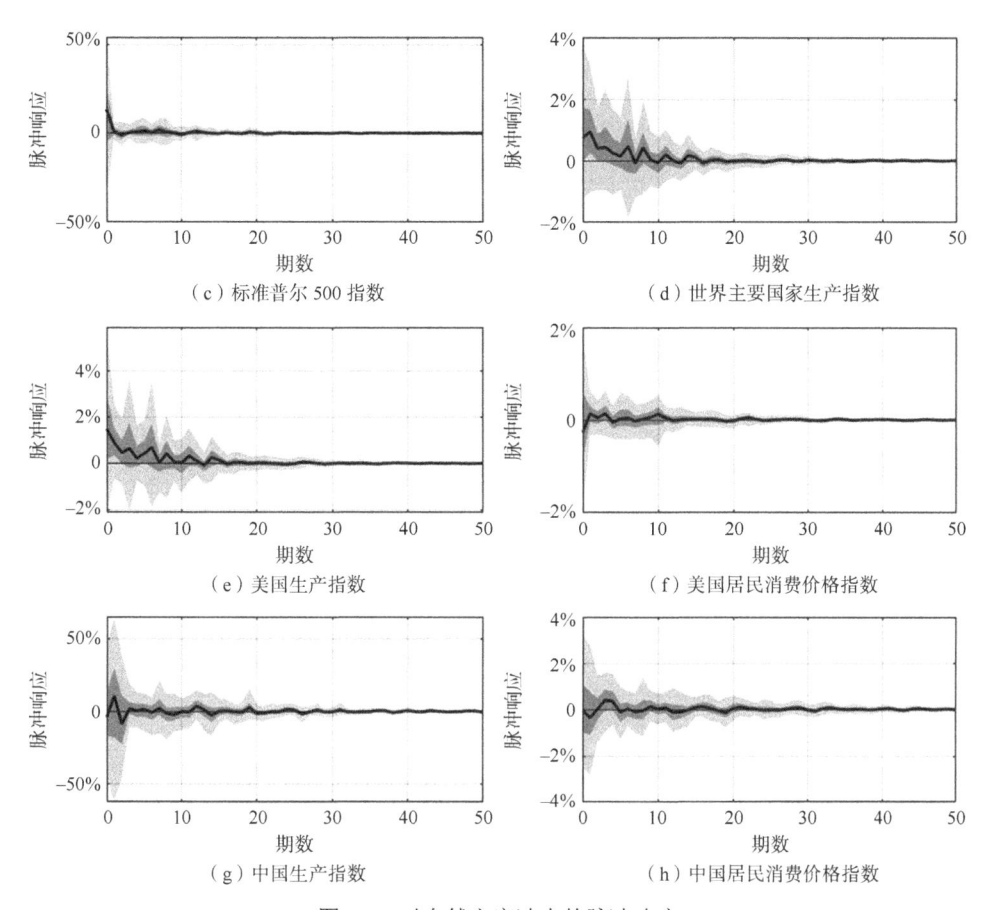

图 4.5　对自然灾害冲击的脉冲响应

对重大危机事件冲击的脉冲响应，该冲击被标准化为立即使石油实际价格上涨 10%。实线是点估计，深色和浅色阴影区域分别是基于 10 000 次 Bootstrap 得到的 68% 和 90% 的置信区间。第一阶段回归的 F 统计量为 0.59，稳健 F 统计量为 0.52，R^2 为 0.15%，调整的 R^2 为 –0.10%

与地缘政治冲突不同的是，标准普尔 500 指数对自然灾害的响应为正，并快速减弱为 0。世界主要国家生产指数和美国生产指数对自然灾害的响应为正，并逐渐减弱到 0，这主要是因为破坏力强、造成严重损失的自然灾害主要发生在亚洲（占事件的 93.75%），尤其是中国。因此，这对包括美国在内的 OECD 国家影响不大，反而会增加其救援物资、灾后重建物资的出口。

美国和中国的居民消费价格指数对自然灾害前几期的影响都为负，说明灾害会在一定程度上导致通货紧缩，但是不需要进行大范围的政策干预，随着灾后重建和生产生活的恢复，居民消费价格指数会逐步回调。

整体来看，自然灾害对原油市场和世界经济的影响时间不长，大约为 1 年半，而对中国经济的影响将持续 2 年，一方面由于大多数自然灾害发生在中国，另一方面归因于中国经济的脆弱性。

4.3.3 经济和金融危机的影响

图 4.6 展示了原油市场与经济对经济和金融危机的脉冲响应。与自然灾害一样，虽然存在弱工具变量问题，但仍可以通过脉冲响应分析进行初步探究。

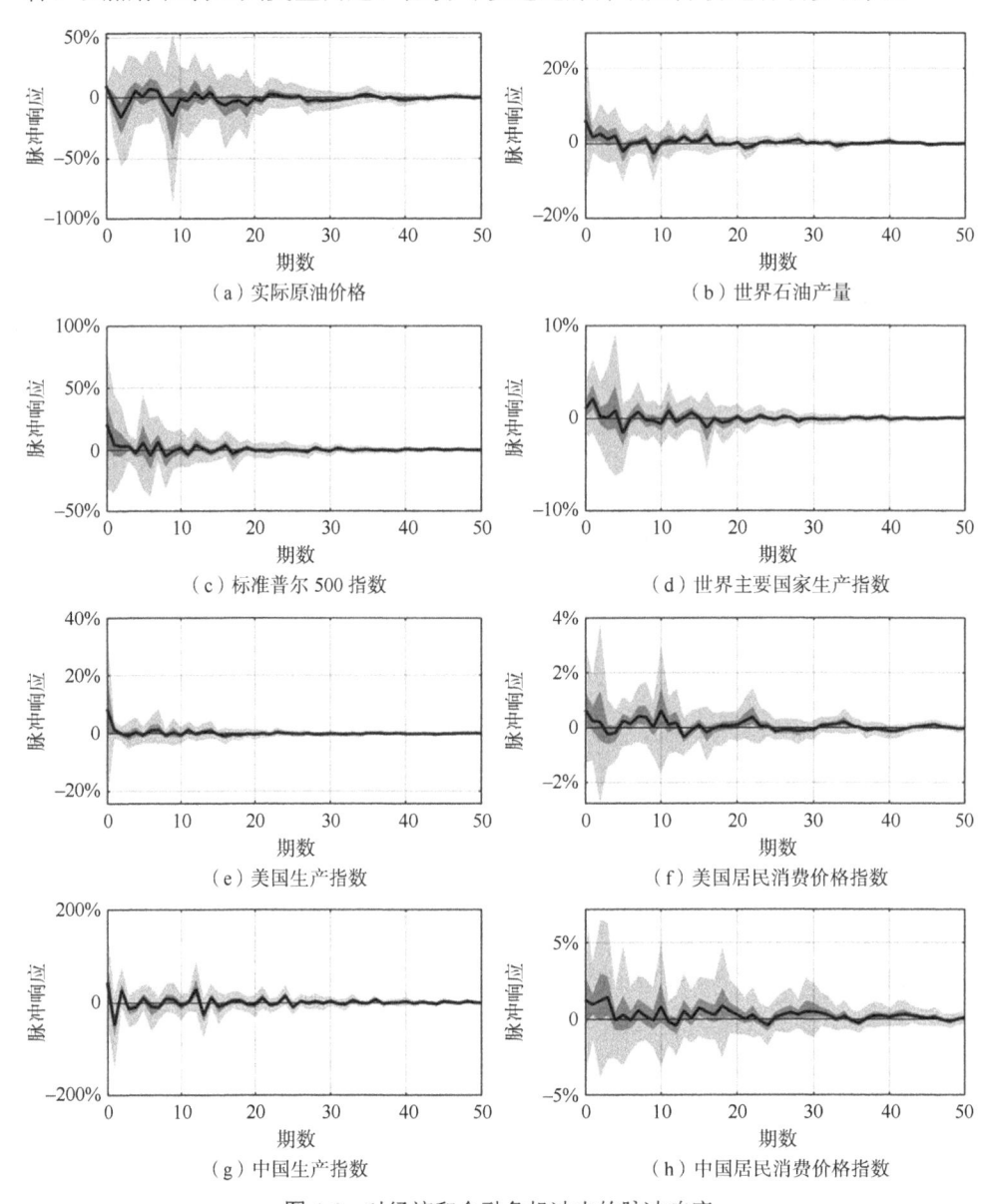

图 4.6 对经济和金融危机冲击的脉冲响应

对重大危机事件冲击的脉冲响应，该冲击被标准化为立即使石油实际价格上涨 10%。实线是点估计，深色和浅色阴影区域分别是基于 10 000 次 Bootstrap 得到的 68% 和 90% 的置信区间。第一阶段回归的 F 统计量为 0.12，稳健 F 统计量为 0.09，R^2 为 0.03%，调整的 R^2 为 −0.22%

与前两类事件不同,经济和金融危机导致油价快速下跌,但对世界石油产量存在正向影响。主要原因在于,经济和金融危机从需求端影响原油市场。以 2008 年金融危机为例,次贷危机引发流动性危机,导致多家大型金融机构倒闭,进而造成经济衰退。此时,原油需求端萎靡,原油供大于求,因此价格快速下降（Baumeister and Kilian,2016）。

经济和金融危机对世界主要国家生产指数和美国、中国的生产指数的影响在第一期都为正向。这是因为经济和金融危机是从需求侧影响宏观经济,而为了缓解金融危机的冲击,各国政府会采取经济刺激政策,包括加大投资进行生产,从而会使工业生产提高。但是长期中的影响还是不大的。

经济和金融危机造成美国和中国的居民消费价格指数快速上升。2008 年金融危机后美国采取量化宽松政策,中国启动应对金融危机的一揽子计划,在刺激经济的同时,也在很大程度上提高了国内的通胀水平。与地缘政治冲突的影响相似,中国居民消费价格指数的响应程度和持续时间大于美国,主要源于美国货币政策对通货膨胀的溢出效应,比如 2008 年中国增持美国国债超 2000 亿美元。

整体来说,经济和金融危机对原油市场与经济的影响持续时间很长。对原油市场的影响时间超过 3 年,对世界经济的影响超过 4 年。

4.3.4 突发卫生公共事件的影响

图 4.7 展示了波及全球的突发卫生公共事件对原油市场和经济的影响。第一阶段回归的稳健 F 值为 77.88,远大于 10,说明代理变量是可靠的。

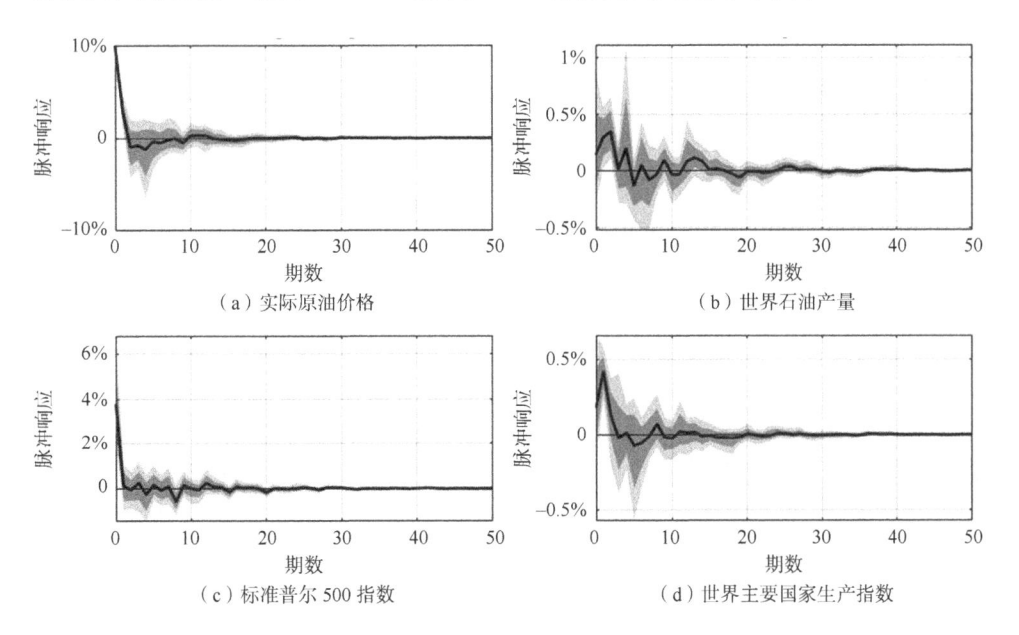

（a）实际原油价格

（b）世界石油产量

（c）标准普尔 500 指数

（d）世界主要国家生产指数

(e)美国生产指数

(f)美国居民消费价格指数

(g)中国生产指数

(h)中国居民消费价格指数

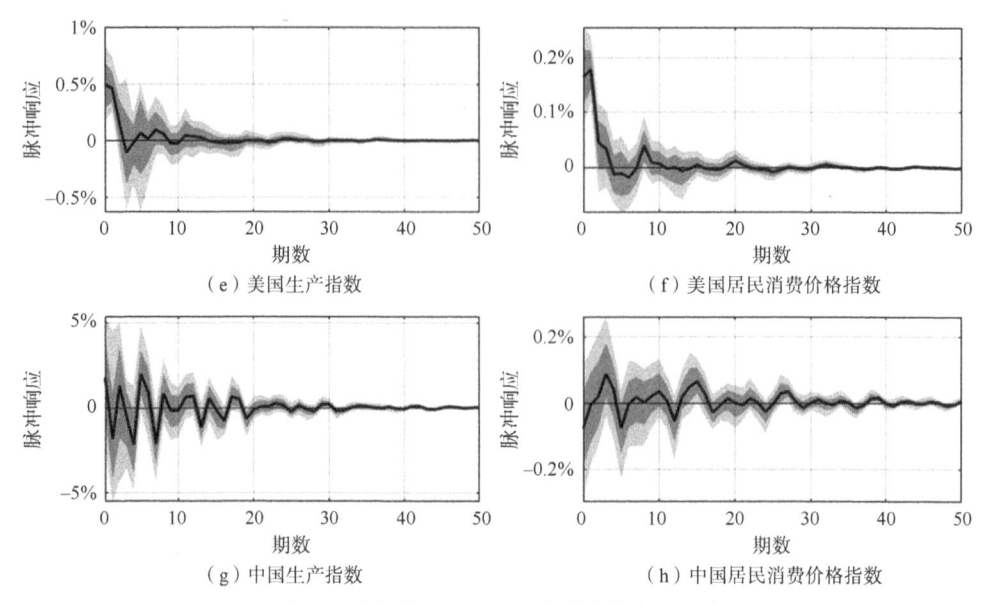

图 4.7　对突发卫生公共事件冲击的脉冲响应

对重大危机事件冲击的脉冲响应，该冲击被标准化为立即使石油实际价格上涨10%。实线是点估计，深色和浅色阴影区域分别是基于 10 000 次 Bootstrap 得到的 68% 和 90% 的置信区间。第一阶段回归的 F 统计量为 11.72，稳健 F 统计量为 77.88，R^2 为 2.89%，调整的 R^2 为 2.64%

对于原油市场来说，虽然第 1 期的油价略有增长，但从第 2 期开始，实际原油价格持续下跌，一直到第 10 期才有所回调，随后在长期中趋于 0。主要原因在于新冠疫情对世界经济造成重创，严重影响生产生活，世界石油需求快速下降，叠加经济恐慌的扩散，油价呈不断下跌的趋势。世界石油产量在前 4 期的响应为正。2020 年，新冠疫情全球蔓延之时，维也纳联盟协议意外"流产"，减产协议没有达成，同时沙特发动价格战，大幅降低石油价格，这也是实际原油价格持续下跌的原因之一。一直到第 5 期，世界石油产量才出现负向响应。

标准普尔 500 指数对突发卫生公共事件的响应更加剧烈，但是持续时间短，很快就趋于 0。世界主要国家生产指数和美国生产指数的反应相似，前 2 期的响应为正，第 3 期响应转为负值，并在长期趋于 0。而中国生产指数的反应更加剧烈，持续时间更长。在此类事件中，要素投入的下降是经济下行的主要原因（Jia et al.，2021）。

美国居民消费价格指数一开始的响应为正，但是在第 2 期开始快速下降，并逐渐趋于 0。中国居民消费价格指数的响应从负向开始围绕 0 上下波动，响应幅度不断减小，并在长期趋于 0。

整体而言，突发卫生公共事件尤其是新冠疫情对原油市场和经济的影响时间很长，对原油市场和美国经济的影响大约持续 2 年半，而对中国经济的影响持续时间大约有 3 年。

4.4 本章小结

重大危机事件对原油市场和经济的短期影响很快显现，但是长期效应难以快速暴露。本章的研究目的在于辨别重大危机事件对原油市场和经济的影响程度与持续时间。选取合适的工具变量，使用代理 SVAR 模型来解决事件难以量化和内生性两个问题，并收集了 1990 年 1 月至 2022 年 12 月的 4 类 50 个重大危机事件进行研究，包括地缘政治冲突、自然灾害、经济和金融危机、突发卫生公共事件。

通过深入研究，发现了以下新的现象。①重大危机事件对原油市场和经济的影响存在共性特征，对原油市场的影响更加剧烈，但是持续时间短，对经济的影响程度较弱，但是持续时间长。对原油市场的影响大约持续 2 年，而对经济的影响大约持续 2 年半。②重大危机事件对原油市场的影响可以分为两类：从供给渠道影响市场的地缘政治冲突和自然灾害，从需求渠道影响市场的经济和金融危机及突发卫生公共事件。从供给层面影响的事件会导致原油价格上涨，生产指数下跌，从需求层面影响的事件会导致原油价格下跌，而生产指数上涨。③经济和金融危机及突发卫生公共事件都是从需求角度影响原油市场，且二者在不确定性、经济衰退、货币和政策当局的反应方面有着相似之处，但是二者还是存在显著区别的。经济和金融危机是从金融市场蔓延到市场经济，而突发卫生公共事件导致企业停工停产、供应链中断，进而影响金融领域。相比之下，经济和金融危机对原油市场和经济的影响时间更长。④重大危机事件会导致通货膨胀，且具有极强的溢出效应。为应对重大危机事件的冲击，美国政府往往采取扩表等经济刺激政策，导致大范围的通货膨胀。美元在国际货币体系中的核心地位帮助其进行通货膨胀的转嫁，因此对中国居民消费价格指数的影响程度更强，持续时间更久。

本章的研究结论可以帮助相关主体识别重大危机事件的长期影响，可以针对不同种类的事件在长期中提出有效的防范策略。选取的在长期中量化重大危机事件的方法，也为后续研究提供了参考。

第 3 章和第 4 章研究了传导路径中的前半部分，即"重大危机事件→大宗商品价格"，探究了重大危机事件对大宗商品价格的短期净影响、影响渠道和长期影响，那么大宗商品价格大幅变动后，又怎么传导至中国经济？对中国的重点相关行业有什么影响？这是接下来需要探索的问题。

第 5 章　大宗商品价格变动对经济的影响

重大危机事件对大宗商品市场产生了重要影响，尤其是原油市场。而大宗商品价格的变动会进一步传导到宏观经济，即传导路径的后半部分"大宗商品价格→中国经济"。那么大宗商品价格变动是如何影响宏观经济的？在这一传导过程中，是否会有其他变量影响？本章关注大宗商品价格大幅变动对中国宏观经济的影响，并探讨成品油价格管制在其中的作用；同时选取代表性大宗商品，研究大宗商品价格大幅变动对重点相关行业的影响。

5.1　原油价格变动对中国经济的影响

作为现代工业的"血液"和重要的战略物资，很多国家都对石油价格进行管制，管制措施包括制定政府指导价格、政府补贴等方式。政策制定者认为维持石油及其产品的价格的管制可以使国内经济免受高油价和世界市场价格波动的负面影响（Shi and Sun，2017）。目前，全球成品油的定价机制主要包括三种模式：一是完全政府定价，主要是产油国，通过政府高额补贴来维持成品油低价；二是市场化定价机制，成品油价格由市场竞争形成，政府主要通过税收、补贴等方式间接调控油价，主要出现在发达经济体，如美国、欧盟等；三是政府管控下的市场化机制，如中国。中国作为石油消费大国，近几年原油的对外依存度已经超过 70%，国际油价的波动对中国经济的影响也不言而喻。我国也对石油和成品油价格实行严格的管制措施，直到 2000 年我国的成品油价格才开始跟国际市场接轨，并于 2016 年初完成基本的定价机制完善，政府仍在其中发挥主导作用。中国经济已由高速增长阶段转向高质量发展阶段，中国"双轨制"渐进改革的成功经验表明，激进地消除扭曲并照搬发达国家制度的做法，并不适合发展中国家（张一林等，2021）。因此，在转型过程中，以渐进温和的方式逐步推进，才能实现转型目标的平稳落地。2022 年以来的主要经济目标也体现了稳中求进的要求。本章的研究目的就是探究在中国经济转型过程中，对成品油价格的管制是否可以影响原油价格波动对中国经济的传导路径，达到平缓原油价格冲击的目的，起到"减震器"的功能，并丰富国际原油价格对中国宏观经济的传导路径。

关于石油价格与经济增长之间关系的研究最早可以追溯到 Rasche 和 Tatom

（1977）、Darby（1982）、Bruno 和 Sachs（1982）的研究。Hamilton（1983）的研究是最具代表性的，该文研究了原油价格上涨与经济衰退的关系，发现自第二次世界大战以来，几乎所有的经济衰退都是在原油价格急剧上涨之前发生的，这种相关性在统计上是显著的，由此开启了原油价格与宏观经济关系研究的方向。以 Hamilton（1983）的工作为基础，学者开始关注石油价格与经济增长之间的关系（Lardic and Mignon，2006；Benhmad，2013；Balcilar et al.，2017），并从非线性的角度考量（Mork，1989；Hamilton，1996；Balke et al.，2002；Kilian and Vigfusson，2011）。除了直接研究油价与经济发展的关系，也有部分学者开始关注政府的政策在其中所起的作用，尤其是货币政策（Leduc and Sill，2004；Kilian and Lewis，2011；Herrera and Pesavento，2009；Delpachitra et al.，2020；Jin and Xiong，2021）。

尽管已有大量文献研究原油价格与经济运行之间的关系，但是直到 2010 年左右，才逐渐有学者将目光转向中国，探究国际原油价格波动对中国经济运行的影响，但对于二者间的关系还存在分歧。多数研究表明油价波动与中国经济发展之间存在负向关系，油价上涨不利于中国的经济增长，而油价下跌对中国经济起到正向作用。Tang 等（2010）使用中国 1998 年 6 月到 2008 年 8 月的时间序列数据，在 Brown 和 Yücel（2002）研究的基础上提出国际原油价格上涨对中国经济的影响机制，并分别探究其中的短期影响和长期影响，发现油价上涨对工业投资和产出产生持久显著的负向影响。Dong 等（2020）采用动态 CGE（computable general equilibrium，可计算一般均衡）模型研究国际油价波动和汇率对中国部门产出、区域经济等的影响，发现油价下跌对中国 GDP（gross domestic product，国内生产总值）产生有利影响，而油价上涨会降低东北地区的 GDP，加大贫富差距。

也有部分研究表明油价波动对中国经济存在正向的影响，即油价上涨促进了中国的经济增长。Du 等（2010）采用 VAR 模型研究油价波动对中国宏观经济的影响，该文章考虑了中国石油定价机制改革导致的结构性断裂，并采用三种油价不对称的定义方式探讨油价的不对称影响，发现中国的 GDP 增长与国际油价变动是正相关的，原因可能在于中国的出口与欧美国家高度相关，而这些国家对国际油价的影响力很强。在这篇文章的基础上，Wei 和 Guo（2016）通过频域因果关系研究发现油价对中国经济的正向影响主要是通过出口来实现的，且对国有企业的影响更大。

导致研究结果不一致的原因在于，不同来源的冲击造成的油价波动对中国经济的影响是不同的。Cross 和 Nguyen（2017）采用 TVP-SV-VAR 模型研究三种来源的国际油价波动对中国 GDP 增长的时变影响，发现供应冲击和石油特定需求冲击对产出产生负向影响，而需求冲击在近年来表现为正向影响。Zhao 等（2016）在 Kilian（2009）研究的基础上采用 DSGE（dynamic stochastic general equilibrium，动态随机一般均衡）模型研究不同来源的油价冲击对中国经济的影响，与美国的情况不同，政治事件驱动的石油供应冲击主要对中国的产出和通货膨胀产生短期影响，而其他石油供应冲击、工业商品需求的总体冲击以及原油市场特有的需求冲击产生相对长期的影响，且原油市场特有的需求冲击带来的影响最大。

考虑到中国能源价格的管控，有文献研究了能源价格管制导致的价格扭曲对中国经济发展的影响。Shi 和 Sun（2017）从理论和实证两方面证实了中国的成品油价格扭曲不论在短期还是长期均对中国的产出产生负面影响。Ju 等（2017）采用绝对扭曲、相对扭曲和移动扭曲三种方式来衡量能源产品的价格扭曲程度，并探究其对经济增长和环境的影响，发现价格的绝对扭曲不利于经济增长，而相对扭曲和移动扭曲则相反。

Lin 和 Jiang（2011）从能源价格补贴的角度来研究能源价格管制对宏观经济的影响。该研究首先测算了中国的能源价格补贴规模，发现石油产品的消费补贴最大，之后采用 CGE 模型分析能源价格补贴改革的经济影响，发现取消能源价格补贴将对经济产生负面影响。这一观点在 Lin 和 Ouyang（2014）的研究中再次得到印证。同时，Jiang 和 Tan（2013）进一步通过投入产出模型，发现取消能源价格补贴对 PPI 的影响最大，其次是 GDP 平减指数和 CPI，而在不同的能源产品中，取消石油产品补贴的影响最大。

纵观相关研究，发现已有大量文献采用不同方法探讨了原油价格波动对中国经济发展的影响，也有学者关注到中国的能源价格管制现象并进行研究。但是并未有文献关注价格管制在原油价格对中国经济的传导路径中发挥的作用。中国的成品油价格经过多次改革，管制水平已经有了很大程度的降低，那么在不同的阶段价格管制是否发挥不同的作用？当前中国的成品油价格管制是否科学？这样的管制水平是起到"减震器"的功能还是实质损害了经济发展，是本章重点研究的问题。

5.1.1 影响路径研究

1. 中国成品油定价机制

中国的石油市场处于长期发展和不断改革的过程，其中成品油的定价机制从计划经济向市场化不断改革。在 1998 年之前，我国的原油和成品油价格一直由政府决定，虽然实行过计划内和计划外、中央和地方政府的"双轨制"定价，但是并没有改变政府定价的本质。这一阶段的价格往往是政府一次定价，价格长期不变。1993 年中国成为原油净进口国，1996 年中国成为成品油净进口国，国内原油的生产和加工能力已不能满足经济发展的需求，供需矛盾逐渐显现。因此，成品油定价机制的改革势在必行。

成品油价格第一次调整始于1998年6月，国家计划委员会出台《原油成品油价格改革方案》，规定汽油和柴油零售价格实行政府指导价（称为中准价），中石油、中石化集团在此指导价的基础上，上下浮动5%确定零售价格，但是此次调整只有原则，没有实施细则，并没有完全推行。

2000年6月，针对上述问题，国际油价开始参考国际市场油价变化调整，当时参考的是新加坡市场的油价，实行每月一调整。但是这样的定价方式存在明显的滞后，且透明程度过高，很容易引发市场的投机行为。

2001年11月，成品油的定价机制再次调整。国内成品油价格改为参照新加坡、鹿特丹、纽约三地的价格进行调整，当加权价格上下波动幅度超过8%时，国家发展和改革委员会调整中准价，中石油、中石化集团在此指导价的基础上，上下浮动8%确定零售价格。但是，这一阶段的改革并没有使我国原油和成品油市场实现真正的市场化，原油与成品油的传导机制不畅，调整滞后，极易导致原油价格与成品油价格倒挂（刘欣瑜，2017）。

2006年3月26日，国务院办公厅印发了《关于转发发展改革委等部门完善石油价格形成机制综合配套改革方案和有关意见的通知》。该通知明确了成品油价格的定价原则，即以国际原油价格为基础，并结合国内的平均加工成本、税费以及合理的利润空间来确定。这一定价机制被广泛称为原油定价法。在这一机制下，国际原油价格是由布伦特、迪拜和米纳斯三个地区的原油价格按照一定权重计算得出的。

2009年5月，国家发展和改革委员会印发了《石油价格管理办法（试行）》，该办法规定，当国际市场原油连续22个工作日移动平均价格变化超过4%时，允许对国内成品油的出厂价和零售价进行调整。此外，该办法还设定了国内成品油价格的上限。具体而言，当国际原油价格跌至每桶80美元以下时，国内成品油的国家指导价格将扣除加工利润，直至利润为零，以此来计算价格。而在国际原油价格超过130美元每桶的情况下，国家将采取积极的财政和税收措施，以稳定国内成品油价格，确保汽油和柴油价格不上涨或少上涨。

2013年3月26日，国家发展和改革委员会印发了《关于进一步完善成品油价格形成机制的通知》（发改价格〔2013〕624号），该通知对成品油价格调整机制进行了调整。首先，将国内成品油价格调整的周期从之前的22个工作日缩短至10个工作日。其次，取消了价格调整的上下4%的幅度限制，改为当汽油或柴油的价格调整幅度小于每吨50元时，不进行调整，而是将调整幅度累积到下一次调价时一并处理。此外，对国内成品油价格的挂钩油种进行了调整，不再公开各个原油市场的加权权重。同时，设定了成品油价格的调控上限，即当国际原油价格超过每桶 130 美元时，为了确保国民经济的正常运行并保护生产者和消费者的利益，国家将根据实际情况采取财政和税收政策措施，以保持国内成品油价格的稳定。

2016 年 1 月 13 日，国家发展和改革委员会印发了《关于进一步完善成品油价格形成机制有关问题的通知》（发改价格〔2016〕64 号），在该通知中，设定了成品油价格的调控下限。具体规定为，"当国内成品油价格挂靠的国际市场原油价格低于每桶 40 美元时，国内成品油价格不再下调"。此外，超出的价格调整部分将被纳入油价调控风险准备金中。

总体来看，中国的成品油定价机制不断向市场化方向改革，但是仍保持较高的管制水平，这种管制无法反映国内成品油市场的真实供求关系，油价中的非成本因素过高，且"涨多跌少"的非对称现象一直存在。

中国是原油进口大国，原油进口数量呈不断上升趋势（图 5.1），原油的对外依存度在 2018 年 2 月超过 70%，并保持上涨趋势（图 5.2）。在我国的成品油市场，几乎所有成品油都是国内炼油厂生产的，再通过零售或直销的方式销售给企业和个体消费者。而成品油的价格管制在一定程度上导致了其价格偏离市场化水平，这种偏离在很大程度上会影响国际原油价格与我国经济发展的关系（Shi and Sun，2017）。

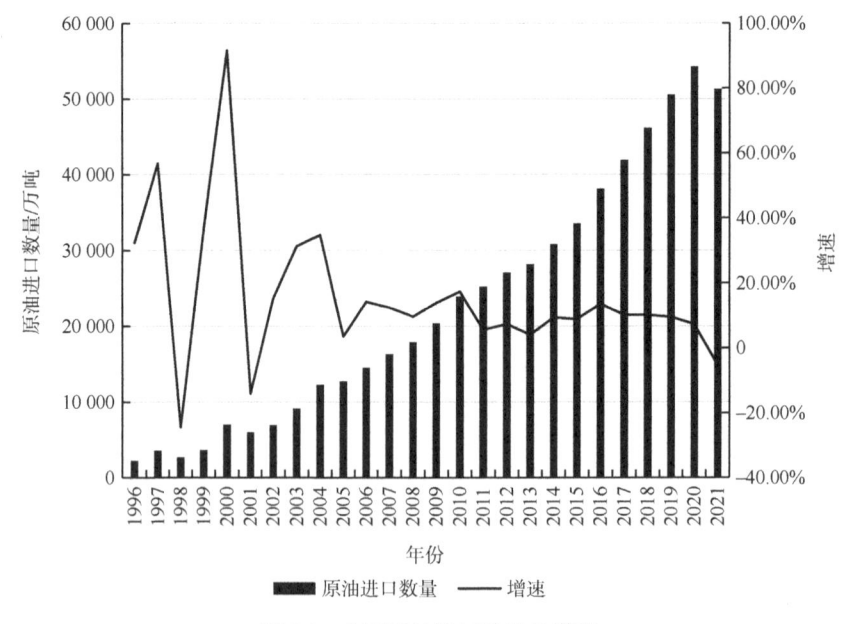

图 5.1 中国原油进口数量及增速

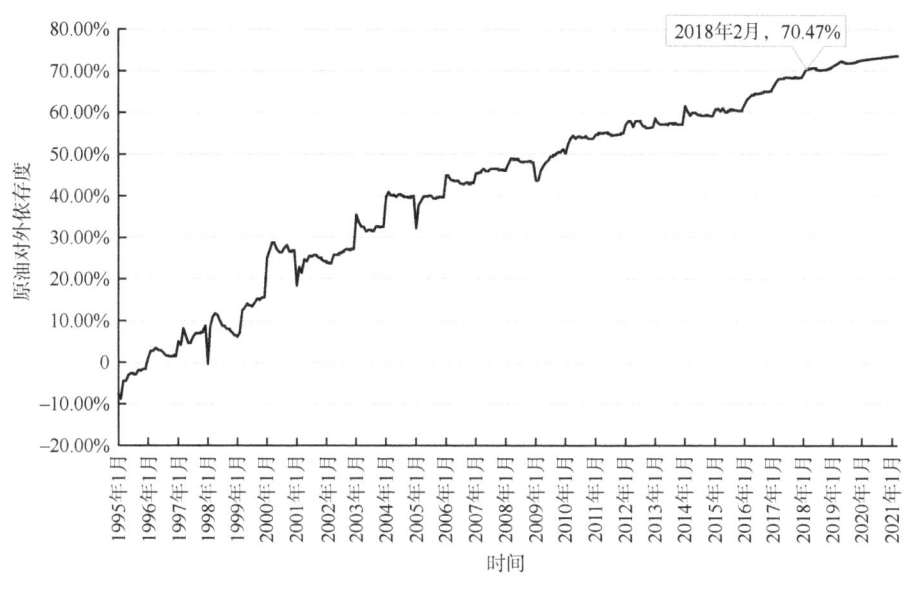

图 5.2　中国原油对外依存度

2. 成品油价格管制水平的衡量

目前已有部分文献研究成品油的价格管制问题，但对价格管制水平的衡量方式不同。Tan 等（2019）、Liu 等（2020）采用生产函数法测算中国历年各省的能源价格管制程度，主要思想是比较实际能源价格和通过生产函数得出的边际生产收益之间的大小。Sha 等（2021）采用实际价格和理论价格之间的差异来衡量能源价格的管制水平，其中理论价格是由边际生产成本、边际用户成本和边际外部成本确定的。Wang 等（2019）构建了没有政府管制下的油价，再与实际油价比较来衡量石油价格管制程度。这一市场价格是在美国汽柴油价格的基础上，加上运输成本、进口税、消费税和一定的利润构建的。Ju 等（2017）分别采用绝对水平、相对水平和移动水平来衡量中国能源价格的管制程度。Shi 和 Sun（2017）使用中国三种无铅汽油的均价和美国汽油价格的差异来衡量中国油价的管制程度。

本章参考 Wang 等（2019）、Shi 和 Sun（2017）的方法来衡量中国成品油价格的管制水平。具体的指标构建如下：

$$\text{Price\_AD} = \left|(P_\text{R} - P_\text{M})/P_\text{M}\right| \tag{5.1}$$

$$P_\text{M} = \left[(P_\text{US} + \text{transport insurance}) \times (1 + \text{import tax rate}) + \text{consumer tax}\right] \\ \times (1 + \text{value added tax rate}) + D \tag{5.2}$$

其中，Price_AD 为中国成品油价格管制水平指标；P_R 为中国成品油实际售价，本章选择国家发展和改革委员会公布的中国汽油的零售指导价（单位：元/吨）来表示，数据来自 Wind 数据库；P_M 为不存在价格管制的市场价格；P_{US} 是国际价格，本章选择纽约港常规汽油现货价格来表示，数据来自美国能源信息署；运输保费费率（transport insurance）为 1.5 美元/桶（Li and Sun，2018），之后根据汇率和量级单位进行换算；进口关税（import tax rate）和消费税（consumer tax）均来自政府部门公布的数据；value added tax rate 为增值税税率；D 为运输成本，根据林伯强和刘畅（2016）及 Li 和 Sun（2018）的研究，运输成本占零售价格的 20%。

式（5.1）和式（5.2）衡量了中国成品油相较于美国的价格管制水平。石油的稀缺性和战略性地位，决定了石油及石油产品不会处于完全竞争的市场，政府至少会通过税收或者补贴的形式进行调控。其中，美国成品油的总税负仅为 14.75%（万莹和徐崇波，2016），远低于其他 OECD 国家，相比而言政府的干预程度小。因此，选择美国的汽油价格作为参照，可以更好地模拟在当前国际环境下中国成品油价格的管制程度。

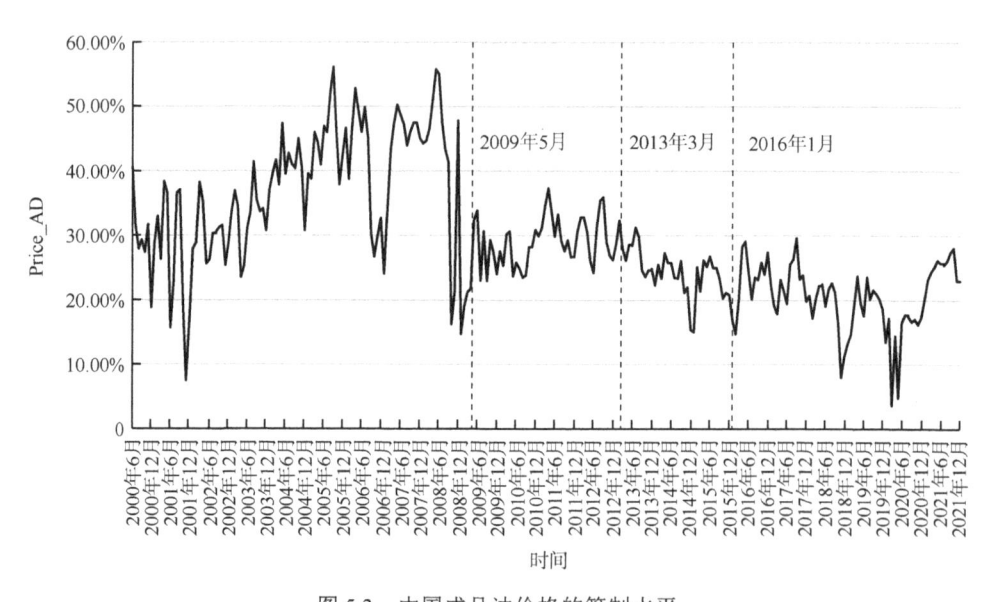

图 5.3 展示了 2000 年 6 月至 2021 年 12 月中国的成品油价格管制程度。

图 5.3 中国成品油价格的管制水平

可以看到，在 2009 年 5 月颁布的《石油价格管理办法（试行）》实行前，中国对成品油价格管制程度很高，实际成品油价格严重低于应有的市场价格。2009 年 5 月实施这一细则后，成品油价格的管制程度有所减缓，在 30% 左右浮动。2013 年的成品油价格调整政策将调整周期缩短到 10 天，使成品油价格与国际市场价格联动更迅速，可以明显看到价格的管制程度再次减缓。2016 年的成品油价格设置调整下限后，管制水平基本在 20% 左右。由于新冠疫情的影响，在 2020 年 3 月和 4 月，实际价格是高于市场价格的，主要是因为国外原油和成品油价格迅速下降，而国内触发"价格下限"后，成品油价格没有再次进行降价调整。

3. 传导机制

Tang 等（2010）已经从具体机制探讨了原油价格冲击对中国经济的短期和长期影响，但是并没有深入考虑价格管制的影响，只是在 PPI 和 CPI 的传导过程中考虑了价格管制导致的价格黏性和不完全传导。基于 Tang 等（2010）的影响机制，本章加入价格管制的影响，使影响路径的刻画更加符合中国的实际情况，因此，本章提出以下影响机制（图 5.4）。在供给冲击和价格冲击路径上均考虑成品油价格管制的影响，由此验证国际原油价格冲击对中国经济的影响机制。本章只关注现货市场的影响渠道，期货市场的影响将在后续研究中考虑。

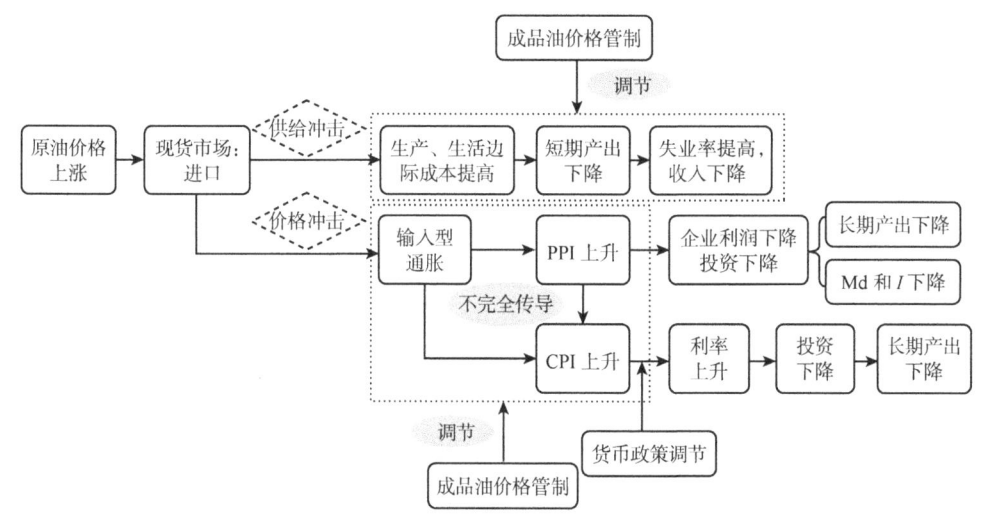

图 5.4　国际原油价格冲击对中国经济的影响机制

Md 表示货币供应量，I 表示利率

原油价格上涨后，通过进口对产出存在短期的供给冲击的影响。这种冲击使企业的边际成本提高，进而产量降低，但是这种直接冲击在产能范围内可以迅速恢复。在成品油价格管制的情况下，国际原油价格的提高并不能完全传导至企业，尤其是国际油价高于 130 美元/桶时，成品油价格不再变动。此时，企业边际成本的提高幅度远小于完全传导下的情况，对产出的影响有所减小。

原油价格上涨后，通过价格冲击路径对产出产生长期影响。价格上涨会对我国造成输入型通胀，导致 PPI 上涨，PPI 的上涨并不能完全传导到 CPI（孙坚强等，2016），此时生产者的成本上涨并不能完全转嫁到消费者，因此企业的加价空间有限，利润减少，并导致其未来投资的能力减弱，从而影响潜在产出（邓创等，2022），即使油价冲击消失，这种能力在短期内也无法恢复，因此会在长期中影响产出。当国内 CPI 上涨，货币当局为追求物价稳定，会调整相应政策，实行紧缩性的货币政策，政策实行结果很大程度体现在了利率水平上，使利率水平提高，从而导致投资下降，长期产出下降。但是在成品油价格管制的情况下，企业的成本提高有限，因此对利润和未来投资能力的影响有所减缓；国内的 CPI 上涨有限，因为居民消费的成品油及相关工业产品价格上涨幅度不大，Jia 和 Lin（2022）通过 CGE 模型测算发现，在管制市场的情况下居民购买力降幅远小于完全竞争市场。因此，通过成品油价格管制的平滑作用，原油价格上涨在长期中对产出的影响程度有限。在供给冲击和价格冲击两条传导路径中，成品油的价格调整都起到平缓原油价格冲击、减小产出波动的作用，从而实现"减震器"功能。

5.1.2 实证模型

1. 数据

为了研究国际油价波动对我国宏观经济的影响，选择的变量如下。

（1）实际原油价格（Oil）。本章选美国西得克萨斯中质原油现货离岸价格（WTI spot price FOB）代表市场上的原油价格，并采用国际货币基金组织提供的汇率数据和中国的 CPI 定比数据，将原油价格转换为以 1995 年 1 月为基准期的人民币计价价格。数据为 2000 年 6 月至 2021 年 12 月的月度数据。该数据来源于美国能源信息署。对应地，采用 Hamilton（1996）的方法构建净油价增长序列（NOPI）和净油价下跌序列（NOPD）。

（2）实际国内生产总值（GDP）。在中国经济运行方面，中国 GDP 官方统计的最高频率是季度数据，与原油价格的频率并不相同，若将月度原油价格转为季度会使得原油价格平滑，丢失一部分波动信息。因此，本章利用规模以上工业增加值的月增长率，将季度 GDP 转化为月度 GDP。具体做法为，近似将规模以上工业增加值的月度增长率视为 GDP 的月度增长率，估算出每个季度中第二个月和第三个月的 GDP 是第一个月的多少倍，采用这一倍数按比例进行分配。之后，使用 1995 年 1 月为基期的 CPI 对 GDP 进行平减。最后，为了消除季节波动的影响，对数据进行 Census X12 季节调整处理。

接下来，对原季度 GDP 序列数据进行 CPI 平减，并进行季度调整。将规模以上工业增加值的月增长率调整的月度 GDP 序列数据与该季度 GDP 序列数据进行比较（图 5.5 和图 5.6），发现二者的长期趋势、波动性等是保持一致的，说明月度 GDP 的转化是可行的。

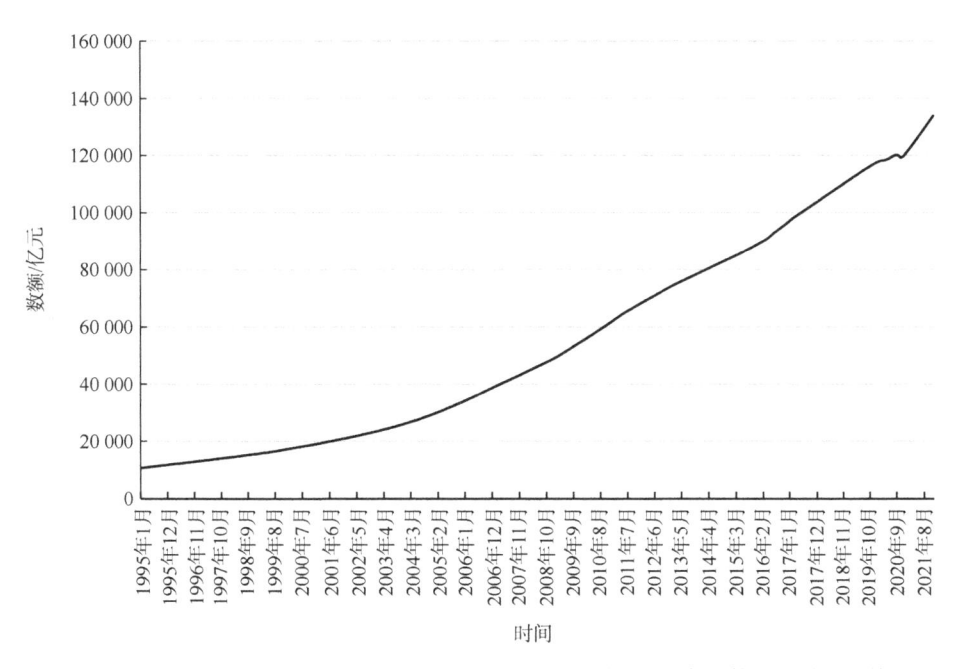

第 5 章 大宗商品价格变动对经济的影响

图 5.5 通过规模以上工业增加值的月增长率调整的月度 GDP 序列数据（季节调整）

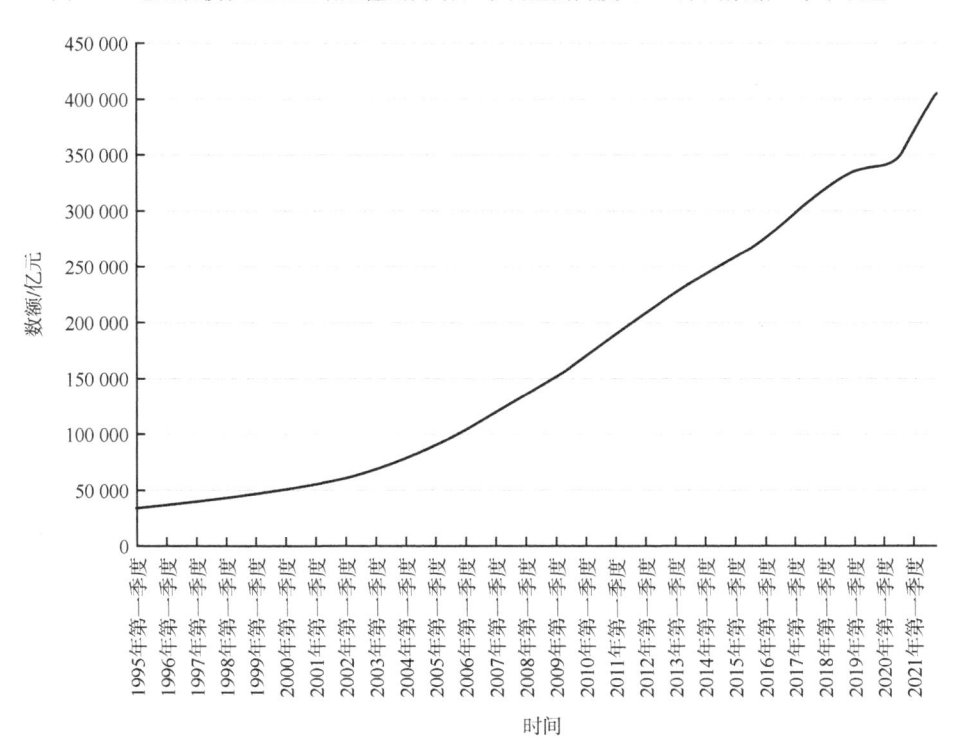

图 5.6 季度 GDP 序列数据（季度调整）

（3）实际工业投资（INV）。因为数据频度和区间原因，选择第二产业的固定投资完成额来衡量工业投资。第二产业由工业和建筑业构成，工业增加值占第二产业增加值的80%以上，因此直接选择第二产业的投资额来代表工业的投资额是合理的。需要说明的是，由于国家统计局把1月和2月的固定资产投资数据合并成一个月份公布，因此需要分别计算出1月和2月的固定资产投资情况。本章参考闵峰等（2021）的方法，假设每年2月固定投资的环比增长率等于今年第二季度和上年第四季度月度环比增长率的均值，根据得出的增长率和1月与2月累计固定资产额算出1月和2月的固定投资完成额。同样地，使用1995年1月为基期的CPI对GDP进行平减。最后，为了消除季节波动的影响，对数据进行Census X12季节调整处理。数据来源于CSMAR数据库。

（4）消费者价格指数（CPI）。选择CPI衡量物价水平，该序列为环比数据，来源于国家统计局。

（5）利率（I）。根据Tang等（2010）的研究，油价波动会导致货币需求和利率变动。利率的变动在很大程度上反映了央行对货币政策的调控。本章选择六个月内的贷款利率，数据来源于中国人民银行和Wind数据库。

（6）成品油价格管制（Price_AD）。成品油价格管制即为上文中构建的衡量成品油价格管制水平的指标。

需要讨论的一点是，发展中国家官方统计数据的可靠性经常受到质疑，特别是GDP数据（Henderson et al.，2012）。中国也是如此（Lin et al.，2022；Wallace，2016；Zhang et al.，2019），一些学者认为官方的统计数据高估了经济增长率（Hu and Yao，2022），也有学者承认虽然中国省域国民经济核算可能受到地方政府考核要求的影响而呈现出高估统计数据的倾向，但是差距不大（胡兰丽和刘洪，2021；Clark et al.，2017），GDP数据总体上是可信的，与经济理论一致（Holz，2014；Lequiller and Blades，2014）。虽然有部分文献采用夜间灯光数据对官方GDP数据进行修订，但多数文献还是使用官方数据进行研究，本章也是如此。

2. SVAR 模型

为了研究国际油价波动对我国宏观经济的影响，本章选择SVAR模型进行研究：

$$Bx_t = \Gamma_0 + \Gamma_1 x_{t-1} + \Gamma_2 x_{t-2} + \cdots + \Gamma_p x_{t-p} + \varepsilon_t \quad (5.3)$$

其中，$x_t = (\text{Oil}, \text{Price\_AD}, \text{CPI}, I, \text{INV}, \text{GDP})^T$；$B = \begin{pmatrix} b_{11} & b_{12} & b_{13} & b_{14} & b_{15} & b_{16} \\ b_{21} & b_{22} & b_{23} & b_{24} & b_{25} & b_{26} \\ b_{31} & b_{32} & b_{33} & b_{34} & b_{35} & b_{36} \\ b_{41} & b_{42} & b_{43} & b_{44} & b_{45} & b_{46} \\ b_{51} & b_{52} & b_{53} & b_{54} & b_{55} & b_{56} \\ b_{61} & b_{62} & b_{63} & b_{64} & b_{65} & b_{66} \end{pmatrix}$；

$$\Gamma_i = \begin{pmatrix} \Gamma_{11}^i & \Gamma_{12}^i & \Gamma_{13}^i & \Gamma_{14}^i & \Gamma_{15}^i & \Gamma_{16}^i \\ \Gamma_{21}^i & \Gamma_{22}^i & \Gamma_{23}^i & \Gamma_{24}^i & \Gamma_{25}^i & \Gamma_{26}^i \\ \Gamma_{31}^i & \Gamma_{32}^i & \Gamma_{33}^i & \Gamma_{34}^i & \Gamma_{35}^i & \Gamma_{36}^i \\ \Gamma_{41}^i & \Gamma_{42}^i & \Gamma_{43}^i & \Gamma_{44}^i & \Gamma_{45}^i & \Gamma_{46}^i \\ \Gamma_{51}^i & \Gamma_{52}^i & \Gamma_{53}^i & \Gamma_{54}^i & \Gamma_{55}^i & \Gamma_{56}^i \\ \Gamma_{61}^i & \Gamma_{62}^i & \Gamma_{63}^i & \Gamma_{64}^i & \Gamma_{65}^i & \Gamma_{66}^i \end{pmatrix}$$ ；p 为向量滞后阶数；ε_t 为白噪声过程。

将等式左右两边同时乘以 B^{-1}，即可得到 SVAR 模型的简化式：

$$x_t = A_0 + A_1 x_{t-1} + A_2 x_{t-2} + \cdots + A_p x_{t-p} + e_t \tag{5.4}$$

其中，$A_0 = B^{-1} \Gamma_0$；$A_i = B^{-1} \Gamma_i$；$e_t = B^{-1} \varepsilon_t$。

接下来，对模型中的系数加以约束。

约束一：国际油价对中国经济而言是外生变量。根据 Du 等（2010）的研究，中国宏观经济对世界油价没有影响。尽管中国的石油消费量和进口量越来越大，但是不管是短期还是长期，中国原油进口对国际原油价格变动均没有显著影响（Wu and Zhang，2014），即 Oil 不受当期 Price_AD、CPI、I、INV 和 GDP 的影响，也就是说，当 $t=0$ 时，$b_{12}, b_{13}, b_{14}, b_{15}, b_{16} = 0$。

约束二：中国的成品油价格管制程度只受国际油价的影响，因为成品油的指导价格是国家发展和改革委员会根据原油价格的波动调整的，即当 $t=0$ 时，$b_{23}, b_{24}, b_{25}, b_{26} = 0$。

约束三：CPI 只受国际油价和成品油价格管制的影响。当 $t=0$ 时，$b_{34}, b_{35}, b_{36} = 0$。

约束四：因为存在滞后效应，利率不受当期 GDP 和 INV 的影响。当 $t=0$ 时，$b_{45}, b_{46} = 0$。

约束五：同样地，产出变动不会影响当期的工业投资，但是工业投资的变动对当期的产出存在影响。当 $t=0$ 时，$b_{56} = 0$。

通过以上约束，矩阵 B 变为一个下三角的、对角线元素均为 1 的矩阵，此时模型（5.3）是恰好识别的。

3. 单位根检验

若要建立 SVAR 模型进行研究，需要保证序列是平稳的，因此首先对序列进行单位根检验。选择 ADF 检验和 PP 检验。ADF 检验对滞后阶数比较敏感，若阶数太小，扰动项可能存在自相关，使检验结果存在偏差；若阶数太大，可能使检验的功效（power）降低。PP 检验考虑了异方差自相关的稳健标准误，同时不必指定滞后项的滞后阶数。

单位根检验结果如表 5.1 所示。实际原油价格的原序列 Oil 的 ADF 检验和 PP 检验均没有在 5% 的显著性水平上拒绝原假设,说明序列不平稳。同样地,GDP、INV、I 的原序列不平稳,一阶差分后序列平稳。为保证结果更具有经济意义,选择对 Oil、INV 和 GDP 的原序列取对数后再进行一阶差分,而后建模(对数后差分表示增长率)。变量 NOPI、NOPD、Price_AD 和 CPI 序列平稳,均选择原序列。

表 5.1 变量单位根检验(一)

变量	检验形式 (c, t)	ADF 检验	PP 检验	结果
Oil	(c, t)	−2.846	−2.500	$I(1)$
D.lnOil	($c, 0$)	−9.784***	−11.907***	
NOPI	($c, 0$)	−5.962***	−11.034***	$I(0)$
NOPD	($c, 0$)	−8.367***	−8.052***	$I(0)$
Price_AD	($c, 0$)	−4.989***	−4.502***	$I(0)$
CPI	($c, 0$)	−10.084***	−12.325***	$I(0)$
I	($c, 0$)	−1.847	−1.724	$I(1)$
D.I	($c, 0$)	−14.027***	−14.205***	
INV	(c, t)	0.928	5.637	$I(1)$
D.lnINV	(c, t)	−3.868**	−3.815**	
GDP	(c, t)	−1.522	0.496	$I(1)$
D.lnGDP	($c, 0$)	−3.872***	−3.500**	

注:D.表示进行了一阶差分;检验形式(c, t)分别表示在单位根检验方程中包含截距项和趋势项
、*分别表示在 5%、1% 的显著性水平上显著

5.1.3 整体影响效应分析

1. 油价增长的影响

根据图 5.4 的影响机制,首先探讨油价增长对中国经济发展的影响。由图 5.7(a)可以看出,给予净油价增长序列一个标准差的冲击,消费者价格指数在前 3 期为负向响应,第 5 期转为正向响应,但是数值较小,并在长期趋于 0。这说明油价增长对 CPI 的影响较小,一方面原因在于油价增长的冲击并不是直接对 CPI 造成影响,而是通过 PPI 影响,PPI 对 CPI 的影响是不完全传导;另一方面在于物价稳定是中国政府非常重视的问题,央行会通过各种货币政策工具进行调节,大到调整利率、调整准备金率,小到窗口指导等。利率在前 33 期的正向响应逐渐减弱,并在第 34 期转为负向响应,且负向响应逐渐增大[图 5.7(b)]。这与前文

的机制探讨是一致的。实际工业投资的响应一直是负向的。这一负向响应在前 9 期逐渐增大，之后不断缩小，但负向响应长期存在，说明油价增长减少了企业的利润，进而减少了工业投资[图 5.7（c）]。实际国内生产总值的响应在前 9 期为正向，第 10 期转为负向且长期存在[图 5.7（d）]，即油价增长的冲击对中国的经济增长存在长期的负向影响。上述变量的响应结果与前文的机制理论结果是一致的。

（a）CPI 对 NOPI 的响应

（b）I 对 NOPI 的响应

（c）lnINV 对 NOPI 的响应

（d）lnGDP 对 NOPI 的响应

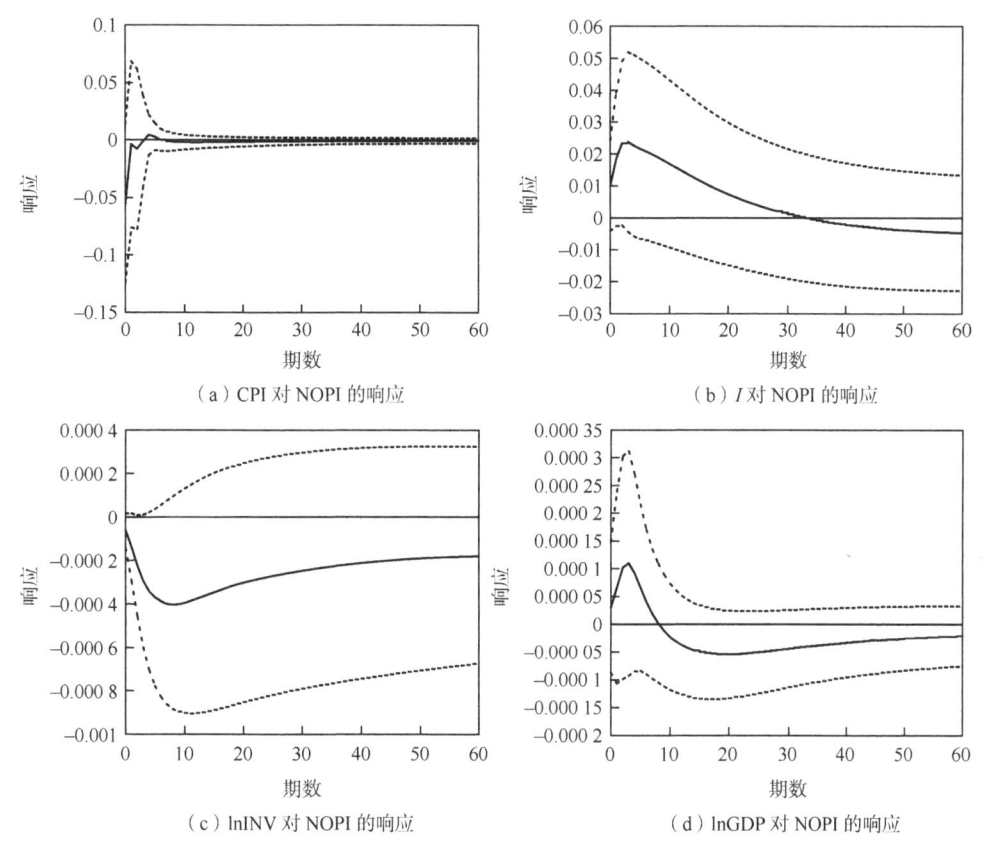

图 5.7　NOPI 对其他变量的冲击

实线表示点估计值，虚线表示 95%的置信区间

接下来，考虑价格管制在其中的影响。由图 5.8（a）可以看出，给予净油价增长序列一个标准差的冲击，成品油价格管制指标呈现先正后负的响应规律，具体来说，成品油价格管制在前 12 期为正向响应，从第 13 期开始转为负向响应，并在长期趋于 0。根据上文成品油价格管制指标的构建，该指标数值越大，管制程度越强。也就是说，油价增长在前 12 期会使中国的成品油价格管制程度增强，而在 12 期后，价格的管制程度会逐渐减弱。在油价增长的情况下，给予成品油价

格管制进行一个标准差的冲击会对实际工业投资产生长期正向的影响,而实际国内生产总值在前 23 期均存在正向响应,之后逐渐趋于 0[图 5.8（b）和（c）]。

（a）Price_AD 对 NOPI 的响应

（b）lnINV 对 Price_AD 的响应

（c）lnGDP 对 Price_AD 的响应

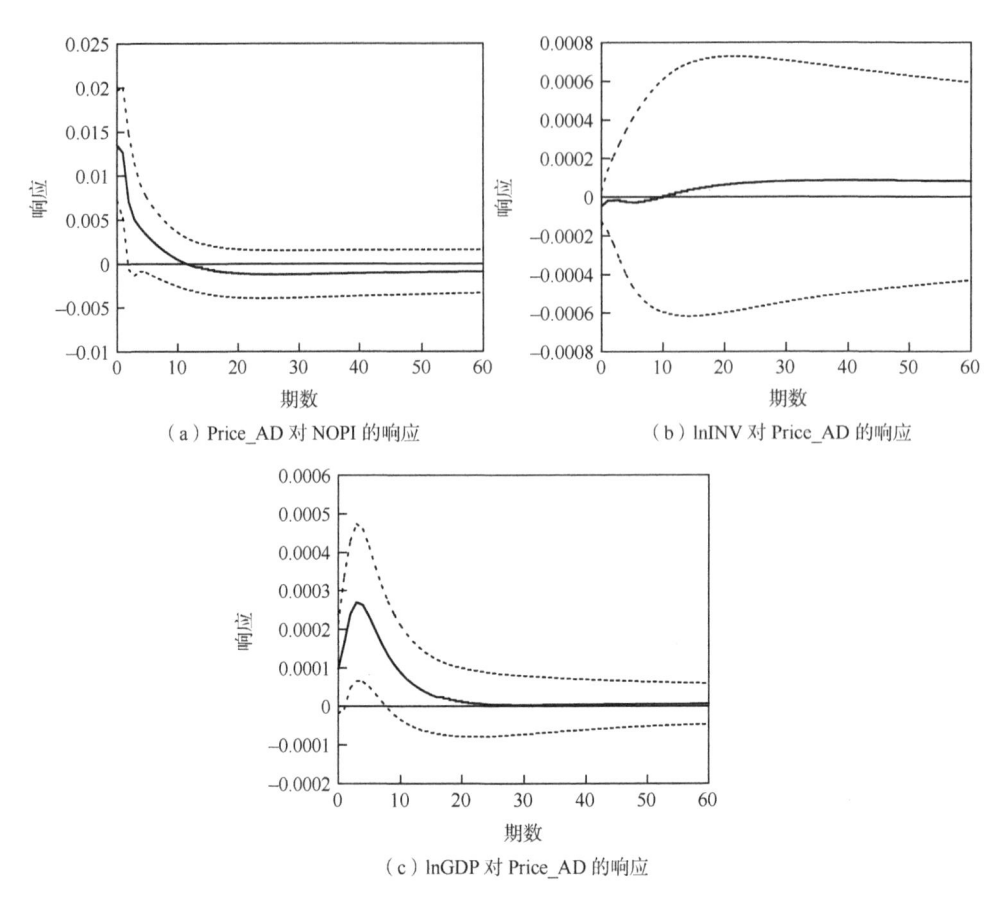

图 5.8　Price_AD 的响应及对其他变量的冲击（一）

实线表示点估计值,虚线表示 95% 的置信区间

整体而言,油价增长会减少中国的工业投资,抑制经济增长,但在此时,价格管制会减弱这种抑制作用,减少油价增长对中国经济的不利影响,起到"减震器"的作用。

2. 油价下跌的影响

本节观察油价下跌对中国经济运行的影响,并探究价格管制的作用。主要关注实际工业投资和实际国内生产总值对净油价下跌序列的冲击的响应。根据图 5.9（a）和（b）,给予净油价下跌序列一个标准差的冲击,实际工业投资和实际国内生产总值长期存在正向响应,即油价下跌有利于中国工业投资的增加和 GDP 的增长。主要原因在于，油价下跌使中国企业生产成本降低，利润增加，因此长期中投资和产出增加。

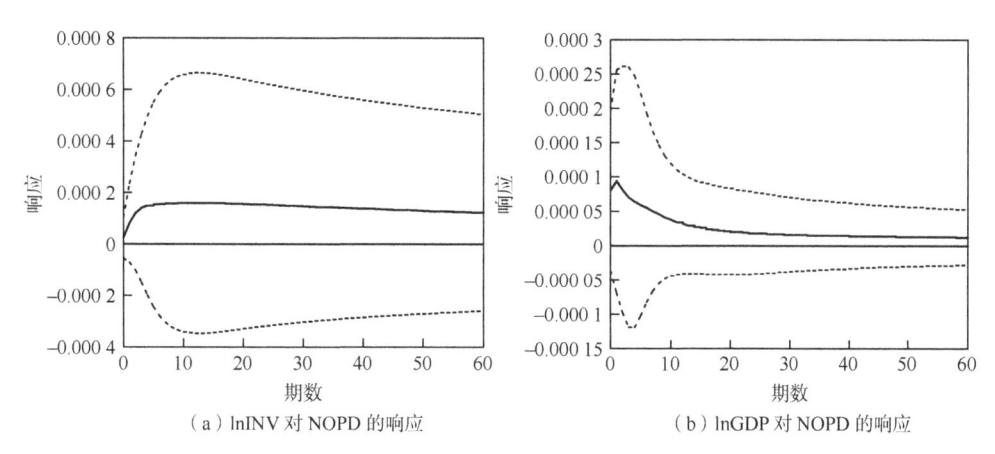

(a) lnINV 对 NOPD 的响应

(b) lnGDP 对 NOPD 的响应

图 5.9 NOPD 对其他变量的冲击

实线表示点估计值，虚线表示 95% 的置信区间

接下来，探究价格管制的作用。给予净油价下跌序列一个标准差的冲击，成品油价格管制长期存在正向响应，且在前 6 期的正向响应均在 0.002 以上[图 5.10 (a)]。换言之，油价下跌导致成品油价格管制程度加强，且长期难以恢复。相较于油价上涨所带来的强烈、快速的反应，成品油价格管制程度对油价下跌的响应是缓慢且持久的，这与之前的研究结论是一致的，即当原油价格上涨时成品油价格的调整是迅速的，而原油价格下跌时，成品油的价格调整是缓慢且滞后的，这就是著名的"火箭和羽毛"理论（Bacon，1991；Duffy-Deno，1996；Apergis and Vouzavalis，2018；Chen and Sun，2021）。从政府层面来看，这样的非对称现象对应了中国成品油价格"涨多跌少""易涨难落"的现象，这种现象主要是中国定价机制造成的上调和下降的起点不平衡、信息不对称导致的（刘欣瑜，2017）。从企业层面看，当原油价格上涨时，垄断企业会迅速提高成品油价格来抵消增加的成本，而价格下跌时，垄断企业会缓慢调整成品油售价，以获取更多超额利润（Apergis and Vouzavalis，2018）。

在油价下跌的情况下，实际工业投资对成品油价格管制存在负向响应并长期为 0[图 5.10 (b)]。原因在于，当国际油价下跌时，政府对成品油价格的管控使得国内成品油的下降幅度低于国际水平，此时中国企业的运营成本比国外企业更高，在缺乏价格优势的情况下，使得企业的营收有所减少，从而利润减少，投资降低。对于 GDP 而言，油价下跌时的成品油价格管制在前 16 期均为正向响应，之后转为数值较小的负向响应，并在长期趋于 0[图 5.10 (c)]。具体原因将在接下来的部分深入探讨。

(a) Price_AD 对 NOPD 的响应

(b) lnINV 对 Price_AD 的响应

(c) lnGDP 对 Price_AD 的响应

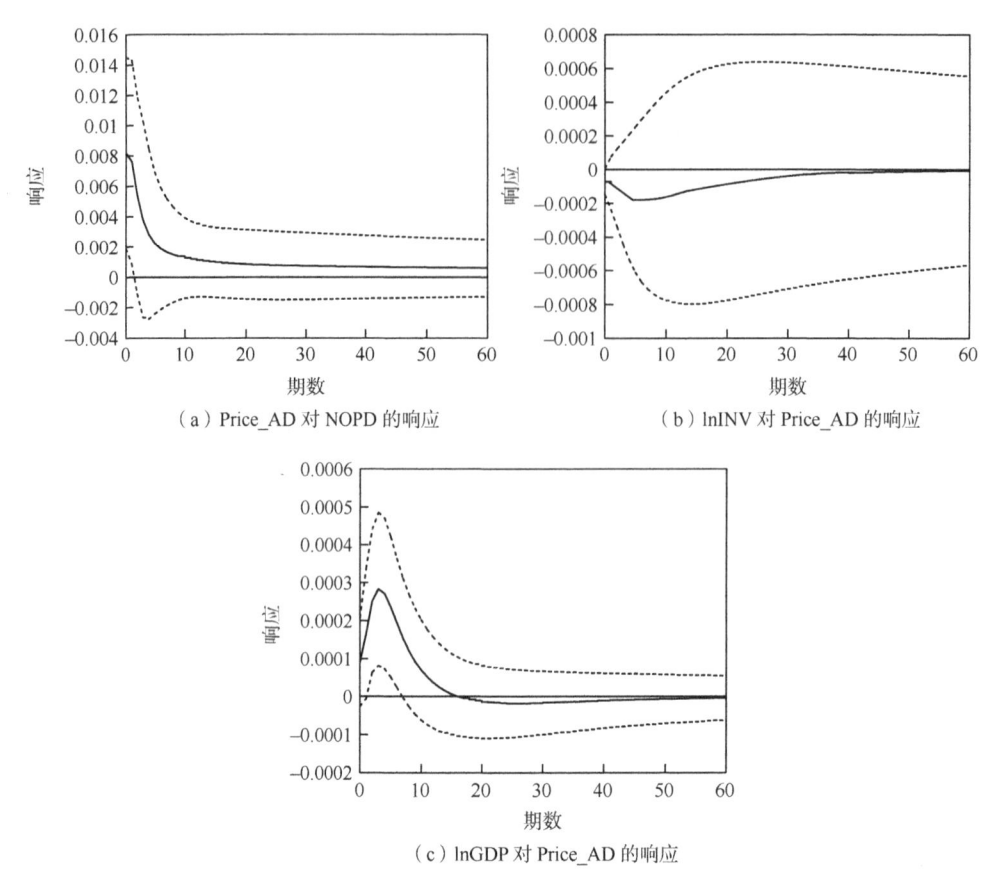

图 5.10　Price_AD 的响应及对其他变量的冲击（二）

实线表示点估计值，虚线表示 95% 的置信区间

5.1.4　分段影响效应分析

根据图 5.3 可得，在 2009 年 5 月前中国成品油的价格管制程度较高，而在 2009 年 5 月开始实施新的成品油定价规则后，价格管制程度得到明显减缓。同时对样本进行 Chow（邹）检验（表 5.2），发现这个时间点存在明显断点效应。因此，本章将整个样本以 2009 年 5 月为节点划分为两个分段样本进行研究。

表 5.2　所有变量 Chow 检验

断点	F 统计量	对数似然比
2009 年 5 月	2.989***	17.530***

***表示在 1% 的显著性水平上显著

1. 油价增长的影响

本节对两个分段样本期间油价上涨的影响进行对比分析。根据图5.11的(a)、(b)，净油价增长序列对实际工业投资的影响在2009年5月后更加持久。在2009年5月前，实际工业投资对净油价增长序列的负向响应先增大，在第10期达到最大响应-0.000 324后不断减小，并在长期趋于0。在2009年5月后，实际工业投资对净油价增长序列的负向响应不断增大，并存在长期的负向响应。当成品油价格与国际原油价格挂钩后，国际油价的波动对中国工业投资的影响更加持久，油价上涨对工业投资的减少存在一个长期的影响。

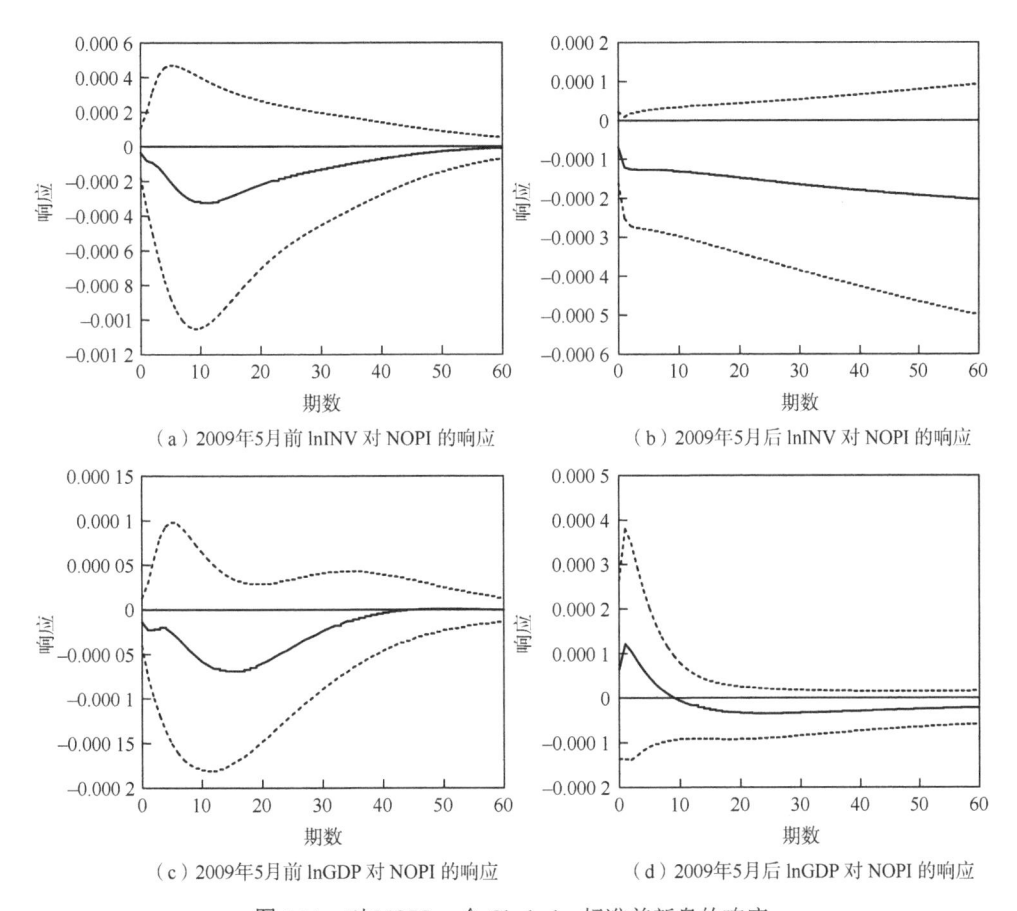

(a) 2009年5月前 lnINV 对 NOPI 的响应

(b) 2009年5月后 lnINV 对 NOPI 的响应

(c) 2009年5月前 lnGDP 对 NOPI 的响应

(d) 2009年5月后 lnGDP 对 NOPI 的响应

图5.11 对 NOPI 一个 Cholesky 标准差新息的响应
实线表示点估计值，虚线表示95%的置信区间

根据图5.11的(c)、(d)，油价上涨对GDP的影响在2009年5月前后表现出不同的走势。在2009年5月前，实际国内生产总值对净油价增长序列一直为负向响应，这一负向响应先增大，在第14期达到最大响应-0.000 069，之后逐渐减小并长期趋于

0。这一走势与实际工业投资的走势基本相同,这与 2009 年之前第二产业占比很高相关。2001~2008 年中国第二产业占 GDP 的比重在 48% 以上,因此工业投资的变动在很大程度上决定了次年 GDP 的变动。2009 年 5 月后,实际国内生产总值对净油价增长序列的响应先为正向,在第 10 期转为负向,并在长期保持负向响应。同样地,当成品油价格与国际原油价格挂钩后,国际油价的波动对中国 GDP 的影响也更加持久。

接下来探究价格管制在其中的作用。在 2009 年 5 月前后,净油价增长序列对成品油价格管制程度的影响趋势基本相同。净油价增长序列均会加大成品油价格管制的程度,但是这一影响会随着时间变化不断减弱[图 5.12(a)、(b)]。不同的是,在 2009 年 5 月前,净油价增长序列对成品油价格管制的影响更大,主要原因在于这一阶段的成品油价格未与国际市场挂钩,国内成品油价格的变动完全滞后于国际原油价格,管制程度更大。在 2009 年 5 月前,实际工业投资对成品油价格管制为负向响应且长期趋于 0,影响较小;实际国内生产总值对价格管制几乎不存在响应。然而在 2009 年 5 月后,实际工业投资对成品油价格管制的响应长期为正;实际国内生产总值对成品油价格管制为正向响应,并在长期趋于 0[图 5.12(c)~(f)]。这说明,当成品油价格与国际原油价格挂钩之后,在油价上涨时,价格管制能很好地抵挡油价上涨的冲击,对企业的生产投资及经济运行起到良好的"减震器"作用。

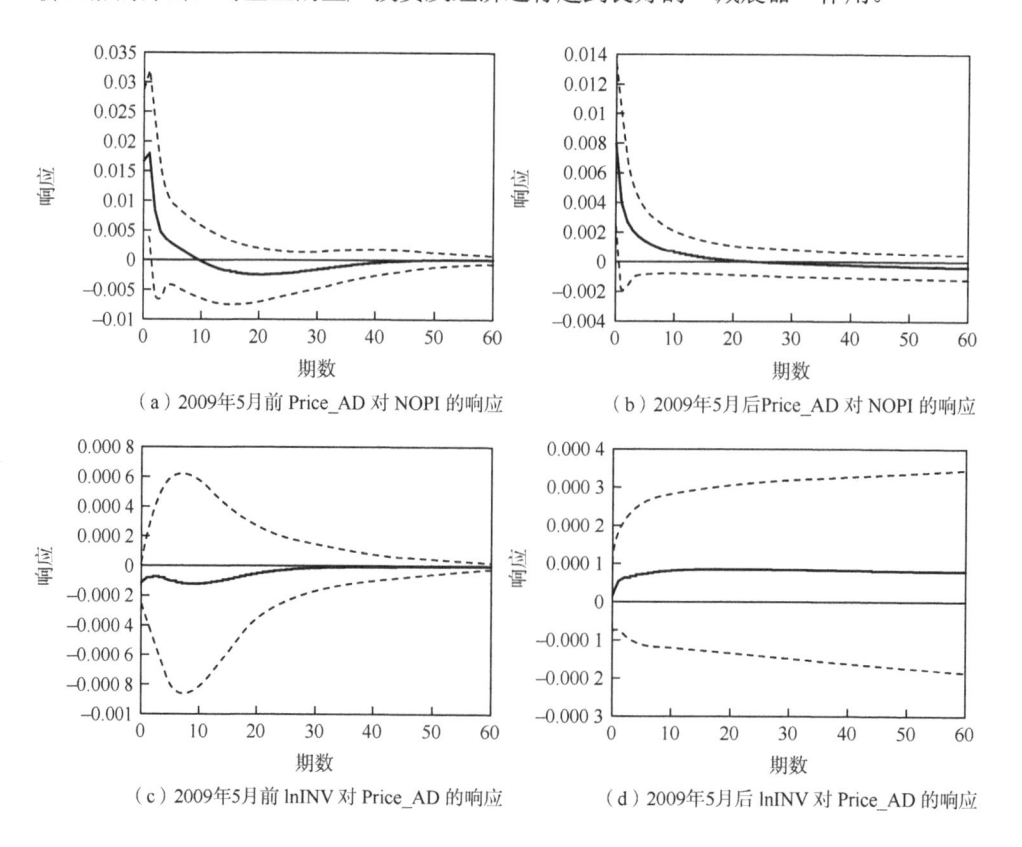

(a)2009年5月前 Price_AD 对 NOPI 的响应

(b)2009年5月后 Price_AD 对 NOPI 的响应

(c)2009年5月前 lnINV 对 Price_AD 的响应

(d)2009年5月后 lnINV 对 Price_AD 的响应

(e) 2009年5月前 lnGDP 对 Price_AD 的响应　　　(f) 2009年5月后 lnGDP 对 Price_AD 的响应

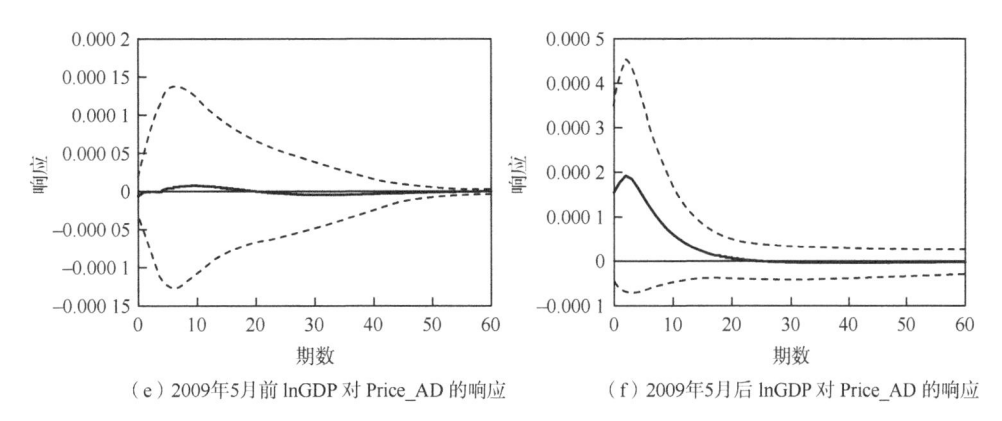

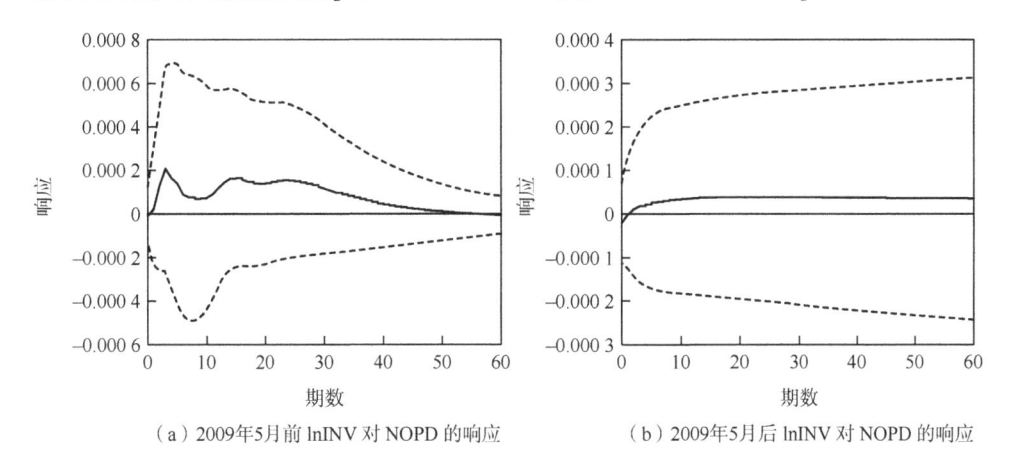

图 5.12　油价增长时 Price_AD 的响应及对其他变量的冲击

实线表示点估计值，虚线表示 95%的置信区间

2. 油价下跌的影响

本节对两个分段样本期间油价下跌的影响进行对比分析。根据图 5.13，整体而言，原油价格下跌有利于中国工业投资的增加和经济增长。具体来说，在 2009 年 5 月前，实际工业投资对净油价下跌序列的响应一直为正，并从 50 期开始趋向于 0；实际国内生产总值对净油价下跌序列的响应大部分为正，并在长期趋于 0。在 2009 年 5 月后，实际工业投资对净油价下跌序列的响应长期为正，但是数值较小；GDP 对油价下跌的响应为正向，并在 20 期开始趋向于 0。与上一部分相同，在 2009 年 5 月之前，实际工业投资和实际国内生产总值对油价波动的响应走势基本相同，但是 2009 年 5 月后，实际工业投资和实际国内生产总值对油价波动的响应走势不再类似，说明实际工业投资对实际国内生产总值的影响程度下降。值得注意的是，2009 年 5 月后，不论是油价上涨还是下跌，对实际国内生产总值的影响程度都有所增加，说明中国市场与国际原油市场的联动性更强，受国际原油价格波动的影响也更加剧烈[图 5.11（c）、（d）及图 5.13（c）、（d）]。

(a) 2009年5月前 lnINV 对 NOPD 的响应　　　(b) 2009年5月后 lnINV 对 NOPD 的响应

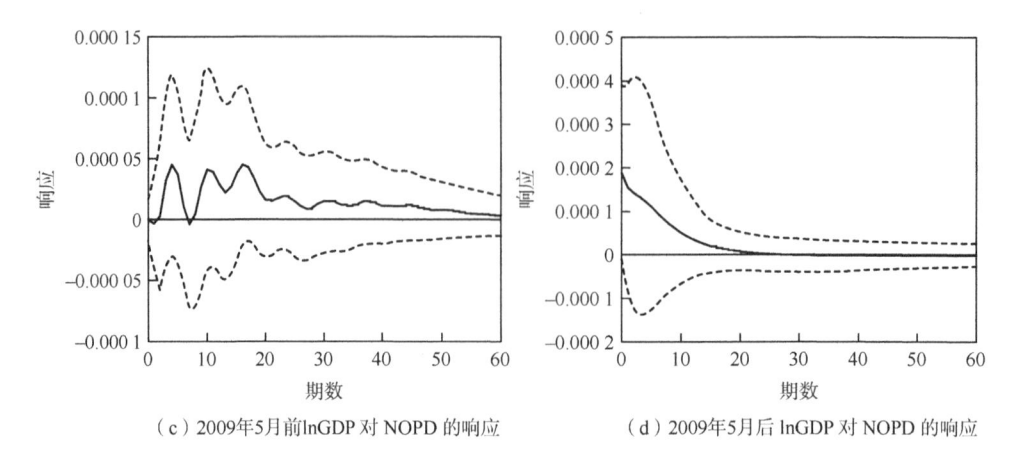

（c）2009年5月前lnGDP对NOPD的响应　　（d）2009年5月后lnGDP对NOPD的响应

图 5.13　对 NOPD 一个 Cholesky 标准差新息的响应

实线表示点估计值，虚线表示95%的置信区间

进一步探究价格管制的影响。在 2009 年 5 月前后，净油价下跌序列均会加大成品油价格的管制程度，且这一影响会随着时间逐渐减弱并在长期趋于 0。但是，2009 年 5 月前，净油价下跌序列对成品油价格管制的影响更大[图 5.14（a）]，这与油价上涨的结果是一致的。2009 年 5 月前，油价下跌时，实际工业投资对成品油价格管制的负向响应不断增大，并在第 9 期达到最大−0.000 79，之后不断减小并在长期趋于 0。实际国内生产总值对成品油价格管制的响应在第 2～8 期为正向，之后一直为负向响应，并长期趋于 0[图 5.14（c）、（e）]。与油价上涨时不同，油价下跌情况下的成品油价格管制对实际工业投资和实际国内生产总值的负向影响更加显著。2009 年 5 月后，油价下跌时，实际工业投资对成品油价格管制存在长期微弱的正向响应，实际国内生产总值对成品油价格管制在前 17 期存在正向响应，之后转为微弱的负向响应后长期趋向于 0[图 5.14（d）、（f）]。因此，在 2009 年 5 月后的价格管制能在一定程度上帮助减缓油价的冲击；而在 2009 年 5 月前的价格管制会阻碍工业投资和我国的经济增长。

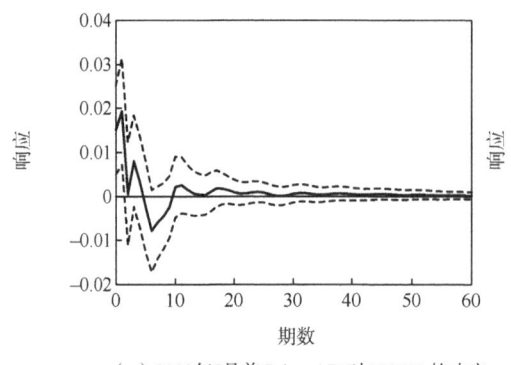

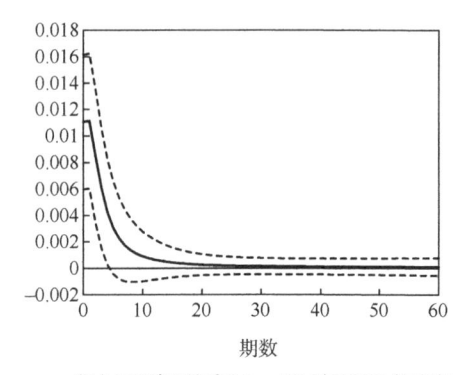

（a）2009年5月前Price_AD对NOPD的响应　　（b）2009年5月后Price_AD对NOPD的响应

(c) 2009年5月前 lnINV 对 Price_AD 的响应

(d) 2009年5月后 lnINV 对 Price_AD 的响应

(e) 2009年5月前 lnGDP 对 Price_AD 的响应

(f) 2009年5月后 lnGDP 对 Price_AD 的响应

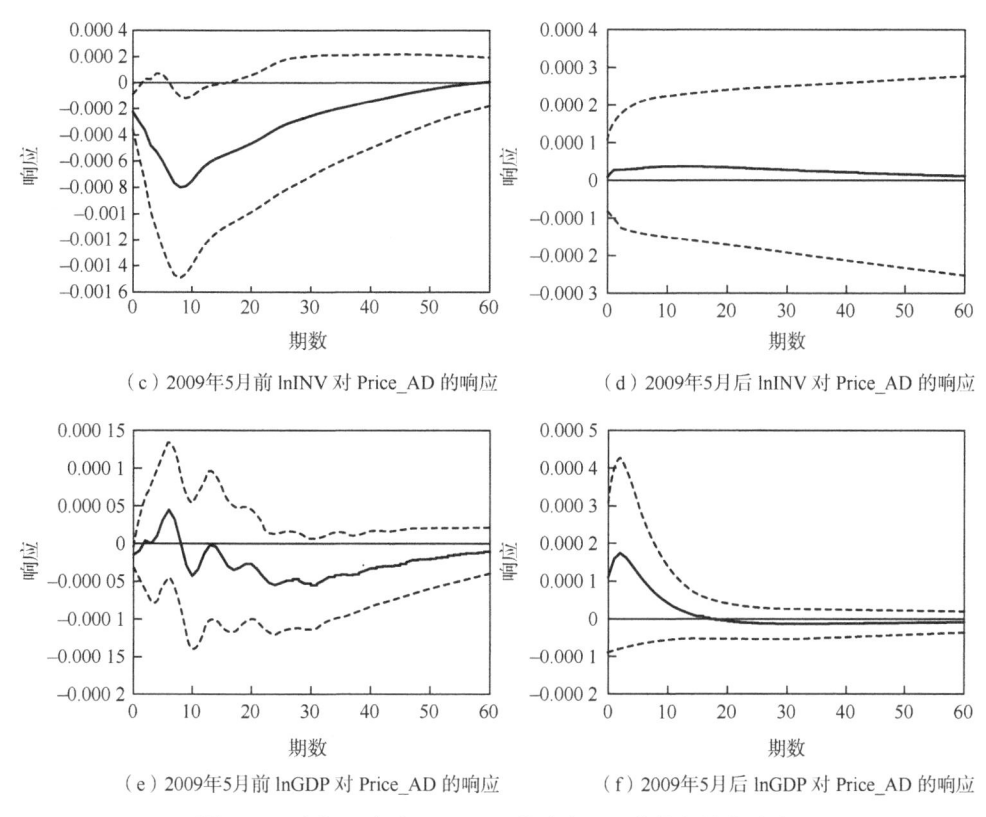

图 5.14 油价下跌时 Price_AD 的响应及对其他变量的冲击

实线表示点估计值，虚线表示95%的置信区间

3. 结果讨论

根据分段的研究结果，发现：①在两个时间段里，油价上涨对工业投资和经济增长存在抑制作用，油价下降对工业投资和经济增长存在促进作用。该结果与大多数文献研究结论一致（Tang，2010；Zhang，2011；Dong et al.，2020）。但在2009年5月前，工业投资和GDP对油价冲击的响应走势更加相近，这主要与2009年之前第二产业占比很高相关，2001年到2008年中国第二产业占GDP的比重在48%以上，在2009年之后第二产业的比重不断下降，工业投资对GDP的影响减弱。②2009年5月前，油价波动对价格管制的影响更大。原因在于这一阶段中国成品油的价格与国际原油市场不直接挂钩，且成品油的价格调整缓慢、间隔时间长，价格管制程度很高。③2009年5月后，不论是油价上涨还是下跌，对GDP的影响程度都增加。主要是因为中国市场与国际原油市场的联动性更强，受国际原油价格波动的影响也更加剧烈。根据Li等（2016）的研究，中国原油批发和零售市场的开放加速了国际油价波动对中国经济的影响，从侧面印证了我们的观察

结果。④2009年5月前，油价上涨时，价格管制对工业投资和GDP的影响不大，油价下跌时，价格管制严重阻碍工业投资和GDP增长。当成品油价格被过度管制时，价格管制会长期损害经济发展。因为此时国内成品油价格严重低于国际价格，中国企业的生产成本更低，出口的多为资源消耗型、低附加值的产品（Ou et al., 2012），高端市场的竞争力不足，用户黏性不大，对成本和价格更加敏感。当国际油价下跌时，政府对成品油价格的过分管控使得国内成品油的下降幅度低于国际水平，且调整缓慢。此时中国企业的运营成本比国外企业相较更高，在缺乏价格优势的情况下，使得企业的营业收入有所减少，因而利润减少，长期投资降低，同时中国的出口金额减少，从而长期损害经济发展。⑤2009年5月后，价格管制起到良好的"减震器"作用，不管是在油价上涨还是下跌时，都能在一定程度上促进工业投资的增加和GDP增长，有效缓解了油价波动对中国经济运行造成的冲击。政府对成品油价格进行管制是为了避免高油价和原油价格剧烈波动对国内经济的影响（Shi and Sun, 2017）。根据原油的消费过程，原油价格的波动被分解到汽油、柴油、煤油和其他产品，从而传递到国民经济的其他部分（Wang et al., 2019）。对于企业而言，其受到的汽油价格影响比原油价格更加剧烈和普遍（Broadstock et al., 2016）。因此，对成品油价格进行适度管制可以平滑原油价格的波动冲击。2009年5月之后的成品油定价机制与国际原油价格联动更加密切，成品油价格大多时候都与原油价格遵循相似的曲线轨迹，只有在发生较大波动时才对价格进行调整（Wang et al., 2019）。这样的管制方式给予产出一个缓冲期，且价格运行不偏离实际价格。众所周知，产出波动不利于经济增长，而价格管制可以缓解短期的投资和产出波动，促进长期经济增长（Lin and Kim, 2014）。

5.2　大宗商品价格变动对重点相关行业的影响

大宗商品价格变动除了直接影响宏观经济外，还会影响重点相关行业的运行。这种影响可以通过价格传导，也可以通过生产成本传导。选取三种大宗商品进行研究，即原油、铜和大豆，分别代表能源类、金属类和食品类商品，关注它们对能源行业、工业和豆油行业的影响，以此探究重大危机事件下大宗商品价格变动是如何影响行业效率的，不同种类的大宗商品对相关行业的影响有何不同。

5.2.1　TVP-SV-VAR模型

首先根据SVAR模型：

$$Ay_t = F_1 y_{t-1} + \cdots + F_s y_{t-s} + u_t, \quad t = s+1, \cdots, n \tag{5.5}$$

其中，y_t 为 $k \times 1$ 维的观测变量，此时，$k=2$；$A, F_1, \cdots, F_s$ 为 $k \times k$ 维的系数矩阵；u_t 为 $k \times 1$ 维的结构冲击，假设 $u_t \sim N(0, \Sigma\Sigma)$，$\Sigma = \mathrm{diag}(\sigma_1, \sigma_2, \cdots, \sigma_k)$。

为了识别 SVAR 模型，假设矩阵 A 为以下的下三角矩阵：

$$A = \begin{pmatrix} 1 & 0 & \cdots & 0 \\ \vdots & \vdots & & \vdots \\ a_{k1} & \cdots & a_{k,k-1} & 1 \end{pmatrix}$$

将公式（5.5）两边同时乘以 A 的逆矩阵，得到公式（5.6）：

$$y_t = B_1 y_{t-1} + \cdots + B_s y_{t-s} + A^{-1} \Sigma \varepsilon_t, \quad \varepsilon_t \sim N(0, I_k) \tag{5.6}$$

其中，$B_i = A^{-1} F_i$。

将 B_i^T 的行向量进行堆叠得到 $k^2 S \times 1$ 维的向量 β。并定义 $X_t = I_k \otimes (y_{t-1}^\mathrm{T}, \cdots, y_{t-s}^\mathrm{T})$，$\otimes$ 是克罗内克积的符号。公式（5.6）可以写为

$$y_t = X_t \beta + A^{-1} \Sigma \varepsilon_t \tag{5.7}$$

公式（5.7）的所有参数都是不随时间变化的。允许参数随时间变化，就可以将公式（5.7）扩展为 TVP-SV-VAR 模型：

$$y_t = X_t \beta_t + A_t^{-1} \Sigma_t \varepsilon_t, \quad t = s+1, \cdots, n \tag{5.8}$$

其中，系数 β_t 和参数 A_t, Σ_t 都是随时间变化的。

为了对模型进行估计，将 A_t 中的非 0 和非 1 元素堆叠成向量 $a_t = (a_{21,t}, a_{32,t}, \cdots, a_{kk-1,t})$。设 $h_t = (h_{1t}, \cdots, h_{kt})^\mathrm{T}$ 表示对数波动率矩阵，其中 $h_{jt} = \log \sigma_{jt}^2$（$j = 1, \cdots, k$；$t = s+1, \cdots, n$）。

为了有效把握参数的结构变化，降低参数估计个数并提高估计效率，假设公式（5.7）中的参数符合随机游走过程：

$$\beta_{t+1} = \beta_t + u_{\beta t}, \quad a_{t+1} = a_t + u_{at}, \quad h_{t+1} = h_t + u_{ht}$$

$$\begin{pmatrix} \varepsilon_t \\ u_{\beta t} \\ u_{at} \\ u_{ht} \end{pmatrix} \sim N \left(0, \begin{pmatrix} I & 0 & 0 & 0 \\ 0 & \Sigma_\beta & 0 & 0 \\ 0 & 0 & \Sigma_a & 0 \\ 0 & 0 & 0 & \Sigma_h \end{pmatrix} \right) \tag{5.9}$$

其中，$t = s+1, \cdots, n$；Σ_β、Σ_a 和 Σ_h 为对角形矩阵，表示不同方程的同期关系相互独立。并且，同时假定初始值 $\beta_{s+1} \sim N(\mu_{\beta 0}, \Sigma_{\beta 0})$，$a_{s+1} \sim N(\mu_{a0}, \Sigma_{a0})$，$h_{s+1} \sim N(\mu_{h0}, \Sigma_{h0})$。

在贝叶斯分析框架内，模型参数的估计主要依赖于马尔可夫链蒙特卡罗

（Markov chain Monte Carlo，MCMC）方法来完成。该过程首先确定参数的先验概率分布，以提供 MCMC 算法所需的初始迭代值。接着，MCMC 算法通过顺序抽样，计算出参数的条件后验概率，从而构建出参数的条件后验分布。最终，通过构建合适的冲击矩阵，对简化形式的冲击进行重新组合，以确保满足相关约束条件，进而得到脉冲响应的冲击结果。

5.2.2 原油价格变动对能源行业的影响

1. 数据选取

选取 WTI 原油期货价格代表国际油价，选择上证能源指数代表中国能源行业市场。样本区间为 2006 年 11 月至 2023 年 7 月，数据来源于英为财情。

图 5.15 为 2006 年 11 月到 2023 年 7 月间 WTI 原油期货价格与上证能源指数的走势图。

图 5.15 WTI 原油期货价格与上证能源指数

可以看到中国上证能源指数与 WTI 原油期货价格是存在一定的相关性的。在金融危机和新冠疫情时期的下降与回升，两条曲线的走势是一致的，但是在价格平稳阶段，如 2011 年至 2014 年，WTI 原油期货价格和上证能源指数的走势是相反的。通过图 5.15 可以看到，WTI 原油期货价格和上证能源指数之间的关系并不是一致的，而是随着时间改变的，因此需要选择考虑时变的模型进行研究。

2. 单位根检验

若要建立 TVP-SV-VAR 模型进行研究，需要保证序列是平稳的，因此首先对序列进行单位根检验。分别选择 ADF 检验和 PP 检验。ADF 检验对滞后阶数比较敏感，若阶数太小，扰动项可能存在自相关，使检验结果存在偏差；若阶数太大，可能使检验的功效降低。PP 检验考虑了异方差自相关的稳健标准误，同时不必指定滞后项的滞后阶数。ADF 检验和 PP 检验的原假设都是"序列不平稳"，对于功效不高的单位根检验来说，犯第二类错误的概率较高。通过这两种检验共同判断序列的平稳性，准确性更高。

单位根检验结果如表 5.3 所示。WTI 原油期货价格（WTI）原序列的 ADF 检验和 PP 检验均在 5%的显著性水平上拒绝原假设，说明序列平稳。同样地，上证能源指数（SH）的 ADF 检验在 5%的显著性水平上拒绝原假设，PP 检验在 10%的显著性水平上拒绝原假设，说明序列平稳。因此，选择 WTI 原油期货价格和上证能源指数的原序列进行建模。

表 5.3 变量单位根检验（二）

变量	检验形式（c, t）	ADF 检验 滞后阶数	ADF 检验 检验量	PP 检验
WTI	(c, t)	2	−3.691**	−3.820**
SH	($c, 0$)	2	−3.036**	−2.773*

注：检验形式（c, t）分别表示在单位根检验方程中包含截距项和趋势项

*、**分别表示在10%、5%的显著性水平上显著

由于 TVP-SV-VAR 模型的待估参数较多，因此多数学者通过固定系数 VAR 模型的信息准则来选择滞后阶数（刘永余和王博，2015）。根据 AIC、HQIC（Hannan-Quinn information criterion，汉南-奎因信息准则）和 SBIC（singular Bayesian information criterion，奇异贝叶斯信息准则），选择滞后 2 阶的模型。根据图 5.16 的单位根检验结果，所有特征根都在单位圆内，建立的滞后 2 阶的模型是平稳的。

3. TVP-SV-VAR 模型估计结果

接下来建立 TVP-SV-VAR 模型进行分析。表 5.4 为模型的估计结果。从表 5.4 中可以看出，所有参数的后验均值都落在 95%置信区间之内；收敛性诊断（convergence diagnostic，CD）指标的值均低于 1.96，这表明在 5%的显著性水平下，无法拒绝参数趋向于后验分布的原假设。此外，无效因子的数值都相对较低，这进一步证实了对参数和状态变量进行的抽样过程是有效的。

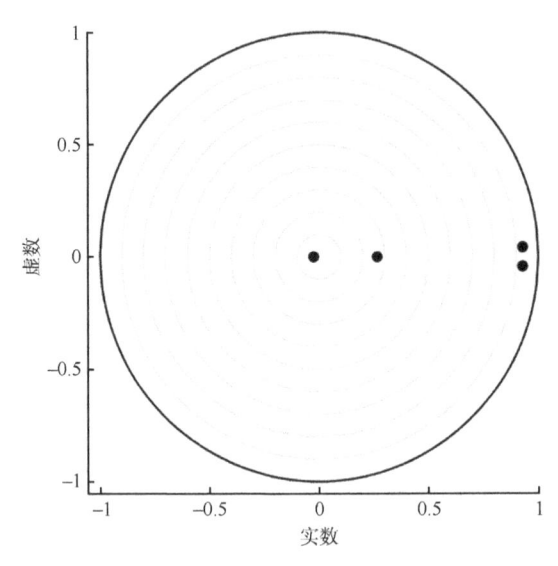

图 5.16　VAR 单位根检验（一）

表 5.4　TVP-SV-VAR 模型估计结果（一）

参数	均值	标准差	95%置信区间	CD 值	无效因子
$\Sigma_{\beta 1}$	0.0023	0.0003	[0.0018，0.0029]	0.399	12.14
$\Sigma_{\beta 2}$	0.0021	0.0002	[0.0018，0.0026]	0.568	5.95
Σ_{a1}	0.0054	0.0015	[0.0034，0.0092]	0.931	53.62
Σ_{h1}	0.0055	0.0016	[0.0034，0.0096]	0.313	65.51
Σ_{h2}	0.0055	0.0015	[0.0035，0.0089]	0.449	51.25

图 5.17 展示了所选参数的样本自相关函数、抽样路径和后验密度。可以看到在除去老化期的样本后，样本的抽样路径趋于稳定，没有很多异常值，样本的自相关系数稳定下降，说明 MCMC 抽样方法是稳定有效的，结果是收敛的。

4. 脉冲响应

图 5.18 分别展现了不同时点上滞后 1 期和滞后 2 期，上证能源指数对 WTI 原油期货价格一个标准差冲击的响应。可以看到，滞后 1 期和滞后 2 期的反应相似。以滞后 2 期为例，在 2012～2014 年，上证能源指数对 WTI 原油期货价格一个标准差冲击的响应变化波动很大，滞后 2 期的最大响应可以达到-150.2（2012年 11 月），最低达到-36.5（2013 年 3 月），其他时期的响应基本在-100 左右。2012年美国及欧盟对伊朗实施全面制裁，中东地区的原油产量下降，而同时各国的经济刺激政策提振了复苏信心，导致 2012～2014 年原油价格在 80～110 美元/桶高位震荡。

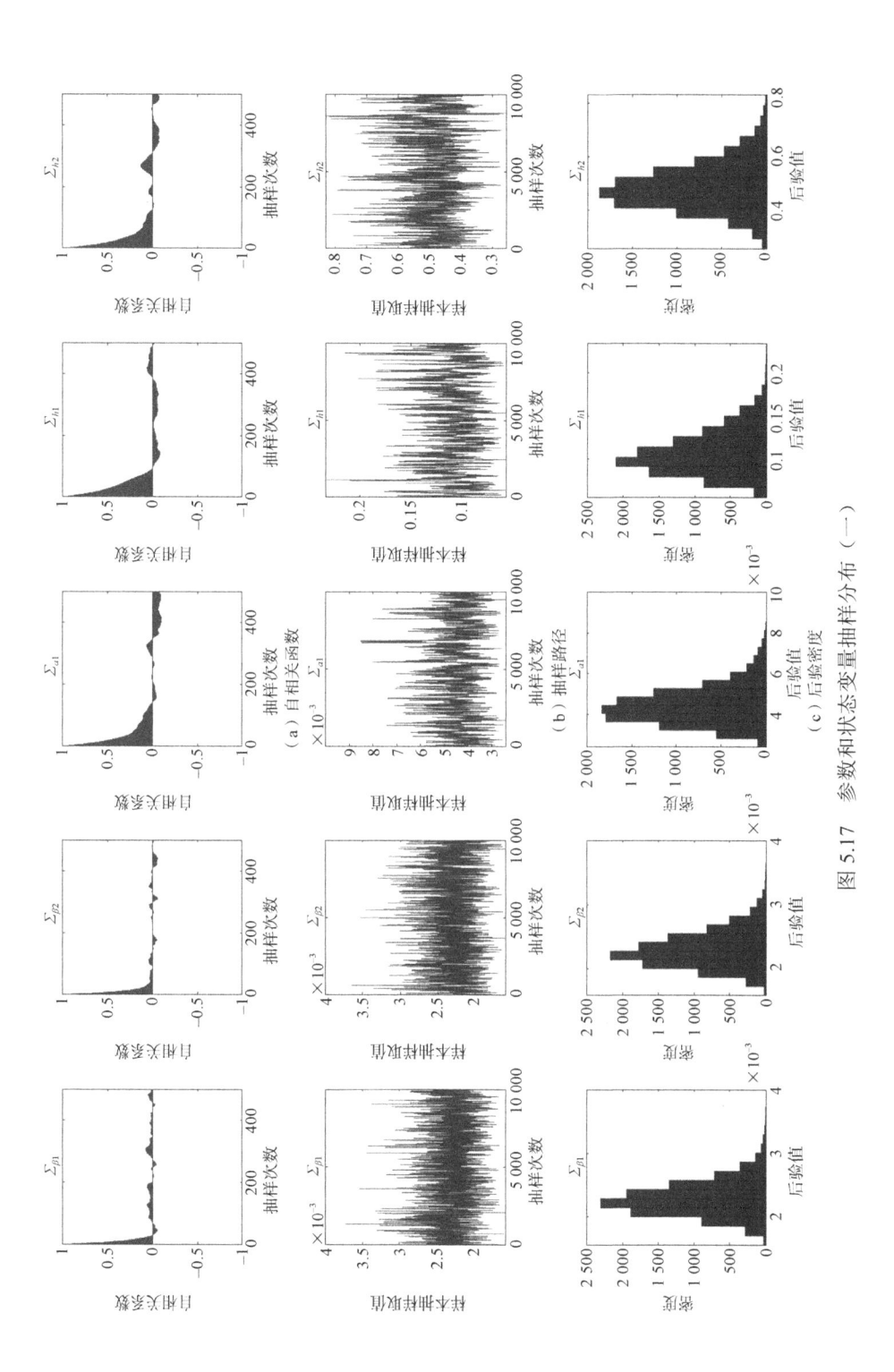

图 5.17 参数和状态变量抽样分布（一）

而这几年间，上证能源指数一直呈下降趋势。2022年2月到2022年7月间，上证能源指数的响应变化也较大。2022年2月14日，普京宣布对乌克兰采取特别军事行动，俄乌冲突爆发。受此影响，原油价格快速上涨，2022年3月7日，WTI原油期货价格达到133.46美元/桶，Brent原油期货价格达到139.13美元/桶，这是2008年7月以来的最高价格。美国及其他西方国家对俄罗斯采取的一系列制裁措施，使油价持续高位震荡。原油价格反常的运行走势，使得上证能源指数的响应偏离常态。

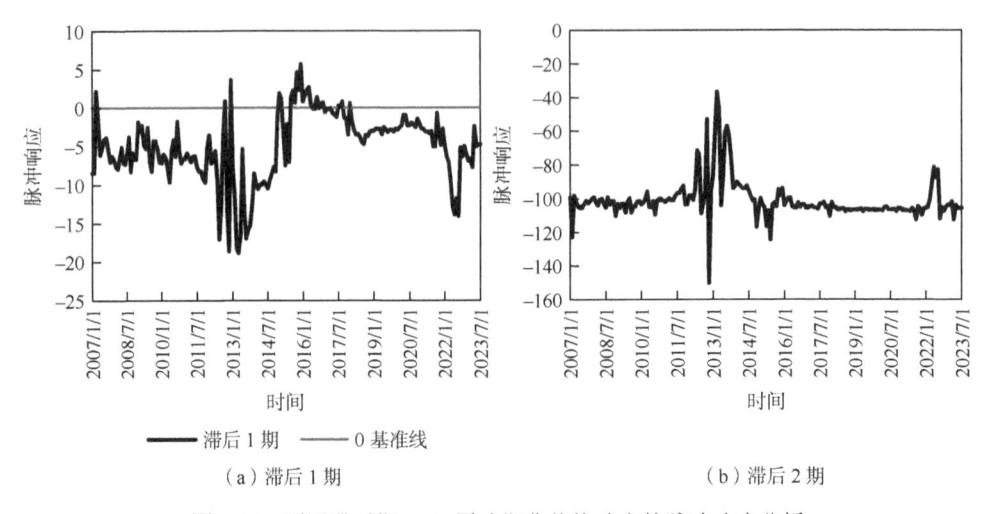

（a）滞后1期

（b）滞后2期

图5.18 不同滞后期WTI原油期货价格冲击的脉冲响应分析

图5.19展现了在不同时点上对WTI原油期货价格实施一个标准差冲击后，上证能源指数在接下来12期的响应。分别选择油价的极大值点2008年6月和2022年5月，极小值点2009年1月和2020年4月进行研究。2008年6月是金融危机爆发前油价快速上涨的阶段；2022年5月是俄乌冲突和美欧对俄罗斯的相关制裁导致的油价快速上涨阶段。可以看到，金融危机时上证能源指数对WTI原油期货价格冲击的响应更加剧烈，且在12期内有愈演愈烈的趋势。2009年1月是金融危机导致的油价快速下跌阶段，2020年4月是因为新冠疫情导致全世界范围内停工停产，能源需求急剧下降，原油价格快速下跌阶段。这两个时点都是因需求不足造成的价格下跌。但是，可以明显看到，新冠疫情期间上证能源指数对WTI原油期货价格冲击的响应更加剧烈，低于-4000。这是因为，2020年4月时，疫情几乎导致世界范围内所有企业停工停产，原油等能源需求呈现断崖式下跌，原油的价格也处在极低的水平，此时原油价格很小的变动都会导致国内能源行业的较大变化。

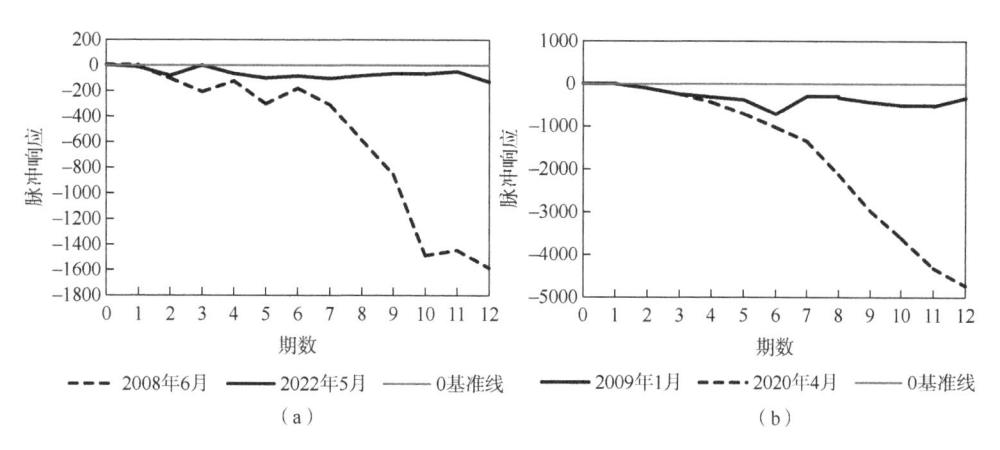

图 5.19 不同时点 WTI 原油期货价格冲击的脉冲响应分析

5.2.3 铜价格变动对工业的影响

1. 数据选取

选取 LME（London Metal Exchange，伦敦金属交易所）铜期货价格代表国际铜价，选择沪深 300 工业指数代表工业行业。样本区间为 2002 年 1 月至 2023 年 7 月，数据来源于 Wind 数据库。

图 5.20 为 2002 年 1 月到 2023 年 7 月间 LME 铜期货价格与沪深 300 工业指数的走势图。

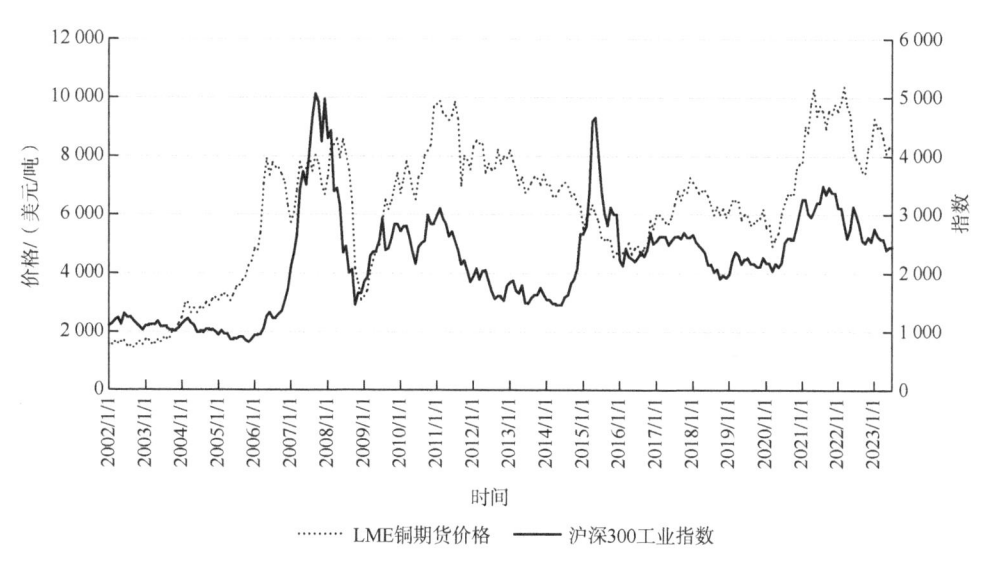

图 5.20 LME 铜期货价格与沪深 300 工业指数

可以看到，沪深 300 工业指数与 LME 铜期货价格是存在一定的相关性的。在金融危机和新冠疫情时期的下降与回升，两条曲线的走势是一致的，但是在较为平稳运行的时候，如 2014 年至 2016 年，沪深 300 工业指数与 LME 铜期货价格是相反的。通过图 5.20 可以看到，沪深 300 工业指数与 LME 铜期货价格之间的关系并不是一致的，而是随着时间改变的，因此需要选择考虑时变的模型进行研究。

2. 单位根检验

同样使用 ADF 检验和 PP 检验进行单位根检验，结果如表 5.5 所示。可以看到 LME 铜期货价格（Copper）和沪深 300 工业指数（CSI）的原序列都是不平稳的。接下来对 LME 铜期货价格和沪深 300 工业指数取对数后进行一阶差分，这比简单取一阶差分更具有经济意义，为对数收益率。可以看到 D.lnCopper 和 D.lnCSI 的 ADF 检验和 PP 检验均在 1% 的显著性水平上拒绝原假设，说明序列平稳。因此，选择 LME 铜期货价格和沪深 300 工业指数的对数一阶差分序列进行研究。

表 5.5 变量单位根检验（三）

变量	检验形式 (c, t)	ADF 检验 滞后阶数	ADF 检验 检验量	PP 检验
Copper	(c, t)	2	−2.729	−2.544
CSI	(c, t)	2	−3.125	−2.917
D.lnCopper	$(0, 0)$	1	−8.805***	−13.852***
D.lnCSI	$(0, 0)$	1	−9.196***	−14.646***

注：D.表示差分形式。检验形式 (c, t) 分别表示在单位根检验方程中包含截距项和趋势项
***表示在 1% 的显著性水平上显著

根据 AIC、HQIC 和 SBIC，选择滞后 1 阶的模型。根据图 5.21 的单位根检验结果，所有特征根都在单位圆内，因此本节建立的滞后 1 阶的模型是平稳的。

3. TVP-SV-VAR 模型估计结果

通过单位根检验后，可以建立 TVP-SV-VAR 模型进行分析。表 5.6 为 TVP-SV-VAR 模型的估计结果。从表 5.6 中可以看出，所有参数的后验均值都落在 95% 置信区间之内；CD 值均低于 1.96，这表明在 5% 的显著性水平下，无法拒绝参数趋向于后验分布的原假设。此外，无效因子的数值都相对较低，这进一步证实了对参数和状态变量进行的抽样过程是有效的。

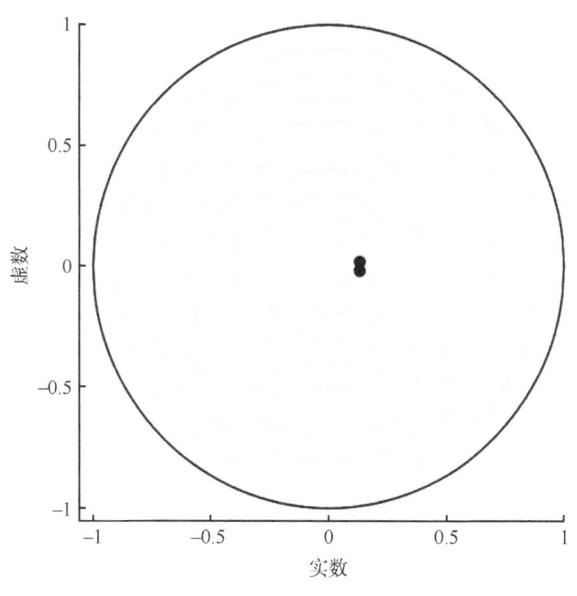

图 5.21 VAR 单位根检验（二）

表 5.6 TVP-SV-VAR 模型估计结果（二）

参数	均值	标准差	95%置信区间	CD 值	无效因子
$\Sigma_{\beta 1}$	0.0023	0.0003	[0.0018, 0.0029]	0.597	12.98
$\Sigma_{\beta 2}$	0.0023	0.0003	[0.0018, 0.0029]	0.231	12.50
$\Sigma_{a 1}$	0.0054	0.0014	[0.0034, 0.0089]	0.432	60.09
$\Sigma_{h 1}$	0.0071	0.0037	[0.0035, 0.0189]	0.153	189.27
$\Sigma_{h 2}$	0.1793	0.0486	[0.1007, 0.2943]	0.006	60.75

图 5.22 展示了所选参数的样本自相关函数、抽样路径和后验密度。可以看到在除去老化期的样本后，样本的抽样路径趋于稳定，没有很多异常值，样本的自相关系数稳定下降，说明 MCMC 抽样方法是稳定有效的，结果是收敛的。

4. 脉冲响应

图 5.23 分别展现了不同时点上滞后 1 期和滞后 2 期，沪深 300 工业指数对 LME 铜期货价格一个标准差冲击的响应。可以看到，滞后 1 期和滞后 2 期的反应相似。以滞后 2 期为例，给 LME 铜期货价格一个标准差的冲击，沪深 300 工业指数的响应都为负值，但是 2008~2011 年的响应程度较小，而自 2018 年以来，响应程度越来越大。究其原因，是 2008~2011 年受到金融危机和各国经济复苏政策的影响，铜期货价格一直在高位震荡，但是各国的经济增长速度开始放缓，中

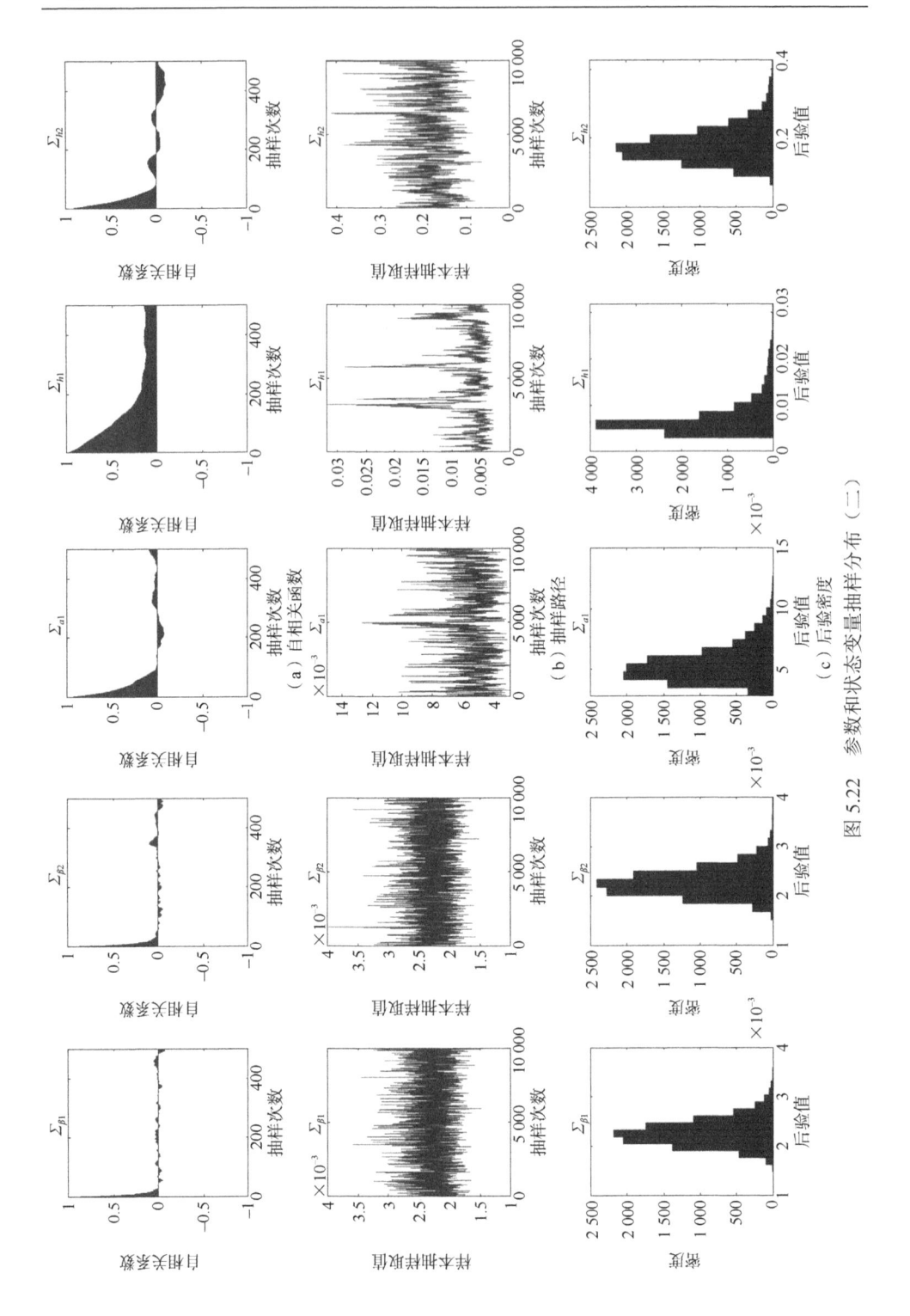

图 5.22 参数和状态变量抽样分布（二）

国的沪深 300 工业指数也在比较低的位置运行，二者的联动性有所减少。但是随着后来二者联动性的增强，沪深 300 工业指数的响应也更加剧烈。

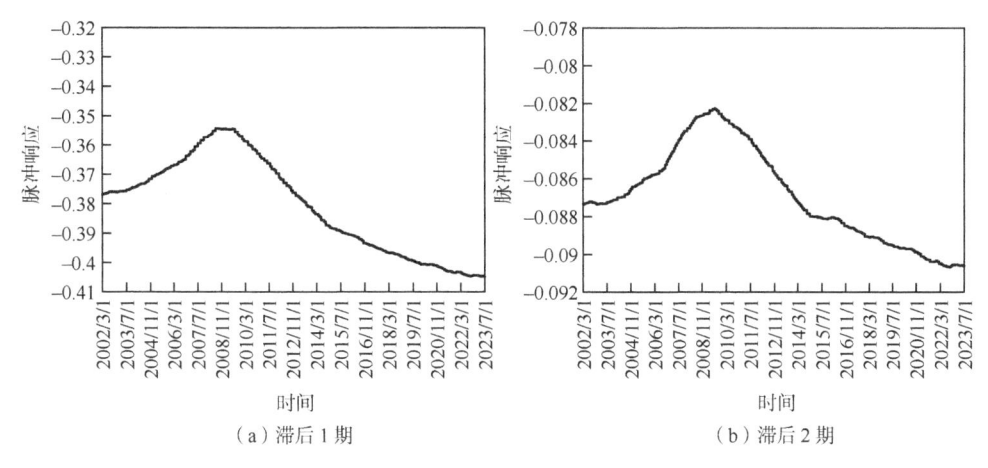

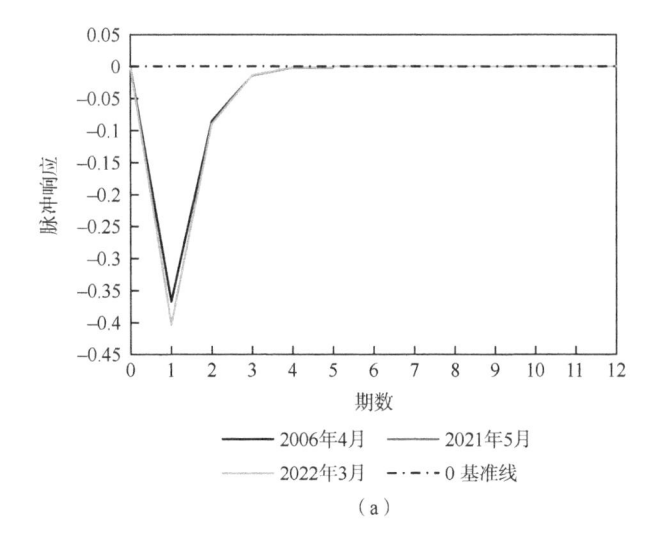

（a）滞后 1 期　　　　　　　　　　（b）滞后 2 期

图 5.23　不同滞后期 LME 铜期货价格冲击的脉冲响应分析

图 5.24 展现了在不同时点上对 LME 铜期货价格实施一个标准差冲击后，沪深 300 工业指数在接下来 12 期的响应。同样，图 5.24（a）是极大值点冲击时的响应，图 5.24（b）是极小值点冲击时的响应。可以看到，这几个时间点的冲击，沪深 300 工业指数在 12 期内的响应是相似的，都是在第 1 期增大，从第 2 期开始慢慢减小后，在长期趋于 0。

（a）

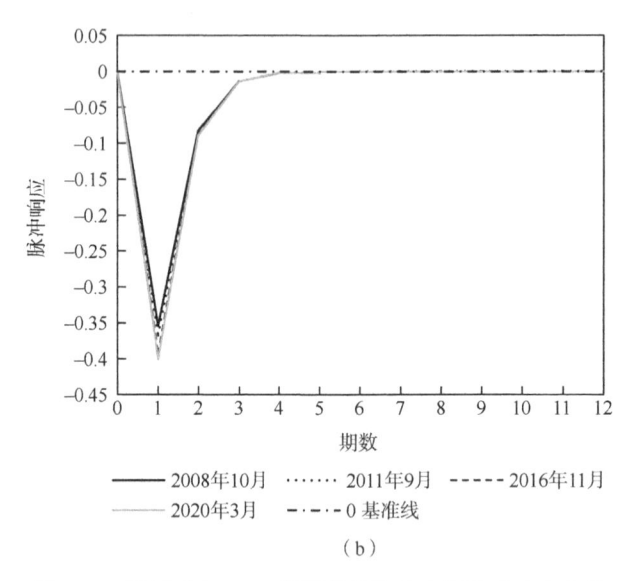

图 5.24　不同时点 LME 铜期货价格冲击的脉冲响应分析

5.2.4　大豆价格变动对豆油行业的影响

1. 数据选取

选取 CBOT（Chicago Board of Trade，芝加哥商品交易所集团）大豆期货价格代表国际大豆价格，选择大连商品交易所（简称大商所）的豆油期货代表国内豆油行业。样本区间为 2006 年 1 月至 2023 年 7 月。CBOT 大豆期货价格数据来源于英为财情，豆油期货价格数据来源于 Wind 数据库。

图 5.25 为 2006 年 1 月到 2023 年 7 月间 CBOT 大豆期货价格与大商所豆油期货价格的走势图。可以看到大商所豆油期货价格与 CBOT 大豆期货价格是存在一定的相关性的。在金融危机和疫情时期的下降与回升，两条曲线的走势是一致的，但是在较为平稳运行的时候，如 2013 年至 2014 年，大商所豆油期货价格与 CBOT 大豆期货价格是不一致的。通过图 5.25 可以看到，大商所豆油期货价格与 CBOT 大豆期货价格之间的关系并不是完全统一的，而是随着时间改变的，因此需要选择考虑时变的模型进行研究。

2. 单位根检验

使用 ADF 检验和 PP 检验进行单位根检验，结果如表 5.7 所示。可以看到 CBOT 大豆期货价格（Soybean）和大商所豆油期货价格（Soybean_Oil）的原序列都是不平稳的。接下来对 CBOT 大豆期货价格和大商所豆油期货价格取对数后差分，这

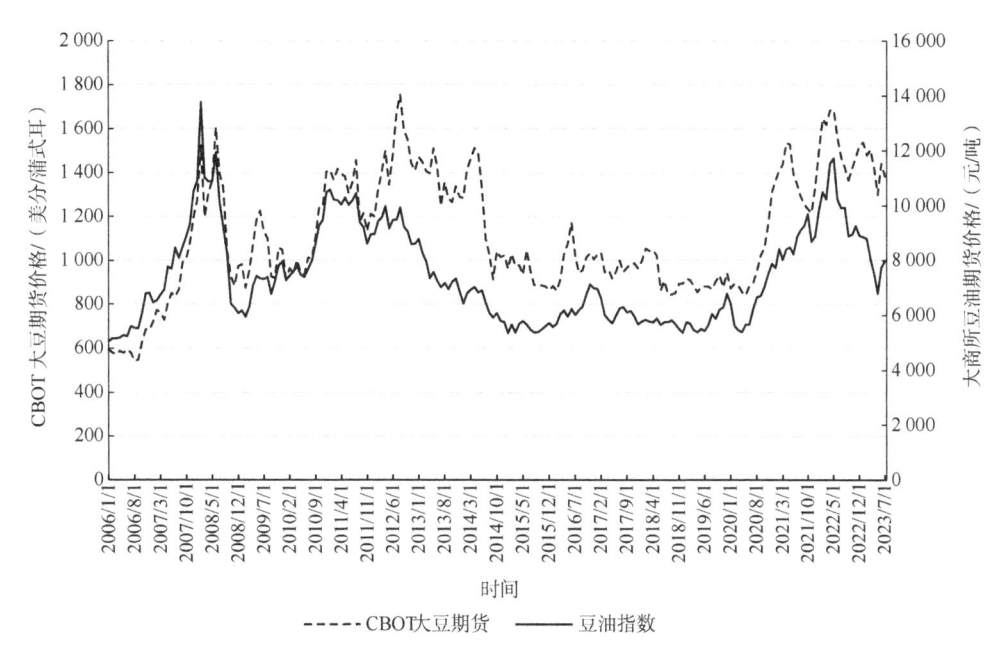

图 5.25 CBOT 大豆期货价格与大商所豆油期货价格

1 蒲式耳=3.523 91×10⁻² 立方米=35.239 升

比简单差分更具有经济意义,为对数收益率。可以看到 D.Soybean 和 D.Soybean_Oil 的 ADF 检验和 PP 检验均在 1%的显著性水平上拒绝原假设,说明序列平稳。因此,选择 CBOT 大豆期货价格和大商所豆油期货价格的对数差分序列进行研究。

表 5.7 变量单位根检验(四)

变量	检验形式(c, t)	ADF 检验 滞后阶数	ADF 检验 检验量	PP 检验
Soybean	(c, t)	2	−3.001	−2.784
Soybean_Oil	(c, t)	2	−2.672	−2.639
D.Soybean	(0, 0)	1	−9.331***	−13.707***
D.Soybean_Oil	(0, 0)	1	−8.664***	−13.507***

注:D.表示差分形式。检验形式(c, t)分别表示在单位根检验方程中包含截距项和趋势项
***表示在 1%的显著性水平上显著

根据 AIC、HQIC 和 SBIC,选择滞后 1 阶的模型。根据图 5.26 的单位根检验结果,所有特征根都在单位圆内,建立的滞后 1 阶的模型是平稳的。

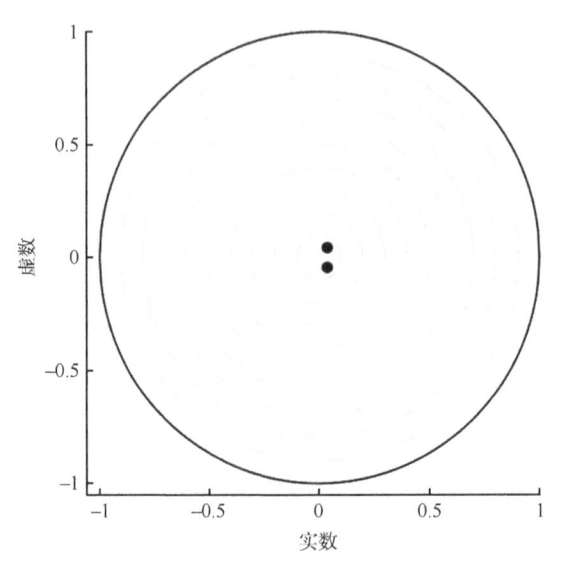

图 5.26　VAR 单位根检验（三）

3. TVP-SV-VAR 模型估计结果

接下来建立 TVP-SV-VAR 模型进行分析。表 5.8 为模型的估计结果。从表 5.8 中可以看出，所有参数的后验均值都落在 95%置信区间之内；CD 值均低于 1.96，这表明在 5%的显著性水平下，无法拒绝参数趋向于后验分布的原假设。此外，无效因子的数值都相对较低，这进一步证实了对参数和状态变量进行的抽样过程是有效的。

表 5.8　TVP-SV-VAR 模型估计结果（三）

参数	均值	标准差	95%置信区间	CD 值	无效因子
$\Sigma_{\beta 1}$	0.0023	0.0003	[0.0018, 0.0029]	0.224	10.01
$\Sigma_{\beta 2}$	0.0023	0.0003	[0.0018, 0.0028]	0.854	10.27
Σ_{a1}	0.0064	0.0023	[0.0035, 0.0122]	0.701	73.05
Σ_{h1}	0.0064	0.0026	[0.0035, 0.0132]	0.114	115.38
Σ_{h2}	0.0059	0.0021	[0.0034, 0.0109]	0.500	87.68

图 5.27 展示了所选参数的样本自相关函数、抽样路径和后验密度。可以看到在除去老化期的样本后，样本的抽样路径趋于稳定，没有很多异常值，样本的自相关系数稳定下降，说明 MCMC 抽样方法是稳定有效的，结果是收敛的。

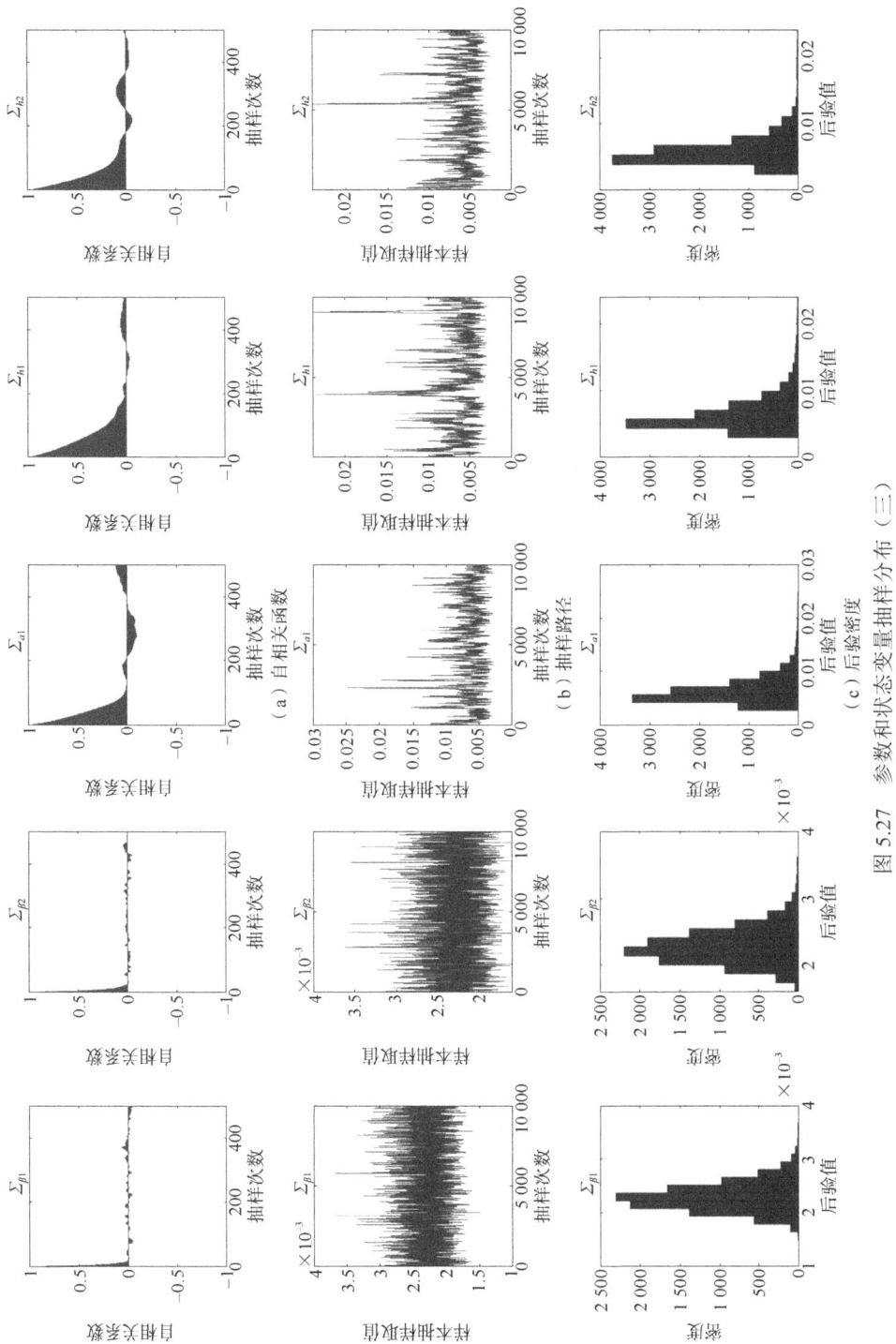

第 5 章 大宗商品价格变动对经济的影响

图 5.27 参数和状态变量抽样分布（三）

4. 脉冲响应

图 5.28 分别展现了不同时点上滞后 1 期和滞后 2 期，大商所豆油期货价格对 CBOT 大豆期货价格一个标准差冲击的响应。可以看到，滞后 1 期和滞后 2 期的虽然都是负向响应，但变化是不同的。滞后 1 期时，给 CBOT 大豆期货价格一个标准差的冲击，大商所豆油期货价格的响应在后面几年越来越小，而滞后 2 期时，给 CBOT 大豆期货价格一个标准差的冲击，大商所豆油期货价格的响应在后面几年越来越大。说明，近几年，CBOT 大豆期货价格滞后 2 期的影响开始增大，而滞后 1 期的影响不断缩小。

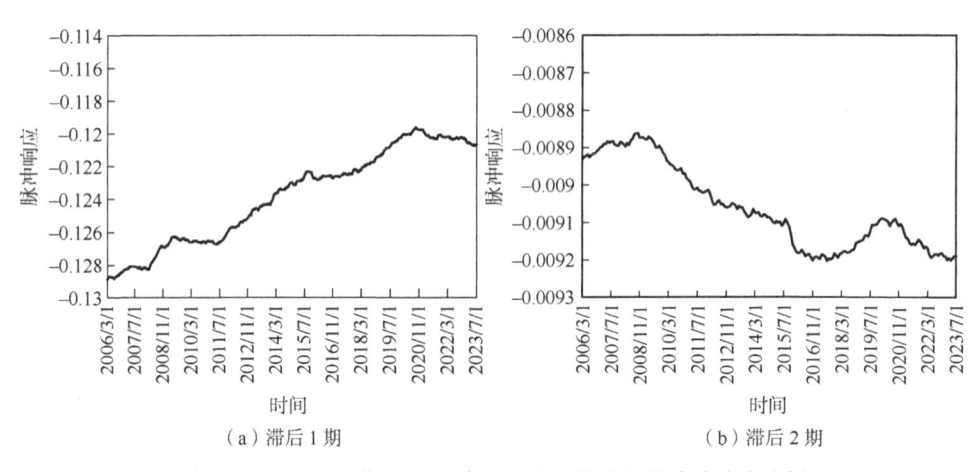

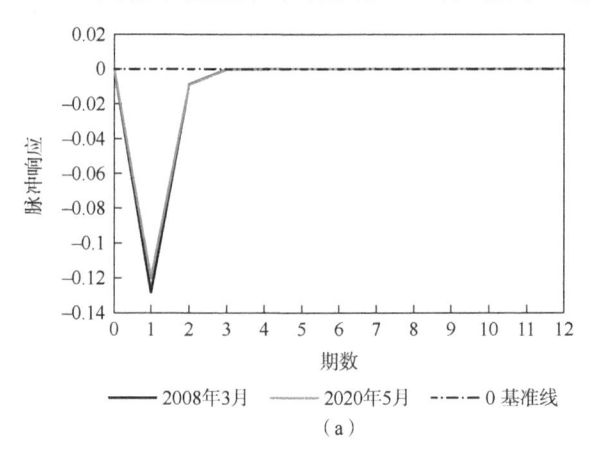

（a）滞后 1 期 　　　　　（b）滞后 2 期

图 5.28 不同滞后期 CBOT 大豆期货价格冲击的脉冲响应分析

图 5.29 展现了在不同时点上对 CBOT 大豆期货价格实施一个标准差冲击后，大商所豆油期货价格在接下来 12 期的响应。同样，图 5.29（a）是极大值点冲击时的响应，图 5.29（b）是极小值点冲击时的响应。可以看到，这几个时间点的冲

（a）

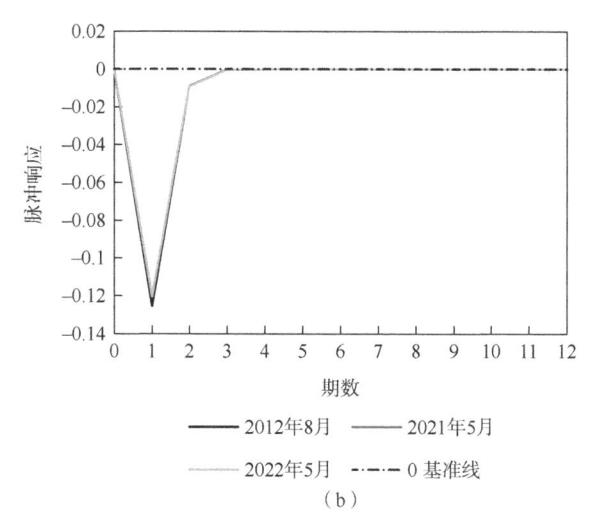

图 5.29 不同时点 CBOT 大豆期货价格冲击的脉冲响应分析

击，大商所豆油期货价格在 12 期内的响应是相似的，都是在第 1 期增大，从第 2 期开始慢慢减小后，在长期趋于 0。

5.2.5 结果讨论

总的来说，原油价格变动对能源行业的影响路径，更容易受到重大危机事件的冲击。2012 年至 2014 年和 2022 年 2 月至 2022 年 7 月间，上证能源指数对 WTI 原油期货价格滞后 1 期和滞后 2 期标准差的响应更加剧烈，这两个时间段分别对应美欧对伊朗制裁，俄乌冲突及美欧对俄制裁。在特定时点进行冲击时，发现在 12 期的响应中，新冠疫情的影响＞金融危机的影响＞俄乌冲突的影响。

铜价格变动对工业的影响、大豆价格变动对豆油行业的影响，具有一定的相似性。二者对重大危机事件的影响并不敏感，在特定时点进行冲击时，发现响应都是在第 1 期增大，从第 2 期开始慢慢减小后，在长期趋于 0。不同的是，当在全样本期，给予大宗商品价格滞后 1 期和滞后 2 期的冲击时，沪深 300 工业指数在 2008 年至 2011 年的响应程度有所减弱，是因为 2008 年至 2011 年，受到金融危机和各国经济复苏政策的影响，铜期货价格一直在高位震荡，但是中国经济进入稳发展、调结构阶段，中国的沪深 300 工业指数也在比较低的位置运行，二者的联动性有所减少。对中国豆油行业来说，CBOT 大豆期货价格滞后 2 期的影响不断增大，而滞后 1 期的影响不断缩小。

5.3 本章小结

本章探究了在重大危机事件下，大宗商品价格变动是如何影响中国经济的。主要从两个方面进行了探索：大宗商品价格变动对中国宏观经济的影响；大宗商品价格变动对重点相关行业的影响。

在宏观经济方面，探究了成品油价格管制在国际原油价格对中国经济传导中的作用。发现，在 2009 年 5 月实施成品油定价新政策后，中国的成品油价格管制水平大幅下降。这之后，价格管制起到良好的"减震器"作用，不管是在油价上涨还是下跌时，都能在一定程度上促进工业投资增加和 GDP 增长，有效缓解了油价波动对中国经济运行的冲击。

在重点相关行业的研究方面，使用 TVP-SV-VAR 模型，分别探究了原油价格变动对能源行业的影响，铜价格变动对工业的影响，大豆价格变动对豆油行业的影响。发现，原油价格变动对能源行业的影响路径更容易受到重大危机事件的冲击。而在特定时点冲击时，新冠疫情的影响＞金融危机的影响＞俄乌冲突的影响。

本章的研究结论一方面丰富了原油价格变动对中国经济的传导路径，证实了重大危机事件冲击下，国际大宗商品价格变动与相关行业之间的关系；另一方面也提示了，在中国经济转型过程中，适度的价格管制符合中国稳中求进的经济总基调，有利于中国经济的平稳运行和长期增长。

第6章　考虑重大危机事件的大宗商品价格预测

前文分析了重大危机事件下大宗商品价格的传导路径。重大危机事件会给大宗商品价格带来明显的短期和长期影响，尤其是短期影响剧烈。大宗商品价格变动又会通过成本渠道和价格渠道传导至宏观经济，影响工业产出和投资，并对重点相关行业的运行造成冲击。为了应对大宗商品价格变动的影响，在理解价格变动路径的基础上，对价格进行预测是一个有效的方法。通过上文分析，发现重大危机事件往往对应着大宗商品价格的转折点。因此，在预测模型中引入重大危机是非常必要的。

现有文献多采用状态切换或模式识别的方法预测历史数据中的转折点（Chai et al.，2018b；Lu et al.，2020），也有学者采用机器学习方法预测大宗商品价格的转折点（Cheng et al.，2018）。但是这些文献都是基于大宗商品价格的时间序列数据进行判断，并没有考虑事件本身的影响。同时，不同事件对大宗商品价格的影响渠道不同，也就导致大宗商品价格有不同程度和方向的变动。基于此，本章提出一种考虑重大危机事件影响渠道的大宗商品价格预测方法，提高大宗商品价格趋势预测和转折点预测的精度。鉴于原油价格的代表性，本章同样以原油价格为例进行分析。

本章的边际贡献在于：第一，在油价预测中考虑重大危机事件的影响渠道。现有文献较少在预测中纳入重大危机事件，更没有考虑事件的影响渠道。加入不同事件的不同影响渠道，可以提高油价趋势预测的精度，同时帮助识别预测油价的转折点，这是在油价预测中最有价值的一点。第二，使用区间模型进行区间数据预测，捕捉更多信息。目前的油价预测多采用点值数据，存在的潜在问题是，丢失了波动性信息（Sun et al.，2018）。例如，2008年8月5日和2022年3月9日出现的中点分别约为118.48美元每桶和118.62美元每桶。然而，前者的波动幅度约为3.14美元，远小于后者的波动幅度（即26.04美元）。因此，使用区间数据可以在相同时期包含更多信息，从而可靠地预测原油价格的变化。第三，提出CRP-MIF-F的研究框架预测油价。这一研究框架包含渠道判断和预测两大部分，可以将不同影响渠道的不同事件有效纳入油价预测模型，提升预测精度。同时，这一研究框架也为类似问题提供了相应的研究范式，即：大宗商品价格的预测中如何纳入不同重大危机事件的影响，帮助提升预测效果，从而帮助投资者和政策制定者进行资金部署和战略调整。

6.1 研究方法

6.1.1 CRP-MIF-F 预测框架设计

如图 6.1 所示，研究框架主要包括两部分内容，首先判断事件的影响渠道，得到影响渠道后，再考虑不同事件的不同影响渠道进行预测。

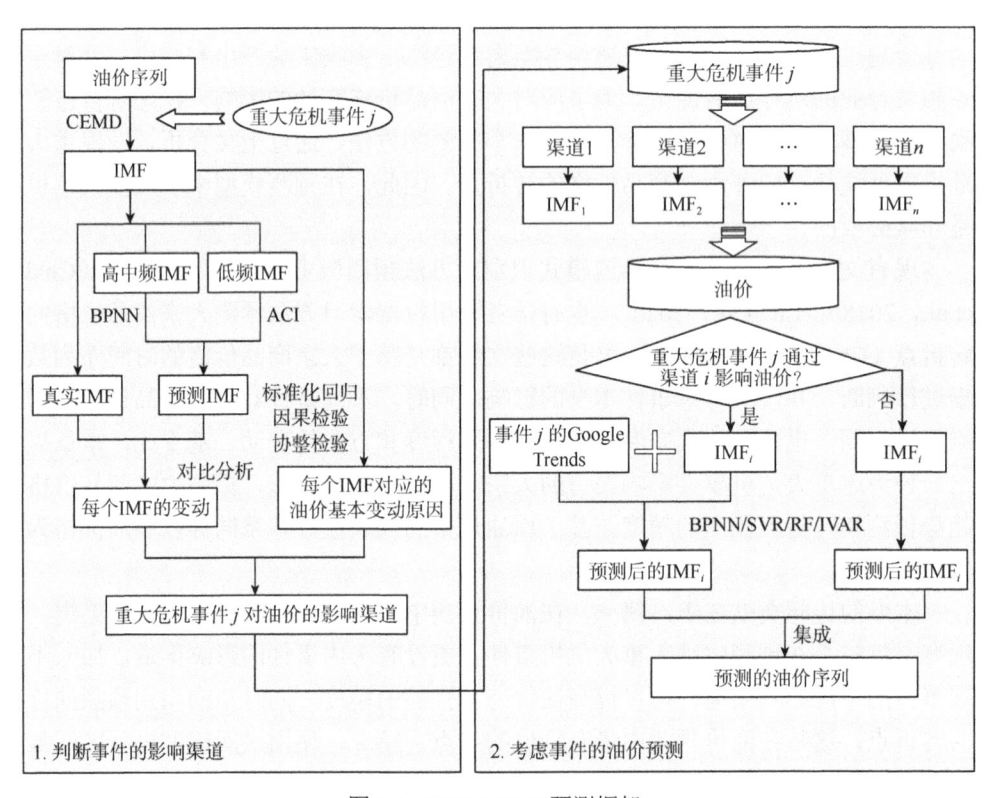

图 6.1 CRP-MIF-F 预测框架

影响渠道的判断根据 3.2 节的方法进行。首先使用 CEMD 方法对原油价格进行分解，得到最高价和最低价的子序列 IMF，这些子序列可以根据频率分为高频子序列、中频子序列和低频子序列。确定重大危机事件 j 的事件窗和估计窗后，采用估计窗的 IMF 进行事件窗预测，就可以得到不受事件影响的 IMF 的走势。其次，将事件窗油价真实的 IMF 与预测得到的 IMF 进行对比，就可以得到事件 j 对每个 IMF 的影响程度。最后，通过标准化回归、因果检验、协整检验等方法，寻找每个 IMF 对应的影响因素，如投机、库存、供给、需求等，就可以得到每个事件 j 对油价的影响渠道 i。

得到事件 j 的影响渠道 i 后，就可以考虑利用相应事件进行油价预测。若事件 j 通过渠道 i 影响油价，则将事件 j 引入到 IMF_i 的预测中，事件 j 和 IMF_i 的历史数据共同构成模型的输入，输出 IMF_i 的预测数据。若事件 j 不经过渠道 i 影响油价，则在 IMF_i 的预测中不考虑事件 j，只使用 IMF_i 的历史数据。预测中，使用 Google Trends（谷歌趋势）代表事件。最后，将各个预测后的 IMFs 进行集成，得到最后的油价预测序列。

6.1.2 ACI 模型

Han 等（2016）提出的 ACI 模型是一种针对区间时间序列数据分析的模型，该模型本质上是基于点数据的自回归移动平均模型（ARMA(p,q)模型）在区间数据上的扩展。ACI(p,q)模型是对区间时间序列的条件均值建模，将线性时间序列模型从点值变量拓展到取值为集合型的区间随机变量，研究了区间整体的演变过程。其具体形式如下：

$$Y_t = \alpha_0 + \beta_0 I_0 + \sum_{j=1}^{p} \beta_j Y_{t-j} + \sum_{j=1}^{q} \gamma_j u_{t-j} + u_t \tag{6.1}$$

其中，α_0、$\beta_j(j=0,\cdots,p)$、$\gamma_j(j=0,\cdots,q)$ 为待估计的参数；I_0 为单位区间 $[-0.5,0.5]$；$\alpha_0 + \beta_0 I_0$ 为区间截距项；u_t 为区间扰动项。在具体应用中，Y_t 可以为区间上、下界（即 $Y_t = (L_t, H_t)^\text{T}$，$L_t \leqslant H_t$），也可以为区间中点与区间极差（$Y_t = (C_t, R_t)^\text{T}$），二者可以相互转换（$C_t = (L_t + H_t)/2$，$R_t = (H_t - L_t)$）。ACI 模型捕捉了二值变量之间的关系，并且能够捕捉一些如波动聚类、水平效应等特征。

估计方法方面，本章采用了 Han 等（2016）提出的最小 D_K 距离估计方法，估计上述区间数据模型的参数。假设区间数据回归模型的参数向量为 $\theta = (\alpha_0, \beta_0, \cdots, \beta_p, \gamma_1, \cdots, \gamma_q)^\text{T}$，那么基于集合型区间样本，最小化拓展随机区间扰动项的平方和，得到模型参数估计，即

$$\hat{\theta} = \underset{\theta \in \Theta}{\text{argmin}}\, \hat{Q}_T(\theta) = \underset{\theta \in \Theta}{\text{argmin}} \sum_{t=1}^{T} q_t(\theta) \tag{6.2}$$

其中，$\hat{Q}_T(\theta)$ 为区间残差项基于 D_K 距离的平方和；$q_t(\theta) = \left\| \hat{u}_t(\theta) \right\|_K^2 = \left\| Y_t - Z_t^\text{T} \theta \right\|_K^2 = D_K^2(Y_t, Z_t^\text{T}\theta)$ 为区间残差项基于 D_K 距离的平方，Z_t 为相应参数向量 θ 的解释区间向量。

6.1.3 预测指标

为了衡量预测效果，分别选择基于区间水平和点值水平的预测指标（Lu et al., 2022），如下所示。其中，T_e 是训练集，T_f 是测试集，$T_e + T_f = T$。$\omega(\cdot)$ 是区间宽度，$R(\cdot)$ 是区间范围。ω_1、ω_2、ω_{NDS1} 和 ω_{NDS2} 是基于区间水平的预测指标。ω_1 和 ω_2 评估 Y_t 和 $\hat{Y}_t$ 的中点和范围之间的预测误差。ω_{NDS1} 和 ω_{NDS2} 表示非重叠率，测量拟合区间覆盖的实际区间和实际区间覆盖的拟合区间的平均比例（Buansing et al., 2020）。ω_L、ω_R、ω_m 和 ω_r 是基于点值水平的预测指标，即区间上界、下界、中点和范围的 RMSE。MAE_L、MAE_R、MAPE_L 和 MAPE_R 分别表示区间上界、下界的 MAE 和 MAPE，同样是基于点值水平的预测指标。

$$\omega_1 = \frac{\sum_{t=T_e+1}^{T_e+T_f} \sqrt{\left|Y_{m,t} - \hat{Y}_{m,t}\right|^2 + \left|Y_{r,t} - \hat{Y}_{r,t}\right|^2}}{T_f} \tag{6.3}$$

$$\omega_2 = \frac{\sum_{t=T_e+1}^{T_e+T_f} D_K(Y_t, \hat{Y}_t)}{T_f} \tag{6.4}$$

$$\omega_{\text{NDS1}} = \frac{1}{T_f} \sum_{t=T_e+1}^{T_e+T_f} \frac{\omega(Y_t \cup \hat{Y}_t) - \omega(Y_t \cap \hat{Y}_t)}{\omega(Y_t \cup \hat{Y}_t)} \tag{6.5}$$

$$\omega_{\text{NDS2}} = 2 - \frac{1}{T_f} \sum_{t=T_e+1}^{T_e+T_f} \frac{\omega(Y_t - \omega(\hat{Y}_t))}{R(Y_t \cup \hat{Y}_t)} \tag{6.6}$$

$$\omega_m = \sqrt{\frac{1}{T_f} \sum_{t=T_e+1}^{T_e+T_f} \left[\hat{Y}_{m,t} - Y_{m,t}\right]^2} \tag{6.7}$$

$$\omega_r = \sqrt{\frac{1}{T_f} \sum_{t=T_e+1}^{T_e+T_f} \left[\hat{Y}_{r,t} - Y_{r,t}\right]^2} \tag{6.8}$$

$$\omega_L = \sqrt{\frac{1}{T_f} \sum_{t=T_e+1}^{T_e+T_f} \left[\hat{Y}_{L,t} - Y_{L,t}\right]^2} \tag{6.9}$$

$$\omega_R = \sqrt{\frac{1}{T_f} \sum_{t=T_e+1}^{T_e+T_f} \left[\hat{Y}_{R,t} - Y_{R,t}\right]^2} \tag{6.10}$$

$$\mathrm{MAE_L} = \frac{1}{T_\mathrm{f}} \sum_{t=T_\mathrm{e}+1}^{T_\mathrm{e}+T_\mathrm{f}} \left| \hat{Y}_{\mathrm{L},t} - Y_{\mathrm{L},t} \right| \tag{6.11}$$

$$\mathrm{MAE_R} = \frac{1}{T_\mathrm{f}} \sum_{t=T_\mathrm{e}+1}^{T_\mathrm{e}+T_\mathrm{f}} \left| \hat{Y}_{\mathrm{R},t} - Y_{\mathrm{R},t} \right| \tag{6.12}$$

$$\mathrm{MAPE_L} = \frac{1}{T_\mathrm{f}} \sum_{t=T_\mathrm{e}+1}^{T_\mathrm{e}+T_\mathrm{f}} \left| \frac{\hat{Y}_{\mathrm{L},t} - Y_{\mathrm{L},t}}{Y_{\mathrm{L},t}} \right| \tag{6.13}$$

$$\mathrm{MAPE_R} = \frac{1}{T_\mathrm{f}} \sum_{t=T_\mathrm{e}+1}^{T_\mathrm{e}+T_\mathrm{f}} \left| \frac{\hat{Y}_{\mathrm{R},t} - Y_{\mathrm{R},t}}{Y_{\mathrm{R},t}} \right| \tag{6.14}$$

6.2 数 据

6.2.1 原油价格

选择 Brent 原油期货的周度价格进行研究,时间段为 2006 年 1 月 1 日至 2022 年 12 月 31 日,数据来源于英为财情,价格走势如图 6.2 所示。可以看到,在这期间,受重大危机事件的影响,原油价格剧烈波动。2007 年 1 月开始,随着房地产泡沫的不断扩大,原油价格不断上涨,并于 2008 年 7 月 11 日达到盘中最高价 147.5 美元/桶。泡沫破灭后,金融危机爆发,原油价格一路下跌,于 2008 年 12 月 24 日达到盘中最低价 36.2 美元/桶,跌幅超过 75%。随着各国经济刺激计划的实施,油价再度上升,同时受到利比亚战争的影响,价格于 2011 年 4 月 28 日达到高位 126.66 美元/桶。之后几年一直在 110 美元/桶震荡。2014 年年中,受到美国页岩油产量大增和 OPEC+产油国增产的双重影响,油价出现大幅跳水,短短一年多的时间里,Brent 原油期货价格从 2014 年 6 月 25 日的 114.65 美元/桶急剧跌至 2016 年 1 月 21 日的 29.84 美元/桶,跌幅达 74%。此后,主要产油国减产和全球经济回暖成为油价上行的主要动力,直到 2018 年中美贸易摩擦,全球经济出现不稳定的态势,原油需求增长受到拖累,油价开始下跌,直至 2019 年 12 月,油价一直在 70 美元/桶左右震荡。

2020 年新冠疫情严重影响正常的生产生活,油价也一路下跌,2020 年 4 月 20 日,WTI 原油期货价格首次跌至负值,2020 年 4 月 22 日,Brent 原油期货价格达到最低价 15.98 美元/桶。之后,受到新冠疫情缓解、经济复苏和低库存的支撑,价格开始回升。2022 年 2 月开始的俄乌冲突及后续事件导致原油价格快速上涨,2022 年 3 月 7 日,WTI 原油期货价格达到 133.46 美元/桶,Brent 原油期货价格达到 139.13 美元/桶,这是 2008 年 7 月以来的最高价格。

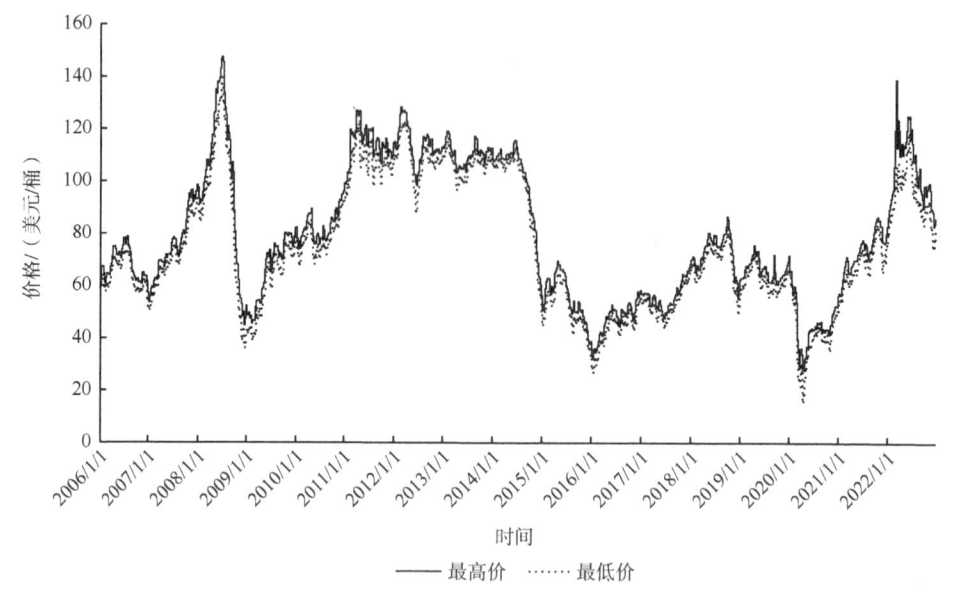

图 6.2　2006 年至 2022 年 Brent 原油期货价格走势

可以看到，油价受到重大危机事件的影响，呈现剧烈波动的特征。不同类型事件对油价的影响渠道不同，导致油价的变动方向不同、变动程度不同。因此，在油价预测中，考虑不同事件的影响，以及事件的影响渠道是非常必要的。

6.2.2　重大危机事件

本章主要关注 2006 年 1 月至 2022 年 12 月影响油价波动的重大危机事件，包括金融危机、利比亚战争、飓风、新冠疫情和俄乌冲突。

使用 Google Trends 来表示各个重大危机事件。Google Trends 是 Google 开发的一款基于搜索数据的分析工具服务，该索引显示了某一关键词和话题各个时期下与不同语言和地区在 Google 的搜索查询的频率。将关注的关键词的搜索量除以设定的地区和时间范围的总搜索量，使得数据标准化为 0~100 的范围内。选定时间段在 5 年之内，Google Trends 的频率为周度，超出 5 年为月度数据。因此，参考 Guo 和 Ji（2013）的研究将月度数据转为周度数据。

在关键词选取时，首先通过英为财情收集 5 万多条商品期货板块的新闻标题，并对这些标题做词频分析，同时使用 Google Trends 的联想功能，并参考 Guo 和 Ji（2013）的研究确定。其中，金融危机选定的关键词为 economic crisis、financial crisis、economic recession、global crisis、Lehman Brothers；利比亚战争选定的关键词为 Libya（Libya war）；飓风选定的关键词为 hurricane；新冠疫情选定的关键词为 COVID、COVID-19、coronavirus disease、coronavirus symptoms、vaccine COVID；俄乌冲突选定的关键词为 Ukraine、Ukrainian、Russia、Russian。最终得到的各事件的 Google Trends 表示如图 6.3 所示。

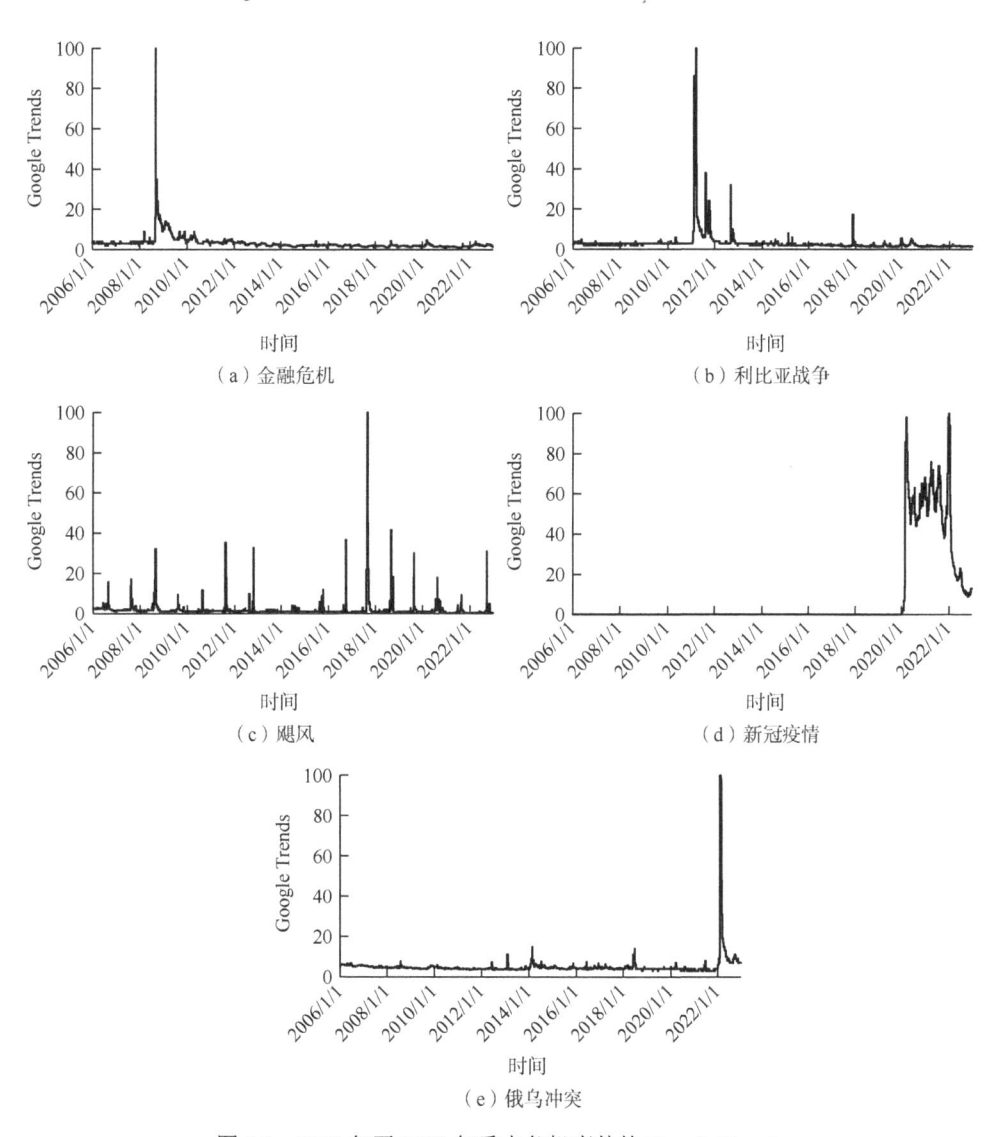

(a) 金融危机

(b) 利比亚战争

(c) 飓风

(d) 新冠疫情

(e) 俄乌冲突

图 6.3　2006 年至 2022 年重大危机事件的 Google Trends

Google Trends 标准化为 0～100

6.3 考虑重大危机事件影响渠道的原油价格预测

6.3.1 影响渠道判断

通过 3.2 节的渠道对应，IMF1 代表投机因素，IMF2 代表 OPEC+产量控制，IMF3 代表原油库存，IMF4 代表原油供给，IMF5 代表原油需求。

1. 金融危机

房地产泡沫在 2004 年到 2006 年之间形成，2007 年见顶，2008 年危机开始显现，"高潮"为雷曼兄弟倒闭。油价受到金融危机的显著影响，2008 年 7 月见顶后，一路下跌，2008 年 12 月达到最低价。因此，事件窗选为 2008 年 6 月 29 日至 2008 年 12 月 21 日，估计窗为 2006 年 9 月 3 日至 2008 年 6 月 22 日[①]。

图 6.4 为金融危机期间原油价格真实数据与预测数据的对比。

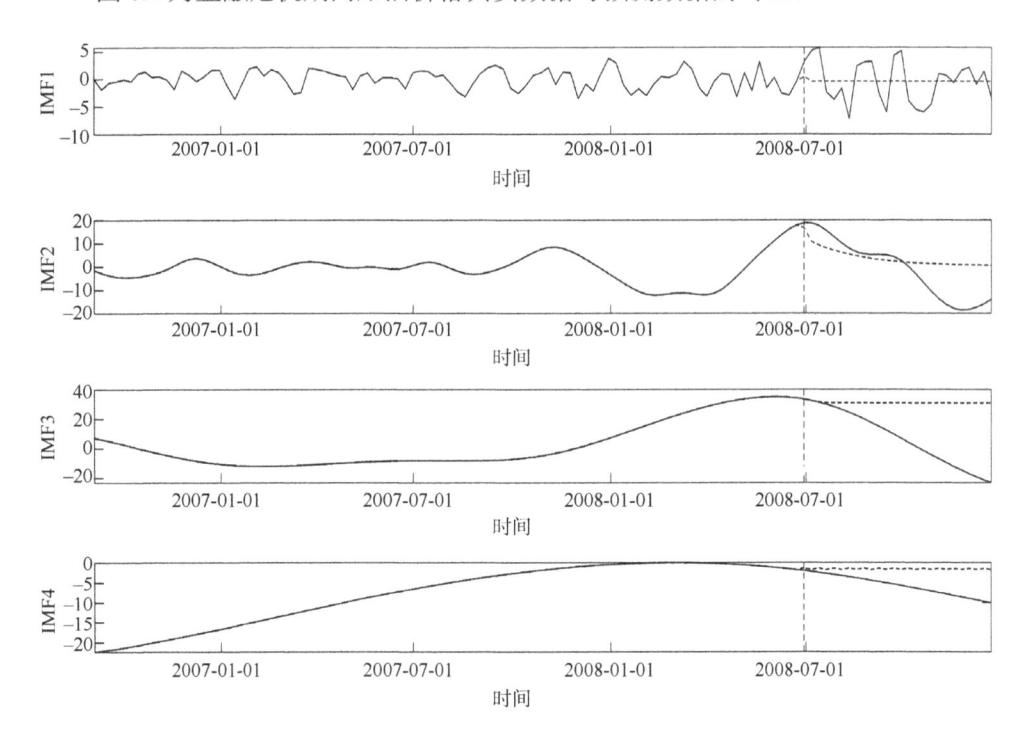

---

① 数据为周度频率，6 月 22 日为 6 月 22 日开始的一周，即 6 月 22 日至 6 月 28 日，因此估计窗和事件窗是连续的。

(a) 最高价

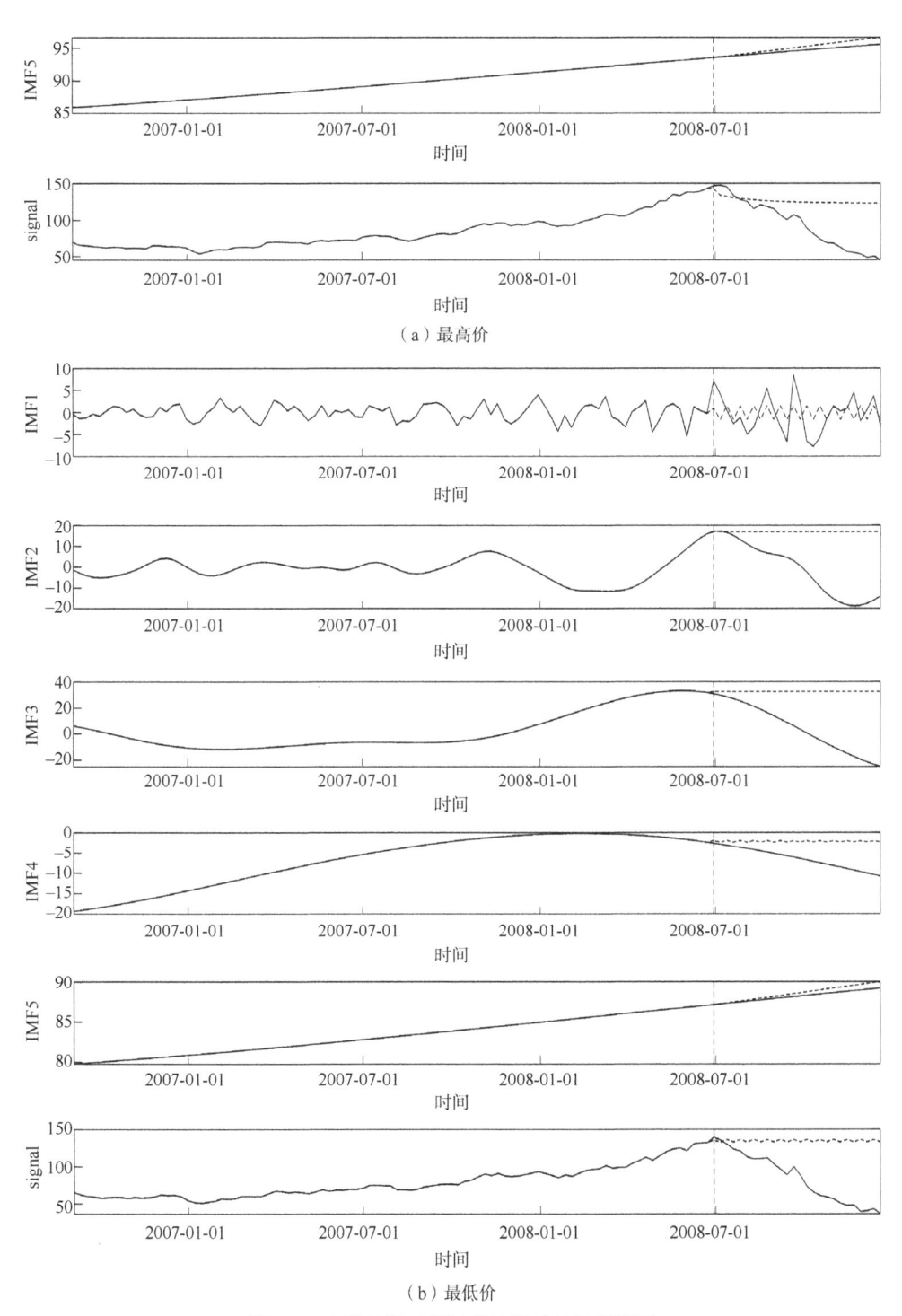

(b) 最低价

图 6.4 金融危机对原油价格影响的渠道判断

图中曲线部分的实线为真实值，虚线为预测值

根据渠道探索可以得知，金融危机对 IMF1、IMF2、IMF3、IMF4 和 IMF5 均有影响，其中对 IMF1、IMF2 和 IMF3 的影响较大。也就是说，金融危机通过投机因素、OPEC+产量控制、原油库存、原油供给和原油需求等 5 条渠道影响油价。

2. 利比亚战争

2011 年 2 月 17 日，利比亚爆发内战，导致利比亚原本每天 160 万桶的石油产出全部中断，原油价格不断上涨，并于 2011 年 5 月见顶。因此，事件窗选择为 2011 年 2 月 13 日至 2011 年 5 月 1 日，估计窗为 2009 年 6 月 28 日至 2011 年 2 月 6 日。

图 6.5 为利比亚战争期间原油价格真实数据与预测数据的对比。

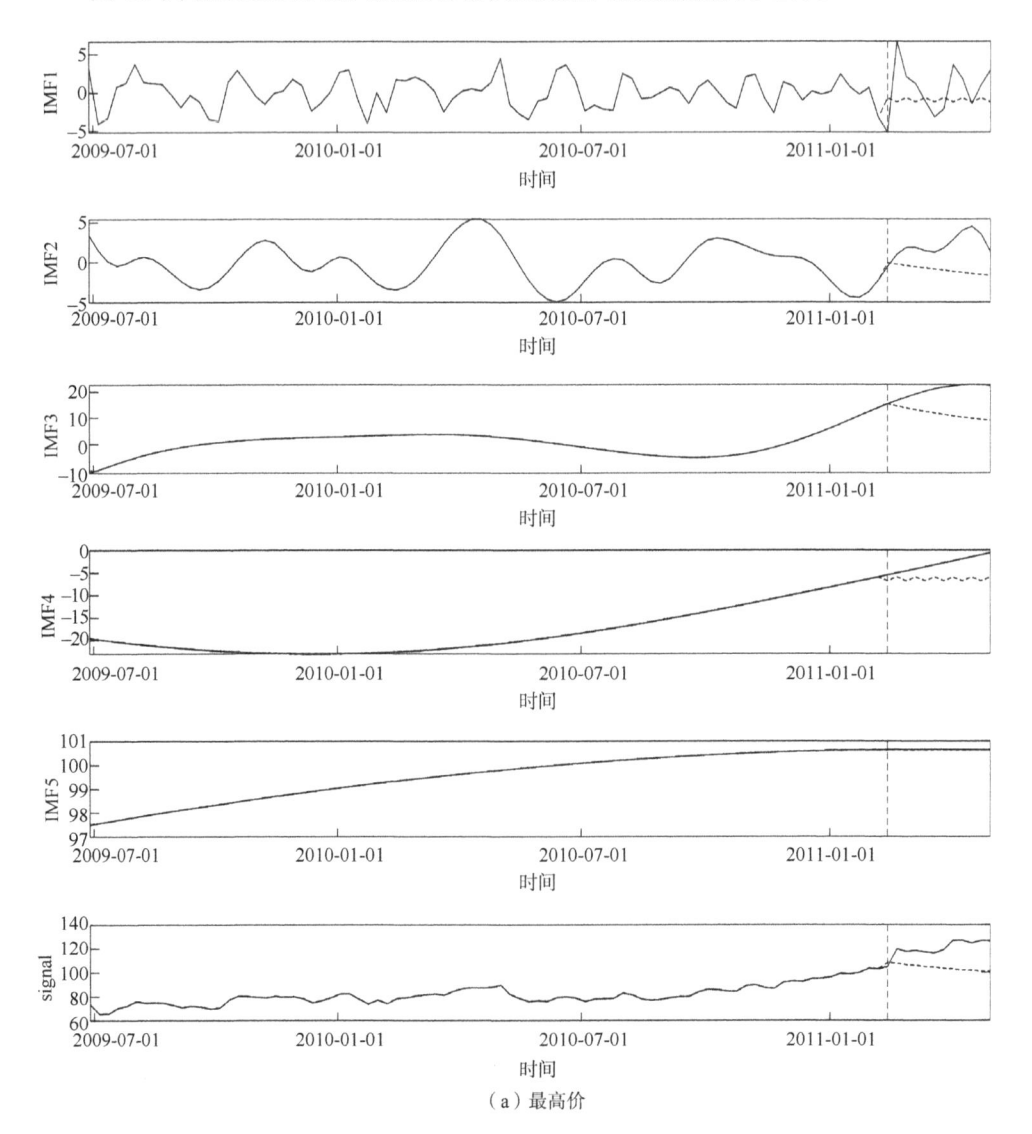

（a）最高价

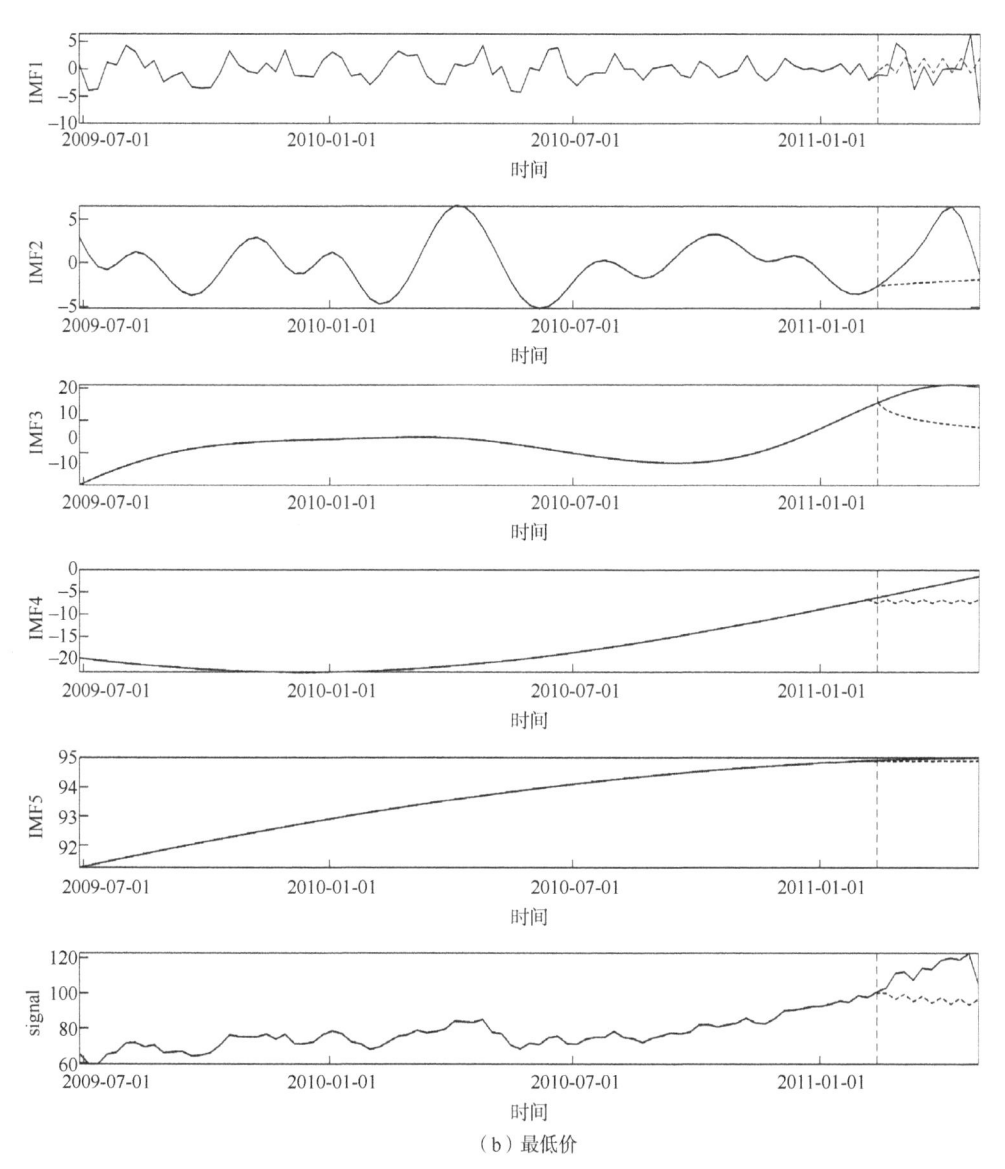

图 6.5 利比亚战争对原油价格影响的渠道判断

图中曲线部分的实线为真实值，虚线为预测值

通过渠道探索可得知，利比亚战争对 IMF1、IMF2、IMF3 和 IMF4 有影响，即利比亚战争通过投机因素、OPEC+产量控制、原油库存和原油供给 4 条渠道影响油价。

3. 飓风

飓风指大西洋和北太平洋海域形成的热带气旋。热带气旋根据风速大小可依次分为热带扰动（tropical disturbance）、低气压旋（low pressure cyclone）、风暴（storm，风速达 63 千米/时以上）、飓风（hurricane，风速达 119 千米/时以上）和大型飓风（major hurricane，风速达 178 千米/时以上），其中飓风和大型飓风又可根据风速、灾害效应等划分为 5 个级别。飓风多发于每年的 5 月下旬至 11 月底，尤其集中于 8 月到 10 月。美国国家海洋和大气管理局（National Oceanic and Atmospheric Administration，NOAA）将每年的 6 月 1 日至 11 月 30 日定为飓风季。在此期间，大西洋加勒比海和墨西哥湾水域形成的部分飓风会登陆墨西哥湾或美国东海岸，引发大风、强降水等极端天气。由于墨西哥湾地区原油产量和加工量已分别占全美的 60% 和 50% 以上，因此飓风季对该地区的原油生产、加工、进出口和价格均可能造成影响。其中，2017 年 Harvey（哈维）、Irma（厄玛）和 Nate（内特）造成的灾害效应最为显著。因此，选择 2017 年的飓风为例进行分析。其中，事件窗为 2017 年 8 月 27 日至 2017 年 10 月 8 日，估计窗为 2016 年 5 月 8 日至 2017 年 8 月 20 日。

图 6.6 为飓风期间原油价格真实数据与预测数据的对比。根据渠道分析可知，飓风主要对 IMF1、IMF3 和 IMF4 产生影响，即飓风主要通过投机因素、原油库存和原油供给 3 条渠道影响油价。

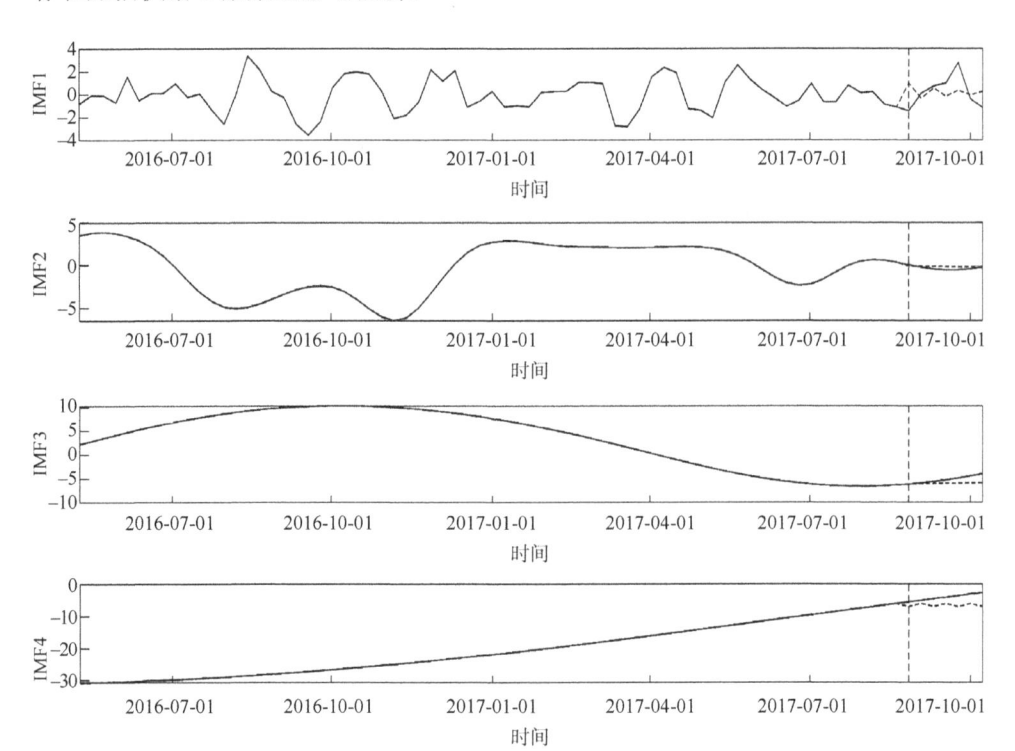

(a)最高价

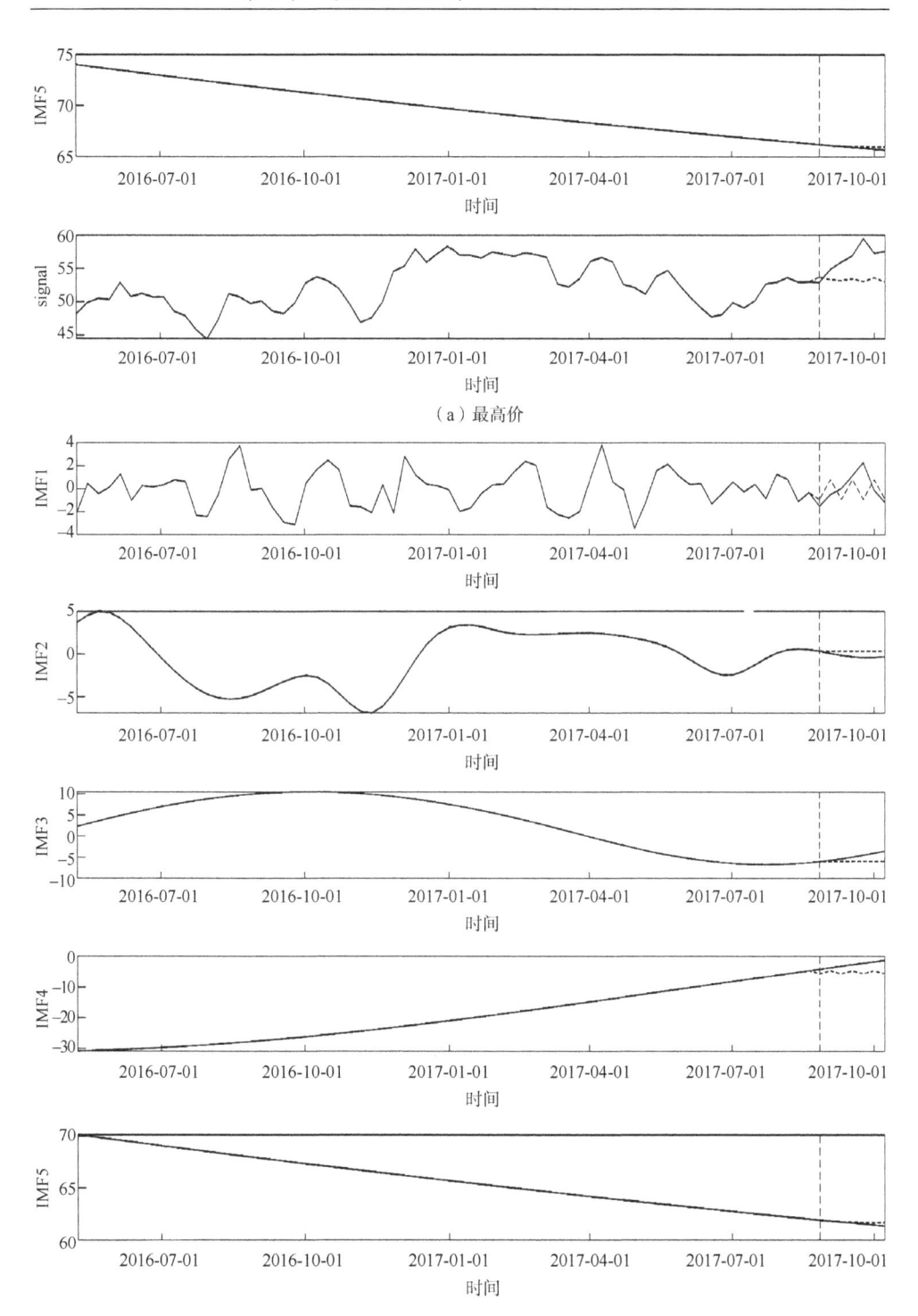

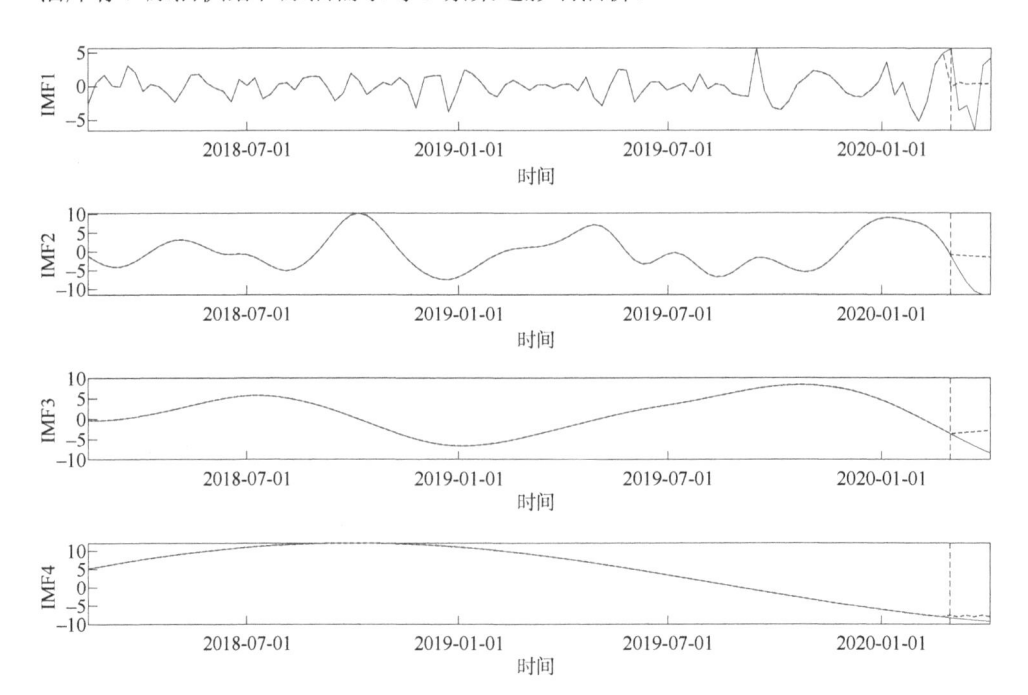

图 6.6 飓风对原油价格影响的渠道判断

图中曲线部分的实线为真实值，虚线为预测值

4. 新冠疫情

新冠疫情在 2020 年初开始多国传播，并逐渐演变成为全球性疫情，严重影响人们的生产生活，且使原油价格快速下跌，于 2020 年 4 月下旬达到低点。因此，选择 2020 年 1 月 5 日至 2020 年 4 月 5 日为事件窗，2018 年 2 月 11 日至 2019 年 12 月 29 日为估计窗。

图 6.7 为新冠疫情期间原油价格真实数据与预测数据的对比。根据渠道研究，可以得知新冠疫情对 IMF1、IMF2、IMF3、IMF4 和 IMF5 均有影响，其中 IMF1、IMF2 和 IMF3 的影响较大。也就是说，疫情通过投机因素、OPEC+产量控制、原油库存、原油供给和原油需求等 5 条渠道影响油价。

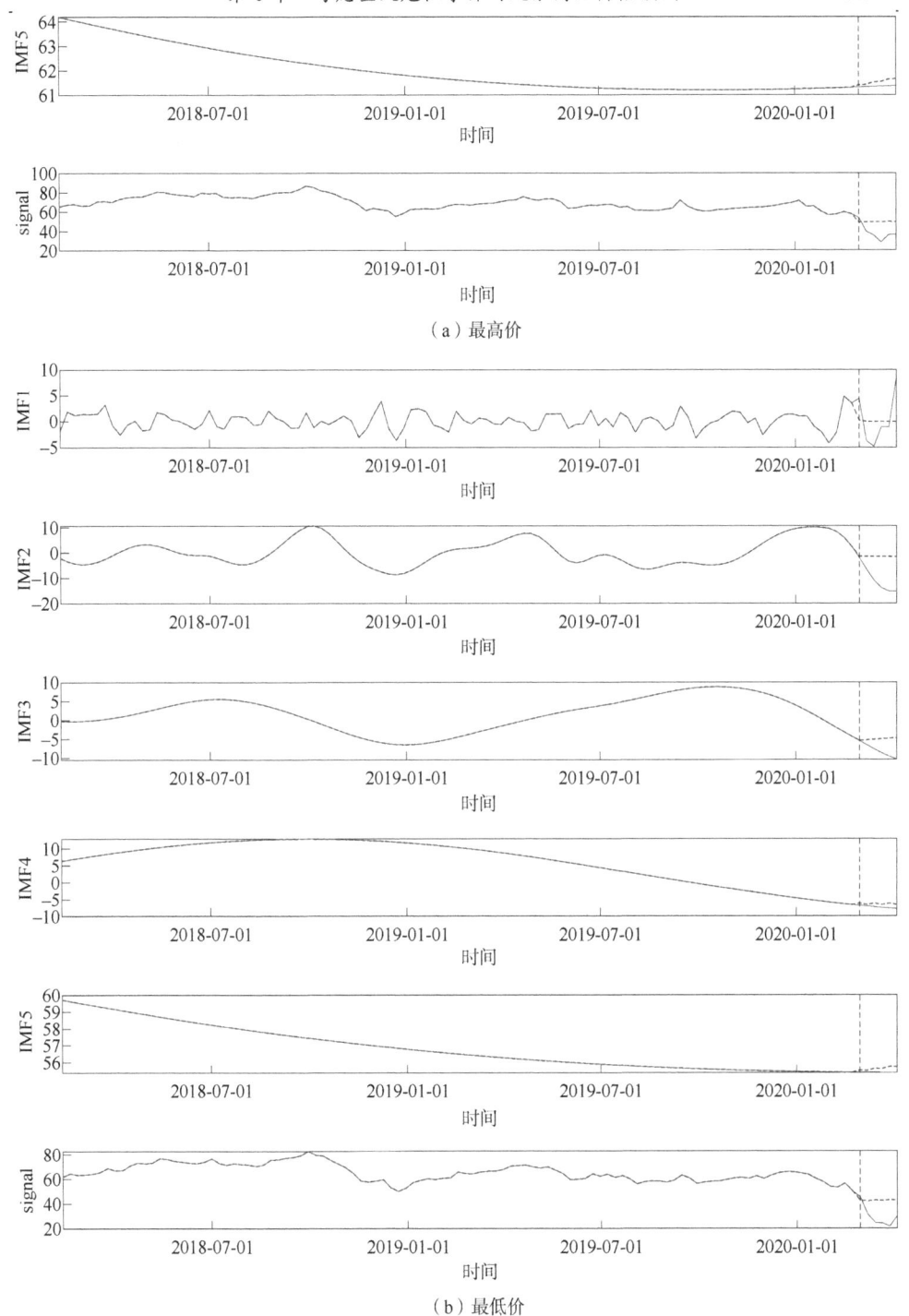

第6章 考虑重大危机事件的大宗商品价格预测

(a) 最高价

(b) 最低价

图 6.7 新冠疫情对原油价格影响的渠道判断

图中曲线部分的实线为真实值,虚线为预测值

5. 俄乌冲突

2022年2月24日，普京通过电视讲话宣布对乌克兰采取特别军事行动，俄乌冲突爆发。此后油价一路上涨。美国和欧盟等对俄罗斯的制裁将油价推至新的高位。2022年3月7日，WTI原油期货价格达到133.46美元/桶，Brent原油期货价格达到139.13美元/桶，这是2008年7月以来的最高价格。后续原油价格一直在高位震荡，其间俄乌谈判、欧美国家的不同态度和G7制裁造成了油价短期的剧烈波动。因此，选择2022年2月20日至2022年6月12日为事件窗，2020年6月28日至2022年2月13日为估计窗。图6.8为俄乌冲突期间原油价格真实数据与预测数据的对比。

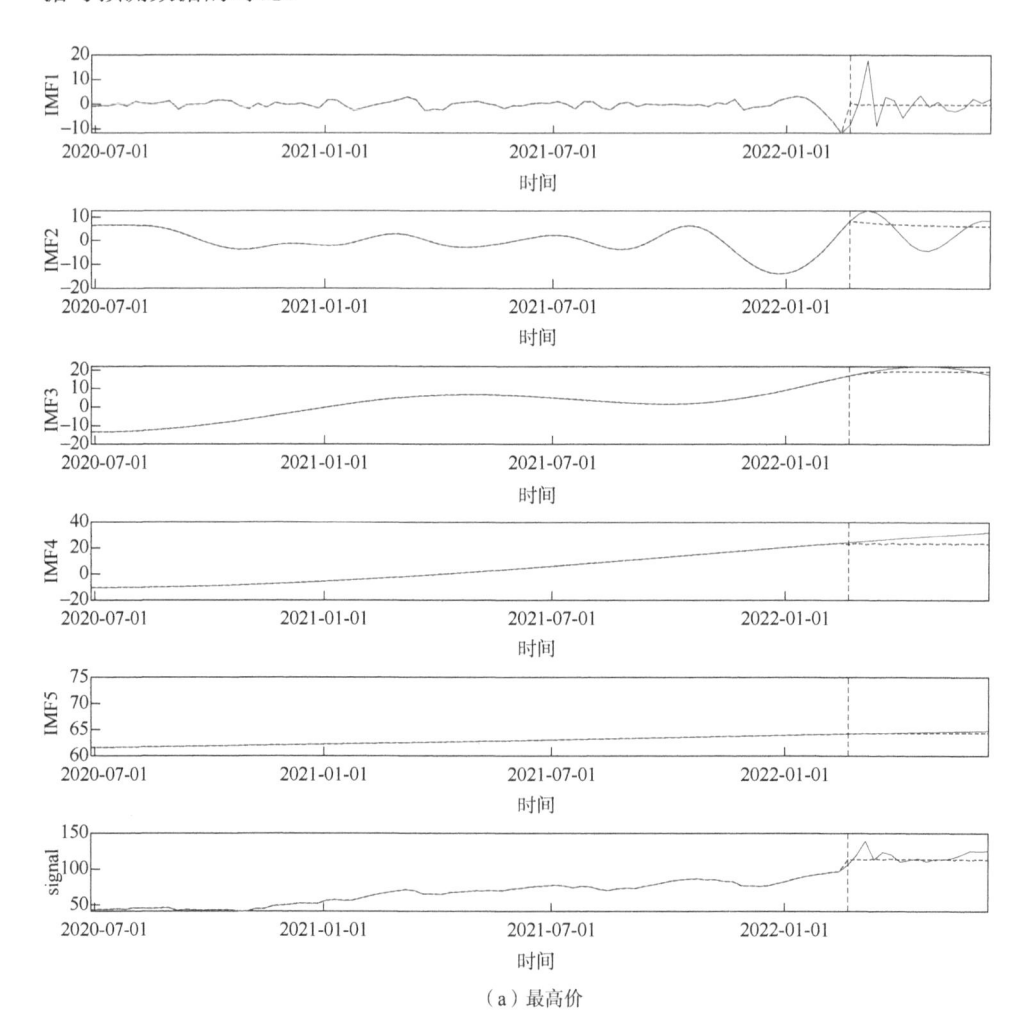

（a）最高价

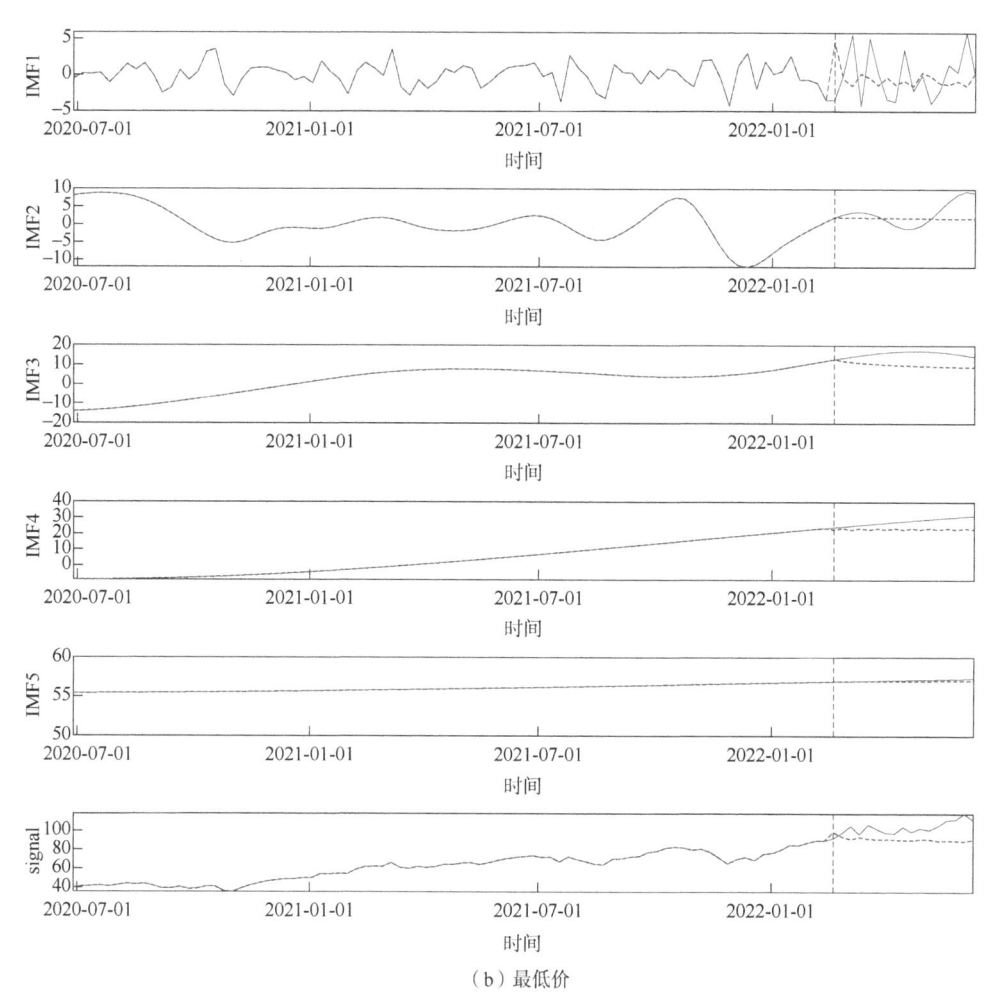

[图表：IMF1~IMF5 及 signal 随时间变化，横轴为2020-07-01至2022-01-01之后]

（b）最低价

图 6.8　俄乌冲突对原油价格影响的渠道判断

图中曲线部分的实线为真实值，虚线为预测值

通过渠道分析可知，俄乌冲突对 IMF1、IMF2、IMF3 和 IMF4 有影响，即俄乌冲突通过投机因素、OPEC+产量控制、原油库存和原油供给 4 条渠道影响油价，这与前文的研究是一致的。

6.3.2　原油价格预测结果

对渠道判断的结果进行汇总，如表 6.1 所示。通过渠道判断，发现 IMF1、IMF3 和 IMF4 受到金融危机、利比亚战争、飓风、新冠疫情和俄乌冲突所有事件的影响，IMF2 受到金融危机、利比亚战争、新冠疫情和俄乌冲突的影响，IMF5 受到金融危机和新冠疫情的影响。

表 6.1 渠道判断结果

事件	IMF1	IMF2	IMF3	IMF4	IMF5
金融危机	√	√	√	√	√
利比亚战争	√	√	√	√	
飓风	√		√	√	
新冠疫情	√	√	√	√	√
俄乌冲突	√	√	√	√	

接下来，根据判断结果进行预测。使用不受事件影响的 2008 年 6 月 29 日之前的油价序列作为训练集，受事件影响的 2008 年 6 月 29 日之后的样本作为测试集。序列 IMF1 使用 BPNN 模型预测，序列 IMF2 至 IMF5 使用 ACI 模型预测，采用向前一步的滚动预测。子序列预测完成后，再合并成为油价的预测序列。

预测结果如图 6.9 和图 6.10 所示。可以看到，高低价的预测序列和原始序列的走势是一致的，尤其是在转折点处表现突出，说明将重大危机事件纳入预测模型后，可以有效提高模型预测的准确性，特别是转折点处的预测准确性。对比最

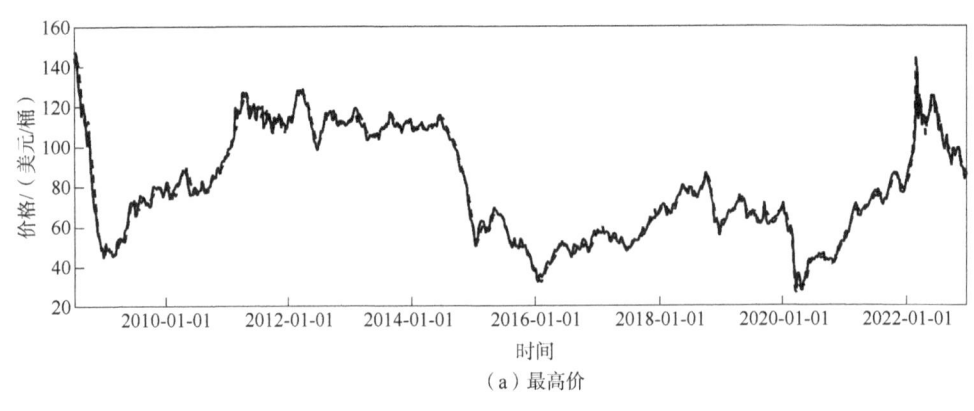

（a）最高价

（b）最低价

图 6.9 样本区间预测结果对比

实线为真实值，虚线为预测值

(a)

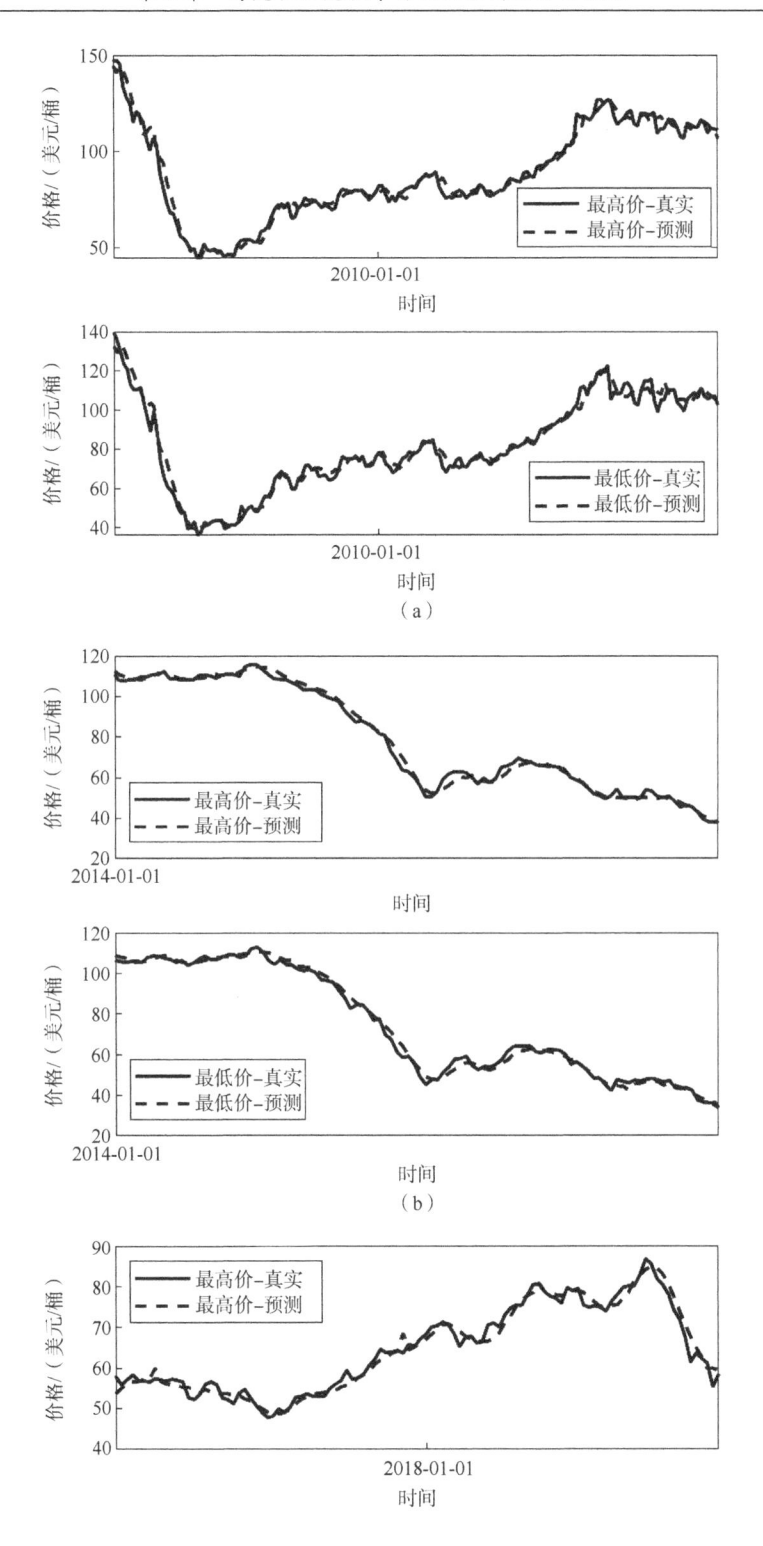

(b)

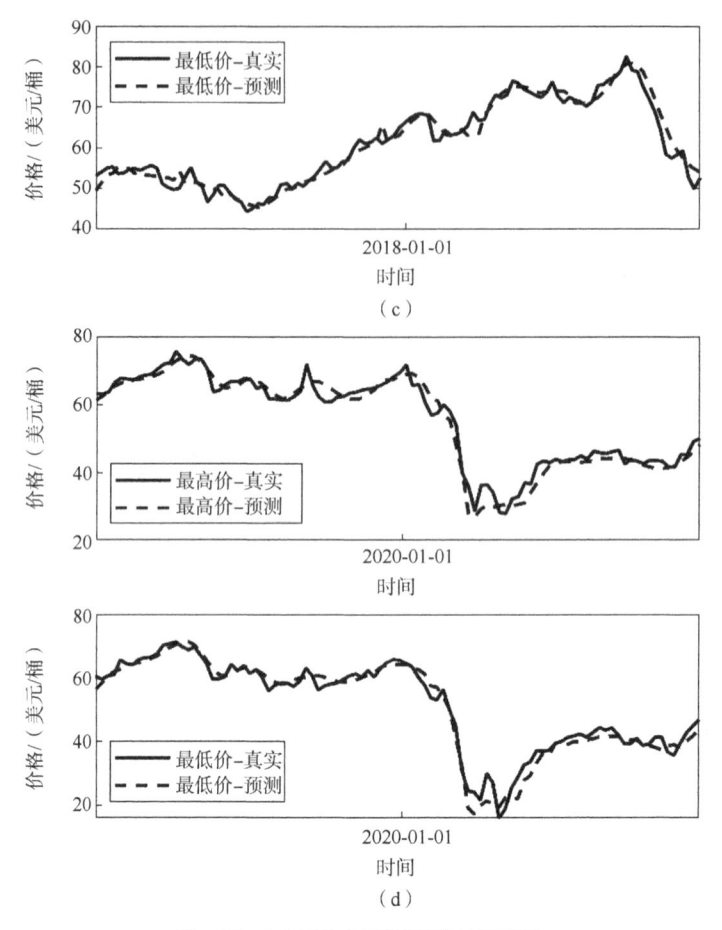

图6.10 重点样本区间预测结果对比

高价和最低价的预测，模型对最高价的预测效果更好，这是因为重大危机事件对原油价格的影响更多地反映到最高价上。地缘政治冲突、经济和金融危机、自然灾害、突发卫生公共事件等会立即引发市场的不确定性和恐慌情绪，导致投机行为增加，同时可能导致供应链中断，从供需层面影响油价。虽然最低价也会受影响，但相比之下，最高价更能反映市场对重大危机事件的直接响应和预期风险的溢价。CRP-MIF-F 模型将重大危机事件纳入预测，对最高价预测效果的提升作用更显著。

为了检验预测方法的优越性，将预测结果 CRP-MIF-F 与基准预测模型进行对比。选取的基准模型包括：考虑了事件影响，但是不考虑影响渠道，在每个子序列中都引入事件的分解合成模型 CRP-F；不考虑事件影响，只使用油价数据的分解合成模型 CEMD-F；不考虑事件影响，直接对油价序列预测的 ACI 模型和 BPNN 模型；经典的 ARMA 模型和 VEC 模型；最新的区间预测模型 ACI-special。各个模型的预测指标如表 6.2 所示。可以看到，CRP-MIF-F 的预测性能几乎在所有方面都是优于基准模型的，说明了预测方法的优越性。

表 6.2 模型预测性能表现（周度）

模型	ω_1	ω_2	ω_{NDS1}	ω_{NDS2}	ω_m	ω_r	ω_L	ω_R	MAE_L	MAE_R	$MAPE_L$	$MAPE_R$
CRP-MIF-F	2.740	63.959	0.550	0.556	2.870	2.035	3.112	2.979	2.210	2.100	0.033	0.028
CRP-F	2.858	68.790	0.562	0.570	2.936	2.185	3.196	3.076	2.292	2.136	0.034	0.029
CEMD-F	3.026	85.019	0.556	0.576	2.863	2.787	3.295	3.265	2.255	2.108	0.034	0.029
ACI	3.096	78.983	0.559	0.561	2.988	2.694	3.284	3.271	2.371	2.189	0.036	0.029
BPNN	4.694	220.136	0.682	0.757	4.259	4.911	5.202	5.012	3.488	3.223	0.052	0.044
ARMA	3.782	97.844	0.742	0.762	2.990	3.500	3.717	3.222	2.740	2.206	0.041	0.030
VEC	3.221	80.560	0.574	0.576	3.090	2.579	3.503	3.186	2.742	2.108	0.042	0.029
ACI-special	2.993	76.587	0.555	0.558	2.977	2.586	3.396	3.088	2.367	2.144	0.036	0.029

6.3.3 转折点处的预测效果

CRP-MIF-F 的预测方法可以帮助有效预测油价的转折点，接下来将对模型的有效性进行进一步说明。

图 6.11 是选取的重大危机事件与对应的转折点预测结果。首先，在各个事件的事件窗内，预测油价和真实油价的走势是一致的，尤其是转折点处的油价预测也是准确的。其次，从事件对转折点预测的贡献具体说明。图 6.11（a）是金融危机、利比亚战争与预测油价的走势。在预测模型中加入金融危机后，可以有效预测到原油价格的急剧下跌，金融危机的影响消退时，原油价格到达最低点。在预测模型中加入利比亚战争，也可以准确预测到原油价格的快速上涨，利比亚战争的影响消退时，原油价格达到局部最高点。图 6.11（b）是飓风与预测油价的走势。在预测模型中纳入飓风，可以准确预测到油价的上涨，虽然这一涨幅相较于其他事件的幅度较小。图 6.11（c）是新冠疫情与预测油价的走势。在模型中纳入新冠疫情后，一开始可以有效预测到原油价格的快速下跌。而随着新冠疫情的反复，原油价格也在不停波动，二者呈相反的走势。新冠疫情事件加入模型后，不仅可以有效预测大幅度上的转折点，也可以加强对小幅度的转折点的预测。图 6.11（d）是俄乌冲突与预测油价的走势。在预测模型中加入俄乌冲突，有效预测了原油价格的急剧上涨，而随着这一事件影响的消退，原油价格达到局部最高点。

(a)

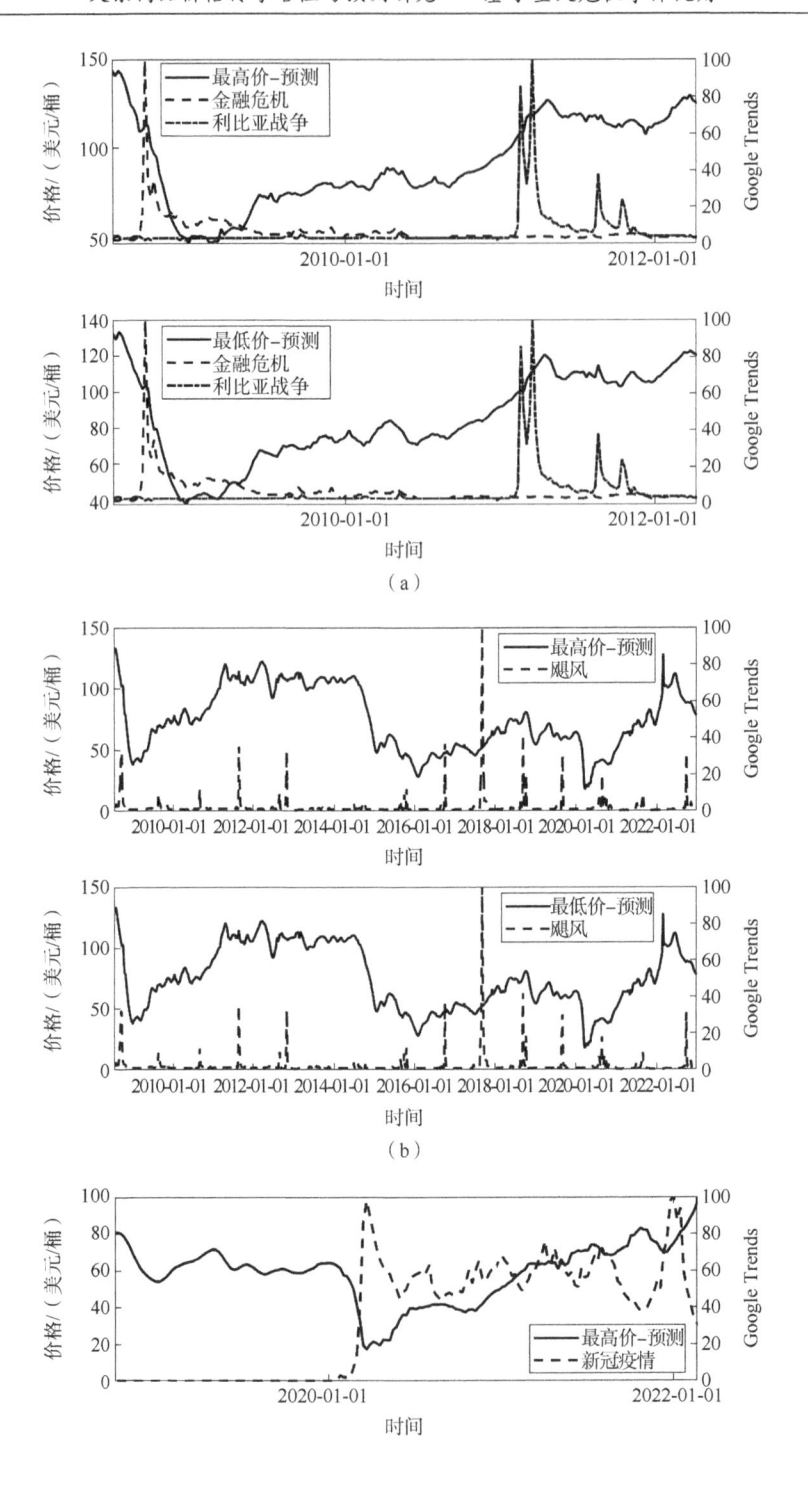

(b)

(c)

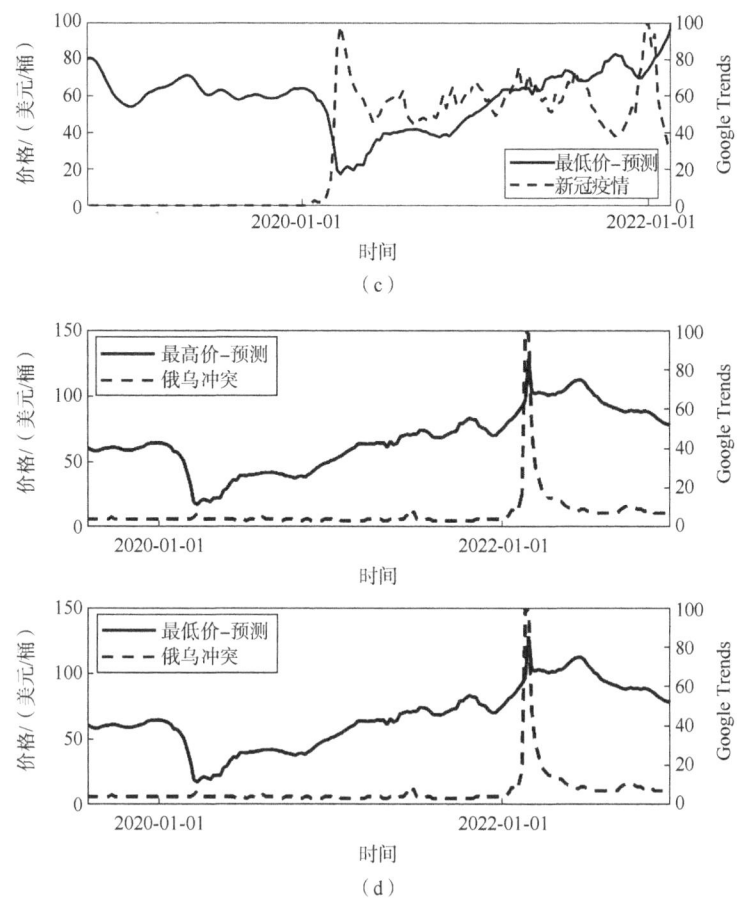

(d)

图 6.11　重大危机事件与转折点预测

Google Trends 标准化为 0～100

通过转折点处的预测结果，可以看到纳入事件可以有效预测到原油价格的快速上涨和快速下跌趋势，而事件影响开始消退时，原油价格达到极值。

表 6.3 展示了模型在转折点处的预测性能表现。选择 RMSE、MAE、MSE（mean square error，均方误差）和 MAPE 指标，以及各个模型预测的转折点位置的准确性，发现 CRP-MIF-F 模型在最低价和最高价的关键转折点处的表现均优于基准模型。这进一步说明了 CRP-MIF-F 模型在转折点处预测的优势。因为重大危机事件往往对应着原油价格的关键转折点，通过渠道分析可以判断事件通过哪些关键因素影响油价。在此基础上将事件引入预测模型，可以在一定程度上还原事件对原油价格的冲击，从而保证模型在转折点处的预测效果。

表 6.3 模型转折点处预测性能表现

模型	RMSE 最低价	RMSE 最高价	MAE 最低价	MAE 最高价	MAPE 最低价	MAPE 最高价	MSE 最低价	MSE 最高价	转折点位置准确率 最低价	转折点位置准确率 最高价
CRP-MIF-F	2.612	7.231	3.077	3.795	0.063	0.050	6.821	52.290	46.15%	61.54%
CRP-F	3.101	7.351	3.327	4.857	0.071	0.082	9.617	54.040	23.08%	7.69%
CEMD-F	4.106	7.354	3.597	3.883	0.065	0.055	16.857	54.087	15.38%	15.38%
ACI	5.723	7.598	4.559	4.596	0.126	0.070	32.750	57.725	0	23.08%
BPNN	8.105	7.325	5.954	5.227	0.133	0.073	65.693	53.649	15.38%	38.46%
ARMA	6.508	8.085	4.927	4.383	0.146	0.062	42.354	65.368	0	15.38%
VEC	4.189	8.089	3.865	3.926	0.101	0.053	17.548	65.428	0	15.38%
ACI-special	5.240	8.132	3.851	5.713	0.107	0.069	27.457	66.124	7.69%	7.69%

6.4 稳健性检验

上文中采用长期的周度数据验证了 CRP-MIF-F 模型对原油价格的长期趋势预测和转折点预测的良好效果。接下来，使用 2009 年 1 月 2 日到 2017 年 6 月 30 日的日度数据来探究原油价格在短期、更高频样本上的表现。考虑的事件包括"阿拉伯之春"、利比亚战争、克里米亚事件、伊朗核问题协议达成和美国解除原油出口禁令。通过 3.2 节的渠道对应，IMF1 代表投机因素，IMF2 代表 OPEC+产量控制，IMF3 代表原油库存，IMF4 代表原油供给，IMF5 代表原油需求。

6.4.1 "阿拉伯之春"

"阿拉伯之春"又称"阿拉伯起义""阿拉伯革命"，是指自 2010 年底在北非和西亚的阿拉伯国家及其他地区的一些国家发生的一系列以民主和经济为诉求的抗议活动。事件导火索是 2010 年 12 月 17 日发生在突尼斯的一起自焚事件。在这期间，北非和西亚地区的政治动荡导致了原油生产国的生产不稳定和供应链中断。特别是利比亚这样的原油生产大国，其局势的动荡直接影响了全球的原油供应。选择的事件窗为 2010 年 12 月 17 日至 2010 年 12 月 27 日，估计窗为 2010 年 10 月 1 日至 2010 年 12 月 16 日。图 6.12 为"阿拉伯之春"期间原油价格真实数据与预测数据的对比。根据渠道探索可知，"阿拉伯之春"对 IMF1、IMF2 和 IMF3 均有影响，也就是说"阿拉伯之春"通过投机因素、OPEC+产量控制和原油库存 3 条渠道影响原油价格。

(a) 最高价

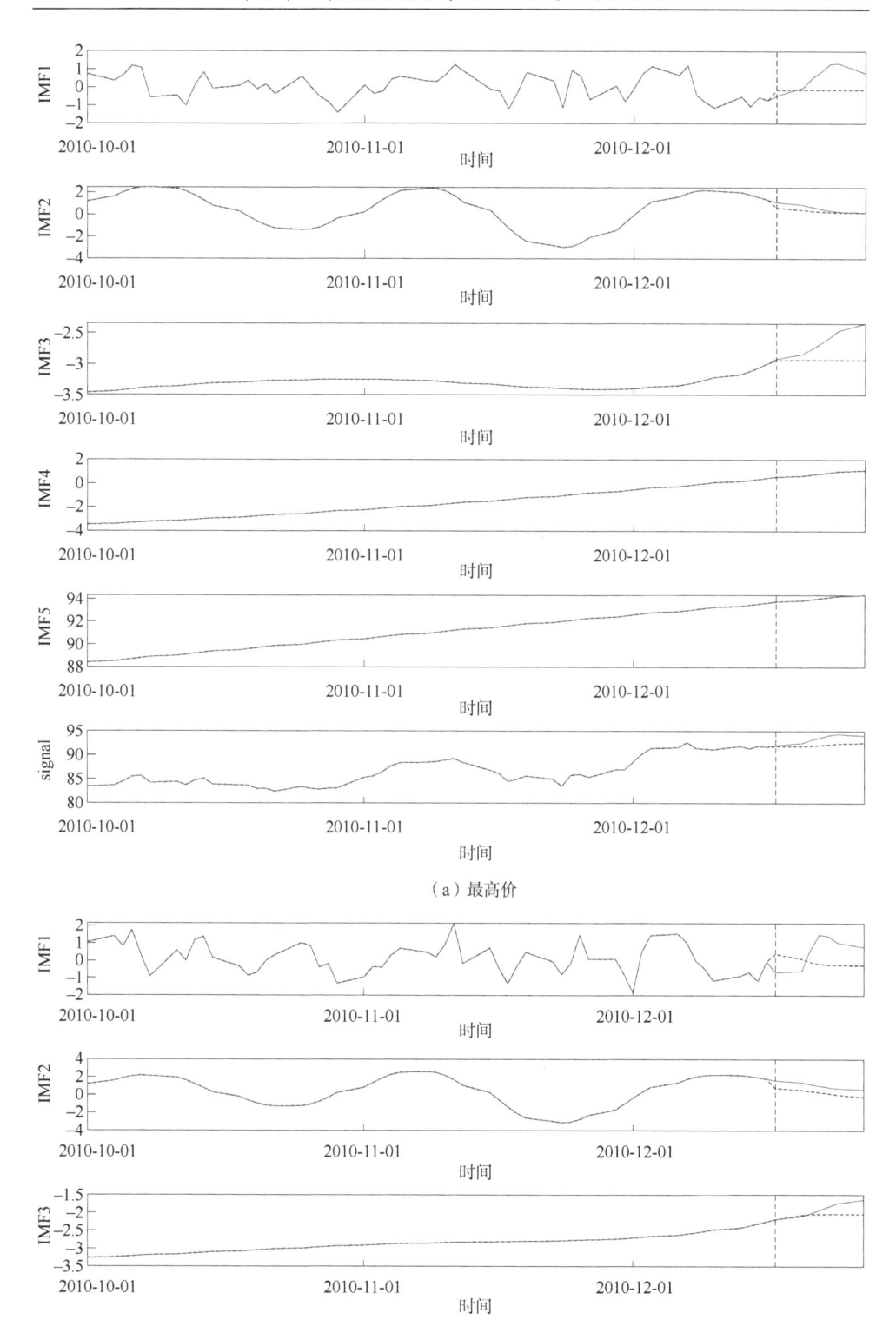

(b) 最低价

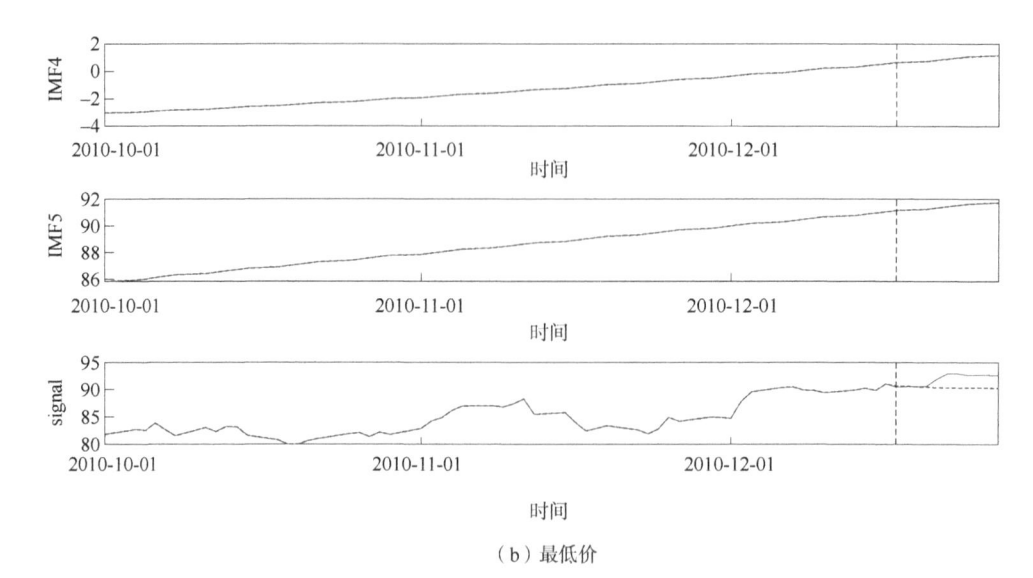

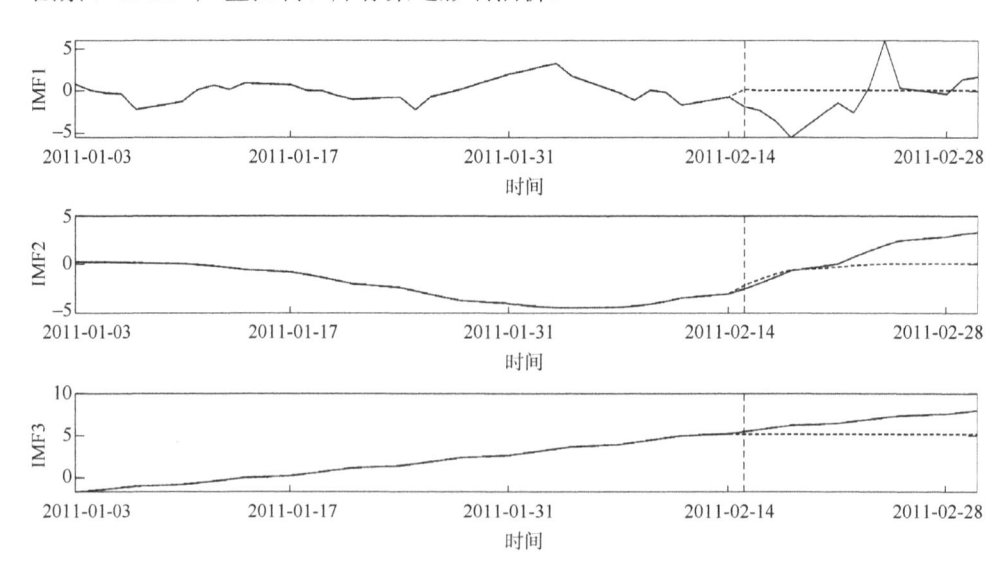

图 6.12 "阿拉伯之春"对原油价格影响的渠道判断

图中曲线部分的实线为真实值，虚线为预测值

6.4.2 利比亚战争

利比亚战争的渠道探索与上文一致，如图 6.13 所示，但是短期中其通过投机因素、OPEC+产量控制、库存渠道影响油价。

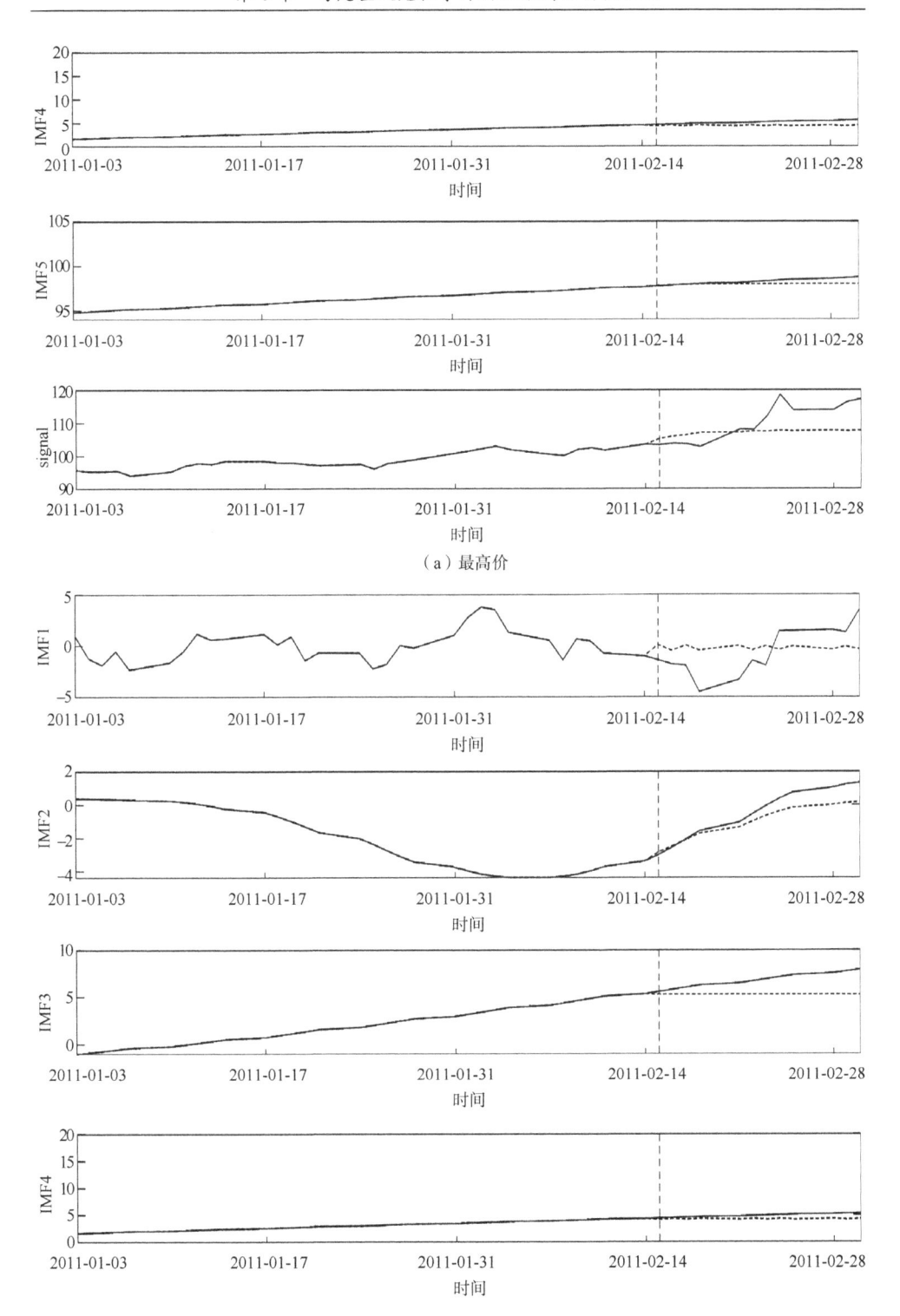

第6章 考虑重大危机事件的大宗商品价格预测

(a) 最高价

(b)最低价

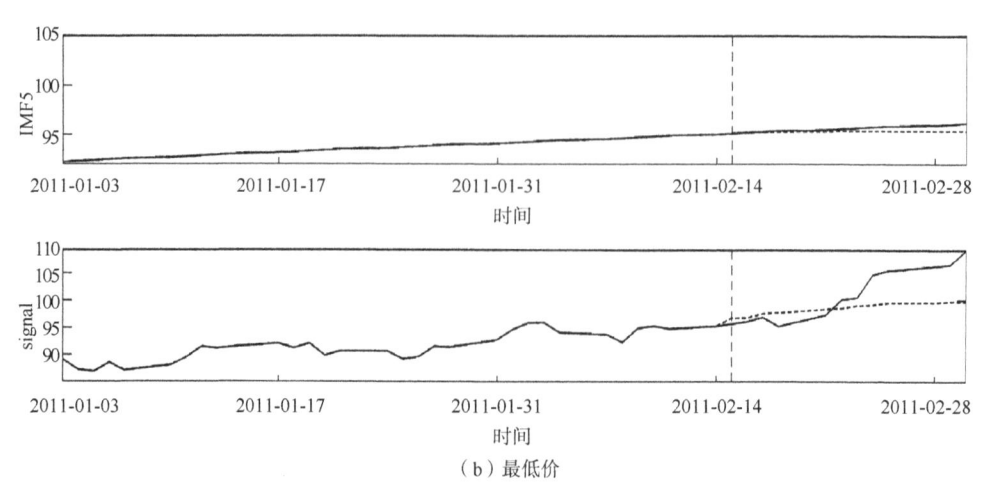

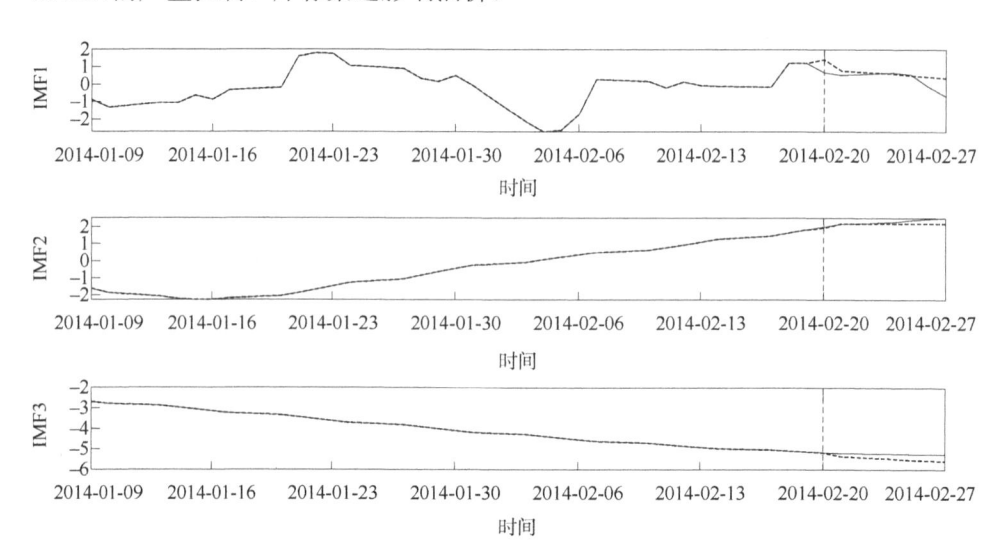

图 6.13 利比亚战争对原油价格影响的渠道判断

图中曲线部分的实线为真实值，虚线为预测值

6.4.3 克里米亚事件

克里米亚事件是指 2014 年乌克兰克里米亚自治共和国并入俄罗斯联邦的事件。该危机始于 2014 年 2 月底。克里米亚事件期间，由于担心局势升级和可能的供应链中断，投资者采取避险措施，导致原油价格波动。事件窗选为 2014 年 2 月 20 日至 2014 年 2 月 27 日，估计窗为 2014 年 1 月 9 日至 2014 年 2 月 19 日。图 6.14 为克里米亚危机期间原油价格真实数据与预测数据的对比。通过渠道探索，发现克里米亚危机主要影响 IMF1、IMF2 和 IMF3，也就是说通过投资者投机、OPEC+的产量控制、库存渠道影响油价。

(a)最高价

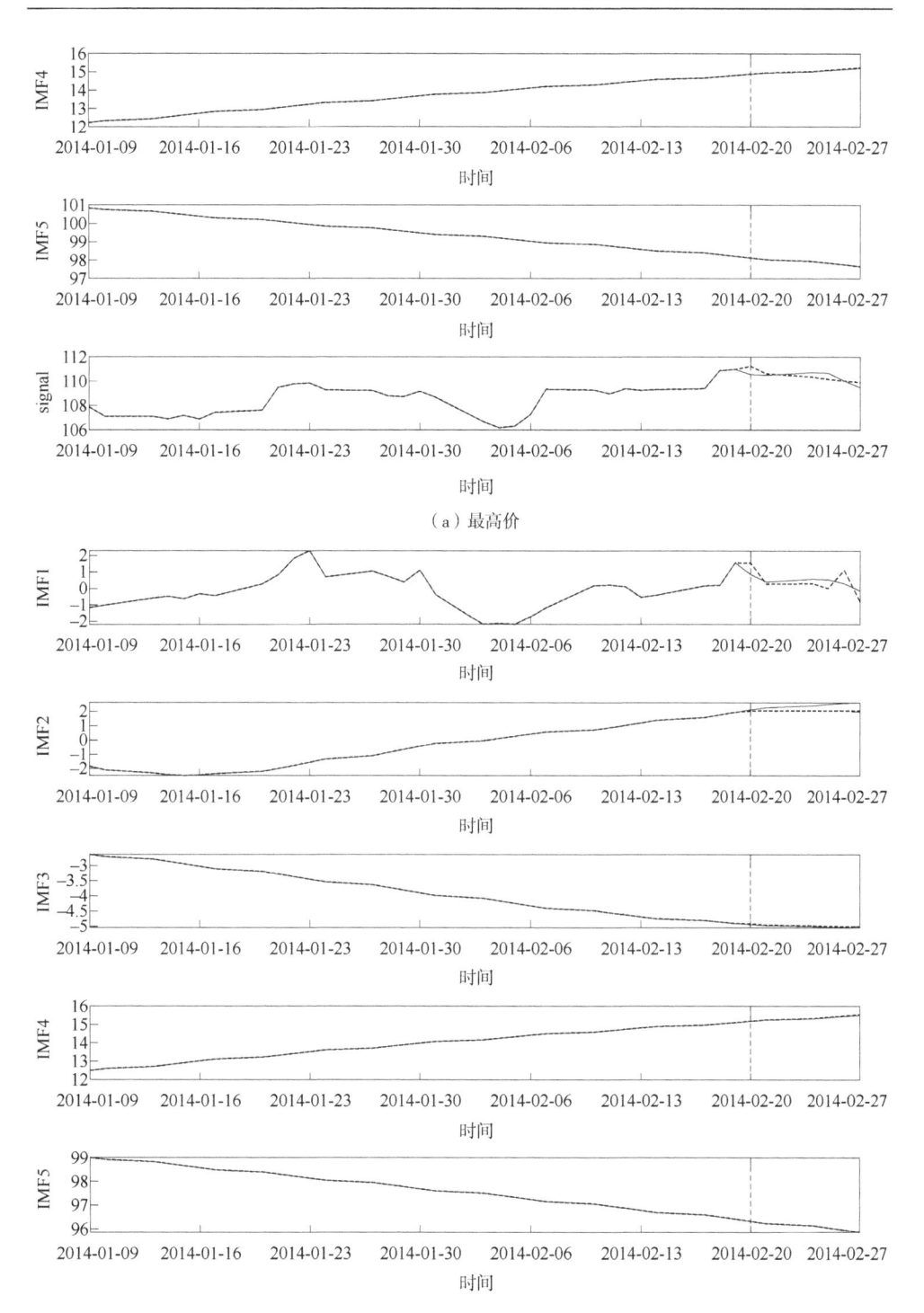

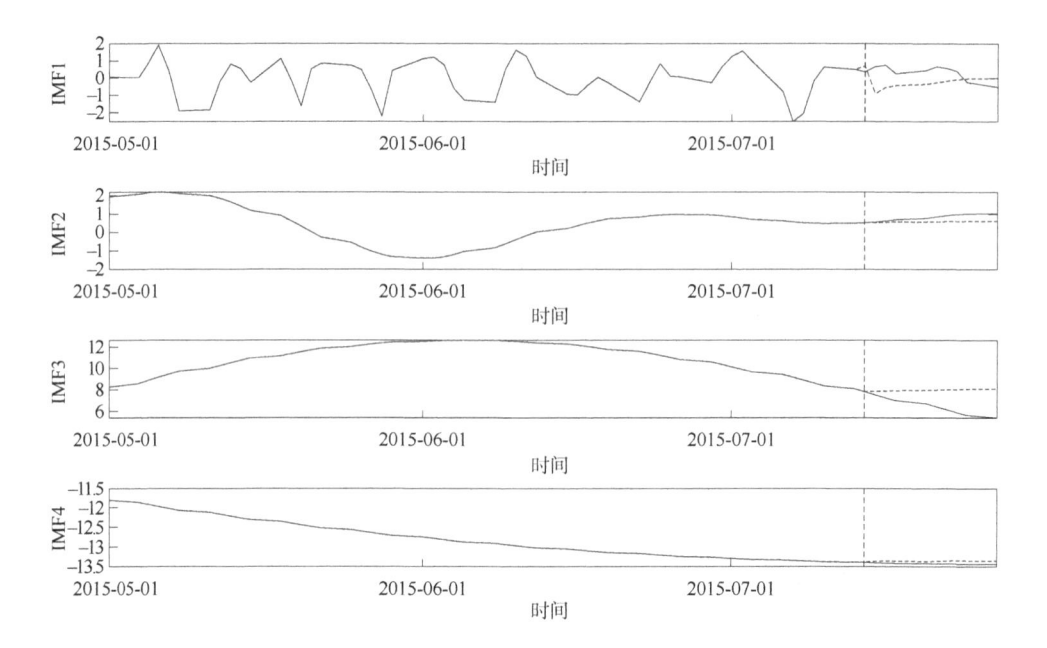

（b）最低价

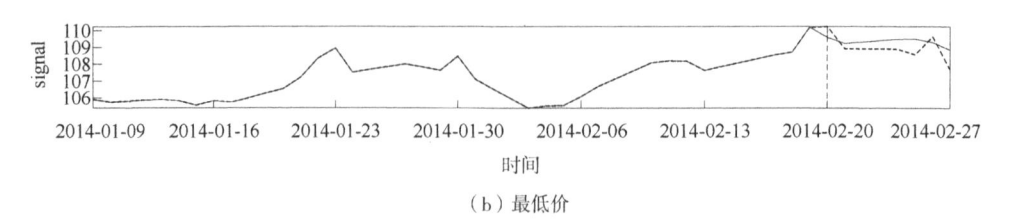

图6.14 克里米亚事件对原油价格影响的渠道判断

图中曲线部分的实线为真实值，虚线为预测值

6.4.4 伊朗核问题协议达成

经过多年的艰苦谈判，伊核协议在2015年7月14日达成。该协议的达成有助于稳定中东地区的地缘政治局势，减少因紧张局势导致的石油供应中断风险。同时，随着伊核协议的生效，伊朗的石油出口禁令得到解除，伊朗得以增加其石油产量和出口量。这增加了全球石油市场的供应，从而对石油价格产生了一定的压低作用。特别是在协议达成后的初期阶段，市场对伊朗石油供应增加的预期可能导致石油价格出现一定程度的下调。该事件的事件窗选为2015年7月14日至2015年7月27日，估计窗为2015年5月1日至2015年7月13日。图6.15为伊核协议期间原油价格真实数据与预测数据的对比。通过渠道检验，发现该事件对IMF1、IMF2、IMF3和IMF4都产生了影响，也就是说该协议通过投机因素、OPEC+产量控制、原油库存和原油供给渠道影响油价。

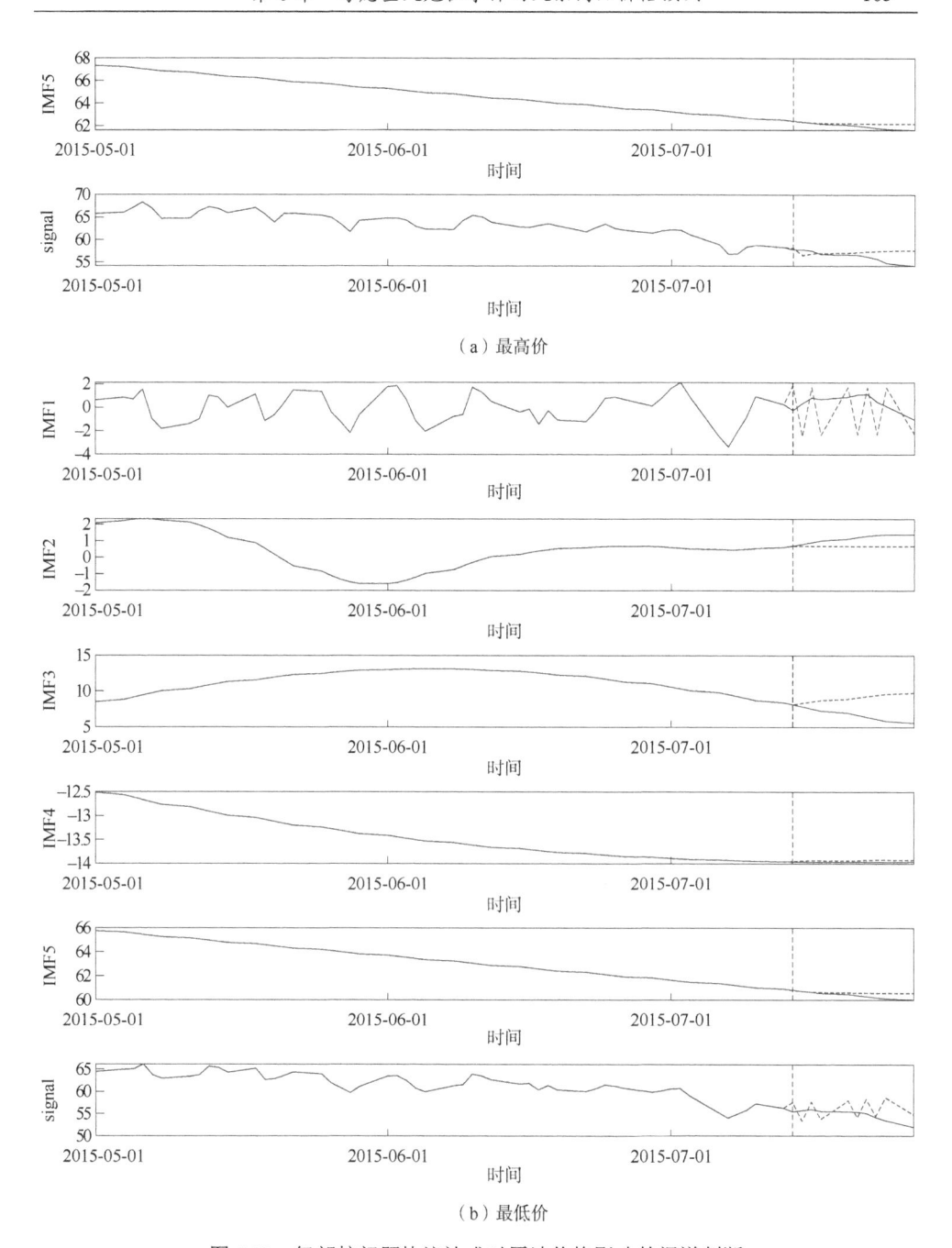

第 6 章 考虑重大危机事件的大宗商品价格预测

（a）最高价

（b）最低价

图 6.15 伊朗核问题协议达成对原油价格影响的渠道判断

图中曲线部分的实线为真实值，虚线为预测值

6.4.5 美国解除原油出口禁令

自 1973 年 OPEC 为打击以色列及其支持者（包括美国）颁布原油出口禁令后，国际油价大幅攀升，导致西方国家经济衰退。当时，美国严重依赖石油进口，因此于 1975 年出台《能源政策和节约法》，严格限制本国石油出口，以防止未来再次出现供应中断，并保护国内资源。然而，近年来美国原油产量呈现爆发式增长，特别是页岩油革命的兴起，使得美国国内油价受到压制。国内产油业者因此急切希望解除这一出口禁令，以便将多余的原油出口到国际市场。与此同时，由于页岩油产量的增加，美国从部分非洲国家的轻质油进口量大幅减少，进一步推动了原油出口的需求。2015 年 12 月 18 日，美国国会正式投票批准解除长达 40 年的原油出口禁令。解除原油出口禁令意味着全球原油供给增加，对国际油价产生一定的压低作用。因前期市场预期的影响，该事件的事件窗选为 2015 年 12 月 10 日至 2015 年 12 月 22 日，估计窗为 2015 年 8 月 1 日至 2015 年 12 月 9 日。图 6.16 为事件期间原油价格真实数据与预测数据的对比。通过渠道判断发现，这一事件对所有子序列都有影响，也就是说，美国解除原油出口禁令通过投机因素、OPEC+产量控制、原油库存、原油供给和原油需求渠道影响油价。

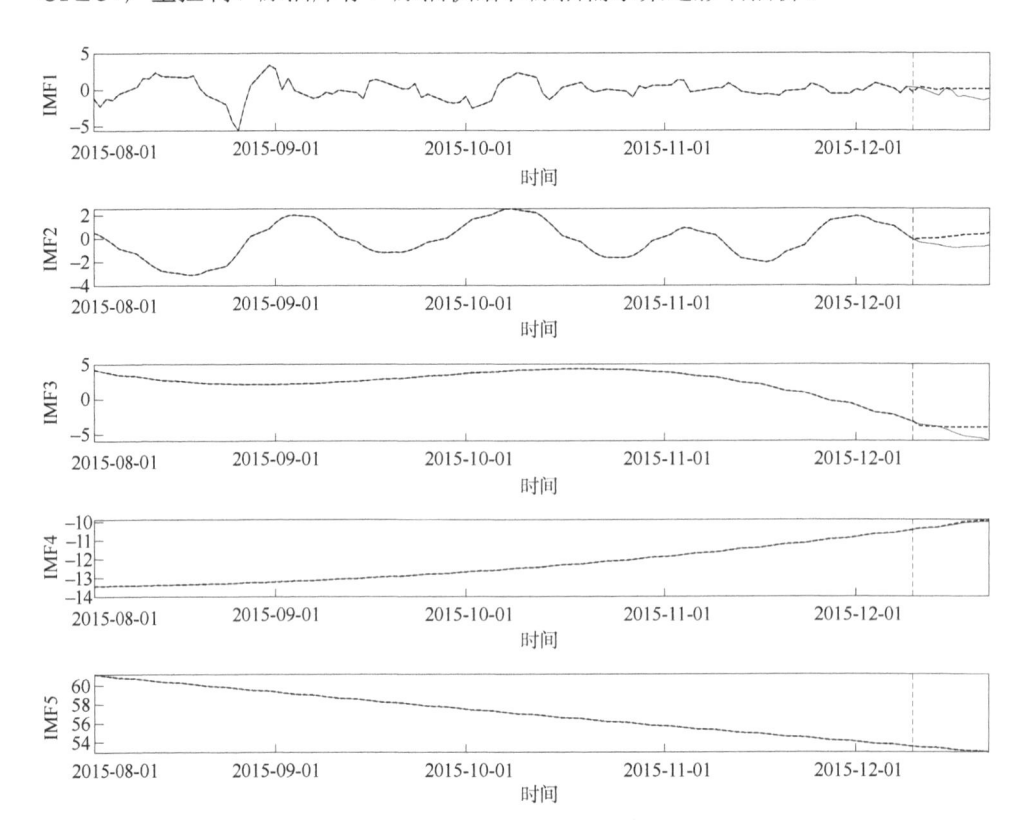

（a）最高价

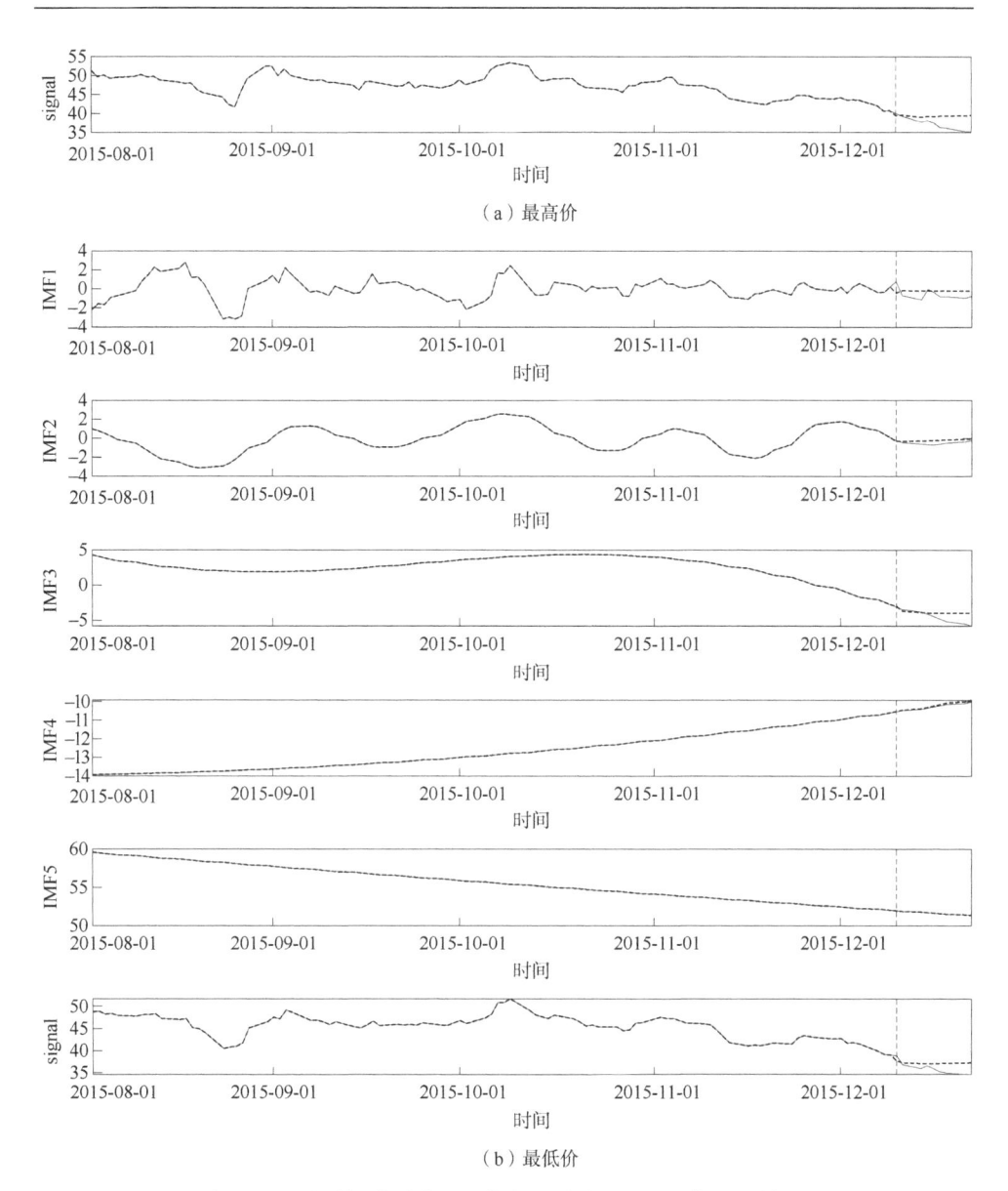

（b）最低价

图 6.16　美国解除原油出口禁令对原油价格影响的渠道判断

图中曲线部分的实线为真实值，虚线为预测值

表 6.4 为稳健性检验的结果汇总。通过渠道判断，发现 IMF1、IMF2 和 IMF3 受到"阿拉伯之春"、利比亚战争、克里米亚危机、伊核协议达成和美国解除原油出口禁令所有事件的影响，IMF4 受到伊核协议达成和美国解除原油出口禁令的影响，IMF5 受到美国解除原油出口禁令的影响。

表 6.4　稳健性检验的渠道判断结果（日度）

事件	IMF1	IMF2	IMF3	IMF4	IMF5
"阿拉伯之春"	√	√	√		
利比亚战争	√	√	√		
克里米亚危机	√	√	√		
伊核协议达成	√	√	√	√	
美国解除原油出口禁令	√	√	√	√	√

根据判断结果进行预测。使用不受事件影响的 2010 年 10 月 27 日之前的油价序列作为训练集，受事件影响的 2010 年 10 月 27 日之后的样本作为测试集。序列 IMF1 使用 BPNN 模型进行预测，序列 IMF2 至 IMF5 使用 ACI 模型进行预测，采用向前一步的滚动预测。子序列预测完成后，再合并成为油价的预测序列。

预测结果如图 6.17 和图 6.18 所示，可以看到，高低价的预测序列和原始序列的走势是一致的，尤其是在转折点处表现突出，同样地，模型对最高价的预测效果优于最低价，这与周度数据的表现是一致的，进一步说明了模型的稳健性。

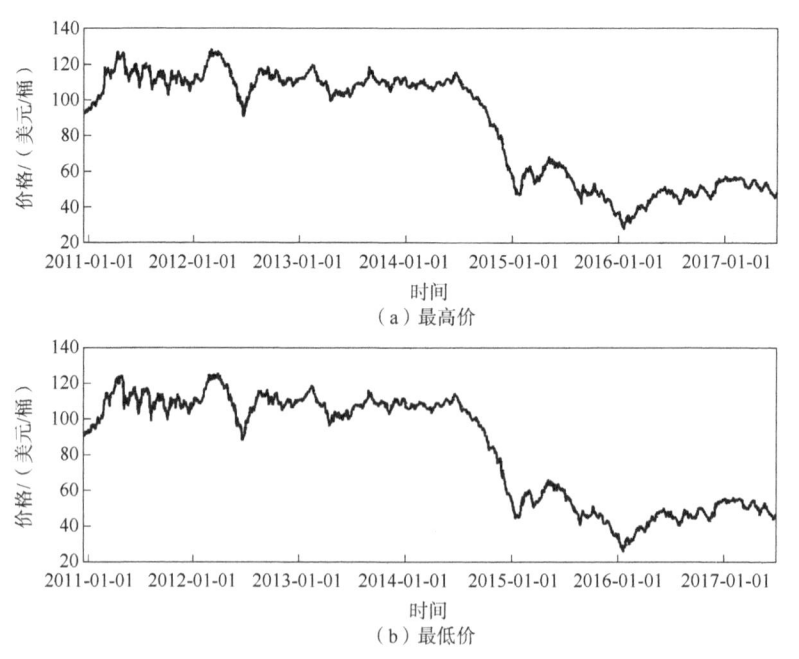

（a）最高价

（b）最低价

图 6.17　样本区间预测结果对比（日度）

实线为真实值，虚线为预测值

(a)

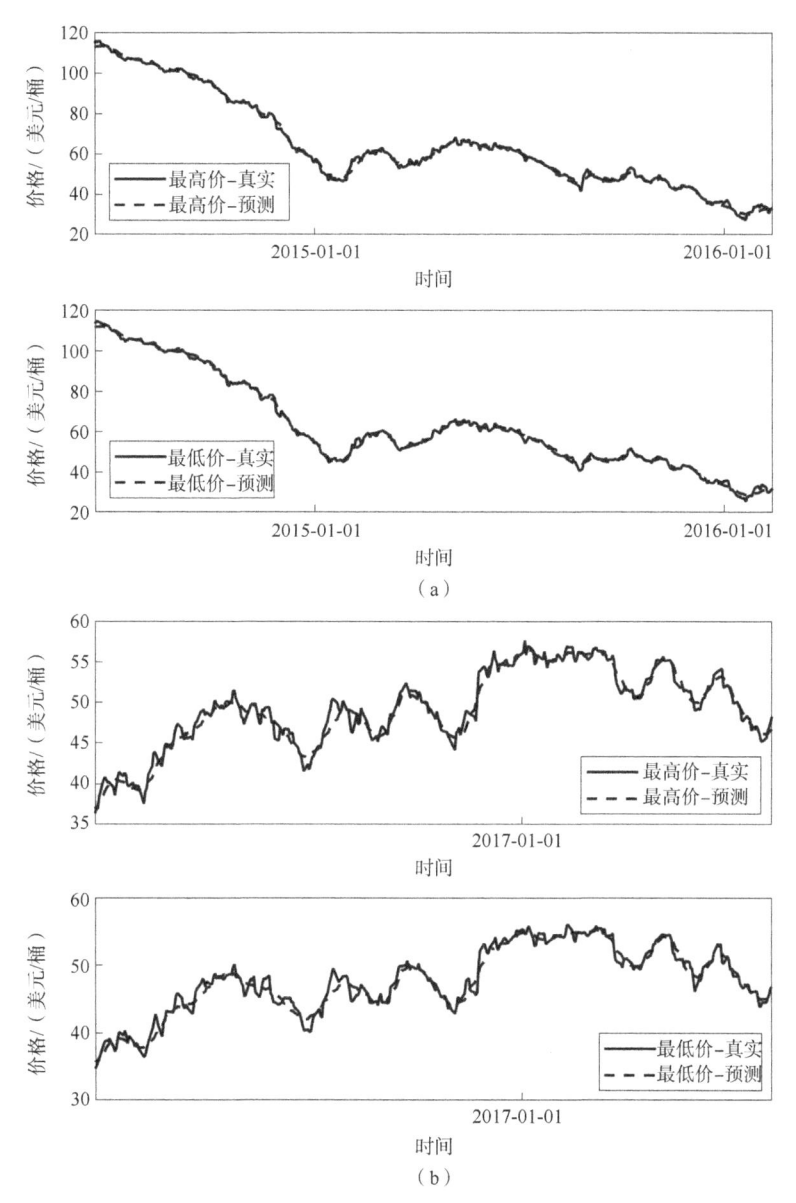

(b)

图 6.18　重点样本区间预测结果对比（日度）

为了检验预测方法的优越性，将预测结果 CRP-MIF-F 模型与基准预测模型进行对比。选取的基准模型包括：考虑了事件影响，但是不考虑影响渠道，在每个子序列中都引入事件的分解合成模型 CRP-F；不考虑事件影响，只使用油价数据的分解合成模型 CEMD-F；不考虑事件影响，直接对油价序列预测的 ACI 模型和 BPNN 模型；经典的 ARMA 模型和 VEC 模型；最新的区间预测模型 ACI-special。

各个模型的预测指标如表 6.5 所示。可以看到，CRP-MIF-F 的预测性能几乎在各方面都是优于基准模型的，说明了预测方法的优越性。

表 6.5　模型预测性能表现（日度）

模型	ω_1	ω_2	ω_{NDS1}	ω_{NDS2}	ω_m	ω_t	ω_L	ω_R	MAE_L	MAE_R	$MAPE_L$	$MAPE_R$
CRP-MIF-F	1.243	12.307	0.608	0.624	1.399	1.303	1.289	0.811	1.057	0.983	0.014	0.013
CRP-F	1.412	14.550	0.652	0.678	1.491	1.378	1.337	1.037	1.130	1.053	0.015	0.014
CEMD-F	1.555	17.543	0.658	0.693	1.532	1.402	1.257	1.420	1.102	1.062	0.015	0.014
ACI	1.512	18.758	0.667	0.690	1.716	1.615	1.585	1.025	1.258	1.198	0.017	0.016
BPNN	1.639	25.153	0.646	0.686	1.847	1.721	1.560	1.589	1.185	1.131	0.016	0.015
ARMA	2.051	27.909	0.903	1.131	2.347	1.309	1.682	1.564	2.061	1.004	0.029	0.013
VEC	1.463	15.177	0.618	0.625	1.485	1.468	1.385	1.025	1.065	1.181	0.014	0.016
ACI-special	1.417	19.666	0.619	0.639	1.576	1.599	1.398	1.447	1.058	1.058	0.015	0.015

6.5　本章小结

大宗商品价格预测一直是学界和业界关注的问题，尤其是原油价格的预测。油价预测也取得了一定进展。但近年来，重大危机事件频发，导致原油价格涨跌的幅度和频率都大幅增加，而不同类型的事件对油价的影响渠道和影响程度是不同的。因此，本章在考虑重大危机事件影响渠道的基础上提出原油价格的预测方法，即 CRP-MIF-F 的研究框架，主要包括两步。首先，使用 CEMD 将原油价格分解为子序列，接下来确定样本区间内重大危机事件对原油价格的影响渠道，发现金融危机、新冠疫情会通过投机因素、OPEC+产量控制、原油库存、原油供给和原油需求渠道影响原油价格，利比亚战争和俄乌冲突会通过投机因素、OPEC+产量控制、原油库存和原油供给渠道影响原油价格，飓风通过投机因素、原油库存和原油供给影响原油价格。其次，根据渠道判断结果，将事件引入相关 IMF 的预测中，最后集成原油价格的预测。结果显示，本章提出的 CRP-MIF-F 方法在趋势预测和转折点预测方面都有良好的表现，明显优于基准模型。

本章提出的 CRP-MIF-F 预测框架为考虑重大危机事件的大宗商品价格预测提出了研究范式。我们不能预测未来事件的发生，但是在未来事件发生时，可以使用本框架，快速对事件进行归类，参考同类型事件的影响渠道，在事件刚发生时，就可以预测未来一周大宗商品价格的走势，判断转折点是否出现，从而帮助投资者和政策制定者及时调整策略。

第 7 章 重大危机事件下大宗商品价格大幅变动的仿真模拟

前文完成了重大危机事件对大宗商品价格的短期净影响、影响渠道和长期影响的探索，大宗商品价格如何影响中国宏观经济和重点行业，以及考虑重大危机事件影响渠道的大宗商品价格预测。接下来，就是在前文研究结果的基础上，将这一系列研究搭建成整体变动的理论模型和相应的系统动力学模型，在情景模拟的基础上，为相关主体提供政策建议。

本章的边际贡献在于：第一，将大宗商品价格的传导路径纳入统一的模型进行系统考量，构建了重大危机事件下大宗商品价格大幅变动的理论模型，丰富了相关文献；第二，使用系统动力学模型对未来可能发生的重大危机事件进行仿真实验，模拟出不同情况下未来三年的原油价格走势，这可以帮助相关主体进行策略调整安排；第三，为后续搭建重大危机事件冲击下，大宗商品市场和经济的政策仿真平台提供雏形参考。

7.1 重大危机事件下大宗商品价格的 PSIR 模型

PSIR 模型由 DPSIR 模型演变而来，该模型是研究环境状态和环境问题因果关系的有效工具。本节借鉴这一模型，构建重大危机事件下大宗商品价格的 PSIR 模型，即压力（press，P）-状态（state，S）-影响（influence，I）-响应（response，R）模型，如图 7.1 所示。

在该模型中，压力层是众多影响因素变动，尤其是重大危机事件频发对大宗商品价格走势造成的压力；状态层是受到重大危机事件冲击后，大宗商品价格的变动，包括低频、中频和高频的表现，以及价格受到的短期和长期影响；影响层是重大危机事件导致大宗商品价格大幅变动后，对经济造成的影响，包括宏观经济、重点相关行业、中小企业等；响应层是为了应对重大危机事件对大宗商品价格和经济的影响所提出的对策，包括考虑重大危机事件的大宗商品价格的预测，以及相应的应对措施。

本书第 3 章和第 4 章完成了压力层和状态层的探索，第 5 章完成了影响层的探索，第 6 章完成了响应层的探索，PSIR 模型的主要部分已经完成探究。在前文的基础上，本章已经建立了理论的系统模型，将大宗商品价格变化的"来龙去脉"

刻画清晰。接下来，在理论模型的基础上，本章采用系统动力学方法，实现理论模型的复刻和动态演示，并以此来模拟仿真不同类型和不同强度下，重大危机事件导致的未来大宗商品价格和经济的变动，据此给相关主体提供政策建议。

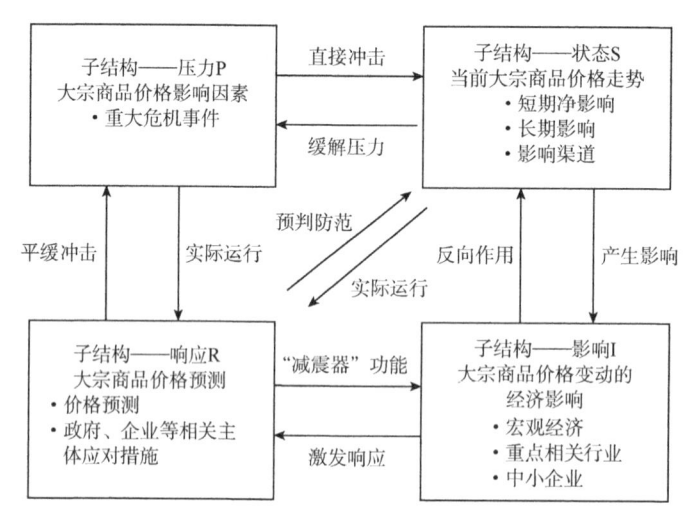

图 7.1　重大危机事件下大宗商品价格的 PSIR 模型

7.2　系统动力学仿真模型建立

7.2.1　模型主要变量

重大危机事件下，大宗商品价格变动与中国经济运行变化是一个多系统因素耦合成的复杂系统。此系统由两个子系统构成：第一，大宗商品价格变动；第二，中国GDP 变动。两个子系统间彼此作用，互相影响。其中，第一个子系统包含需求、供给、美元指数和市场投机，这是影响原油价格的关键因素，同时需求、供给和市场投机受到地缘政治冲突、疫情、金融危机和飓风等重大危机事件的影响。第二个子系统的关键变量是中国 GDP，原油价格变动通过价格渠道和成本渠道影响中国 GDP。

在第一个子系统中，石油供给量主要包括 OPEC 供给量和非 OPEC 供给量变化两个部分，其中世界石油储备增加，会增加 OPEC 原油产量，地缘政治冲突的发生会减少 OPEC 原油产量。同样地，世界石油储备增加，会增加非 OPEC 原油产量，地缘政治冲突的发生会减少非 OPEC 原油产量，飓风发生会减少非 OPEC 原油产量。石油需求量主要受到世界经济增速、金融危机和疫情的影响。世界经济增速加快会增加原油需求量，金融危机和疫情的发生会减少原油需求。市场投机主要受到地缘政治冲突、飓风、疫情和金融危机等重大危机事件的影响，这些事件的发生都会增加市场投机行为。最后，石油供给量增加、美元指数提高都会降低原油价格,石油需求量的增加会提高原油价格,而市场投机对原油价格的影响主要体现在放大油价的波动性,但是影响方向不明确。

在第二个子系统中,原油价格提高增加了企业的生产成本,从而会减少工业产出,进而对中国 GDP 产生负向影响。原油价格提高也会导致 CPI 和 PPI 提升,使投资和工业产出下降,进而使中国 GDP 减少。

根据对油价变动因素的梳理和原油价格对中国 GDP 的影响渠道的探索后,本章选择 3 个流位变量、3 个流率变量以及 14 个辅助变量共 20 个指标变量进行仿真模拟。模型主要变量如表 7.1 所示。

表 7.1 模型主要变量

变量	指标变量
流位变量	中国 GDP、石油供给、石油需求
流率变量	GDP 增量、石油供给增量、石油需求增量
辅助变量	世界石油储量变化、OPEC 产量变化、非 OPEC 产量变化、世界经济增速、金融危机、疫情、地缘政治冲突、飓风、市场投机、美元指数、原油价格、工业产出、投资、PPI/CPI

因果关系如图 7.2 所示,主要反馈环为:世界经济增速提升→石油需求提高→原油价格提升→PPI/CPI 提高→投资和工业产出下降→中国 GDP 下降→世界经济增速下降。说明世界经济增速的提升会提高原油价格,进而使中国 GDP 下降,并导致世界经济增速放缓。

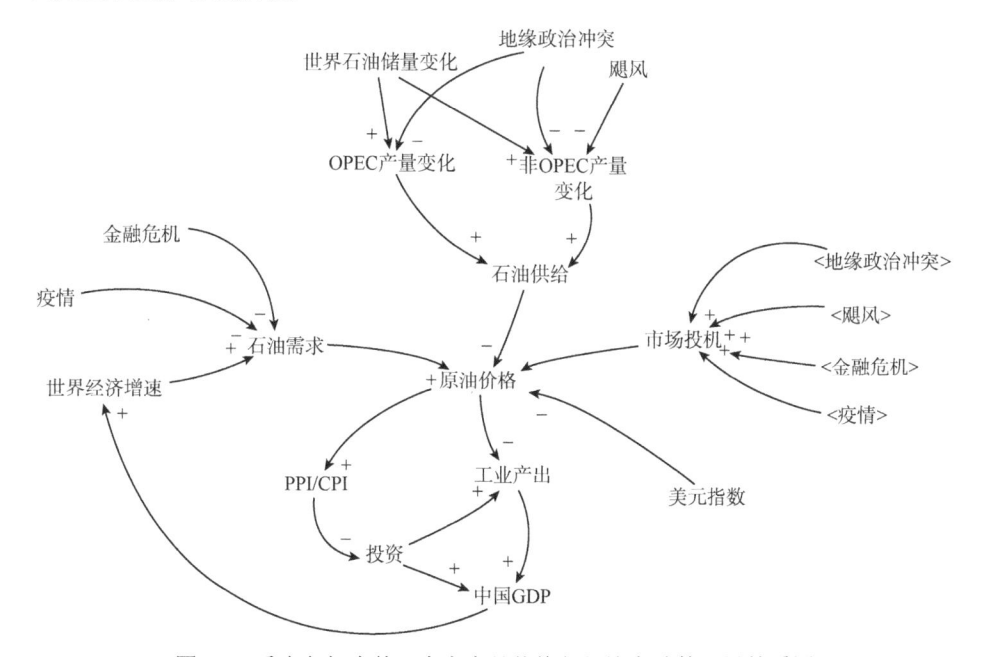

图 7.2 重大危机事件下大宗商品价格与经济变动的因果关系图

对应的流图如图 7.3 所示。构建模型时，将 2007 年作为仿真模拟的初始年，模型参数的确定依据的是 2007~2023 年的历史数据，以及基于历史数据估算、计量回归、预测等方法获得的常量和参数赋值。

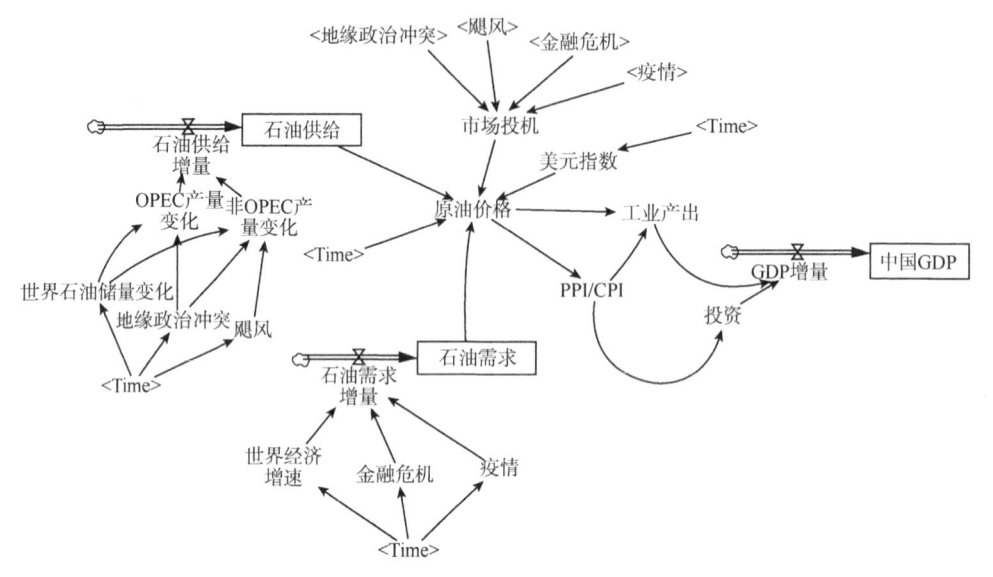

图 7.3 重大危机事件下大宗商品价格与经济变动的系统流图

Time 变量是模型的内置参数

7.2.2 模型参数设置

对构建系统动力学模型的数据来源进行说明。石油供给增量、OPEC 产量变化、非 OPEC 产量变化、石油需求增量、原油价格和世界石油储量变化数据都来源于《BP 世界能源统计年鉴》。地缘政治冲突用 GPR 指数表示[1]。世界经济增速数据来源于世界银行，美元指数来源于英为财情[2]，市场投机以美国商品期货交易委员会发布的原油非商业净头寸表示[3]。中国 GDP、PPI/CPI，以及工业产出数据来源于中国国家统计局。飓风采用 Google Trends 表示，选定的搜索关键词是 hurricane。金融危机和疫情根据指数衰减的形式进行设定。

1. 流位变量关系式说明

流位变量又称存量，是系统中起到累积作用的量。所有流位变量的初始值均

---

[1] Geopolitical Risk（GPR）Index，https://www.matteoiacoviello.com/gpr.htm，2024 年 3 月 6 日。
[2] https://www.investing.com/indices/usdollar-historical-data，2024 年 3 月 6 日。
[3] CFTC Crude Oil Non-Commercial Net Positions，https://www.mql5.com/en/economic-calendar/united-states/cftc-crude-oil-non-commercial-net-positions，2024 年 3 月 6 日。

采用真实值法设定。其中，石油供给、石油需求和中国 GDP 的初值都采用 2007 年的真实值进行设定。各变量的公式具体如下：

石油供给= INTEG(石油供给增量，82 441)，单位：千桶/天

石油需求= INTEG(石油需求增量，86 049)，单位：千桶/天

中国 GDP= INTEG(GDP 增量，270 092)，单位：亿元

2. 流率变量关系式说明

流率变量又称流量，是作用于存量的微分性质的量。流率变量全部采用基本的逻辑公式设定而成，基本公式具体如下：

石油供给增量=OPEC 产量变化+非 OPEC 产量变化，单位：千桶/天

石油需求增量=世界经济增速×1236.42+金融危机×450.503
  −疫情×820.116−2305.56，单位：千桶/天

GDP 增量=工业产出×0.032+投资×0.139，单位：亿元

3. 辅助变量关系式说明

辅助变量形式多样，是系统中的信息量。辅助变量的关系式主要通过计量经济模型、历史数据线性拟合（定基增长、几何平均插值法等）方式进行设定。本章尝试利用多种函数关系进行拟合，选取拟合度最高的结果进行后续的仿真。

OPEC 产量变化=地缘政治冲突×20.5468
  −世界石油储量变化×3.2648−300.306，单位：千桶/天

非 OPEC 产量变化=飓风×(−5.28)+战争×10.472+世界石油储量变化×4.7786
  −3910，单位：千桶/天

市场投机=飓风×1.87−地缘政治冲突×0.4778−金融危机×300.189
  +疫情×72.2842+218.394

原油价格= IF THEN ELSE(Time＞2015，IF THEN ELSE(Time＞2019，
  IF THEN ELSE(Time＞2020，IF THEN ELSE(Time＞2021，
  IF THEN ELSE(Time＞2022，石油需求×(0.000 494 5)
  +石油供给×0.000 728 5−市场投机×0.024 808−美元指数×4.099 17
  +397.9，100.32)，69.9119)，40.8383)，石油需求×(0.000 494 5)
  +石油供给×0.005 728 5−市场投机×0.024 808−美元指数×4.099 17
  −102.805)，石油需求×(5.65×10^{-5})+石油供给×0.012 526 5
  +市场投机×0.045 801 3−美元指数×5.096 77−566.4)，单位：美元/桶

PPI/CPI=原油价格×0.507+389.785

工业产出=PPI/CPI×3851.12−原油价格×2535.89−1.214 43×10^6，单位：亿元

投资=PPI/CPI×3224.06−1.017 91×10^6，单位：亿元

7.2.3 模型检验

完成动力学系统的主要变量和参数设置后,参考斯特曼(2008)的检验思路,首先使用 Vensim DSS 中的"unit check"功能检验模型的量纲一致性。其次,对我国 2007~2023 年原油市场和中国宏观经济的历史数据进行仿真模拟。表 7.2 是所有水平变量历年的真实值、仿真值以及误差对比(取相对误差的绝对值)。其中,石油供给、石油需求、原油价格和中国 GDP 历年真实值和仿真值的平均相对误差分别为 2.38%、3.98%、3.85%和 5.37%,误差在可接受的范围内,这说明模型整体具有较好的拟合效果,数据可靠性较强。

表 7.2 模型主要变量的检验

指标年份	石油供给 真实值	仿真值	相对误差	石油需求 真实值	仿真值	相对误差
2007	82 441	82 441.0	0.00%	86 049	86 049.0	0.00%
2008	83 116	82 984.4	0.16%	85 114	89 160.2	4.75%
2009	81 476	83 097.9	1.99%	83 787	89 864.5	7.25%
2010	83 285	83 570.6	0.34%	86 653	86 307.6	0.40%
2011	84 023	84 185.1	0.19%	87 402	89 777.6	2.72%
2012	86 228	84 908.2	1.53%	88 667	91 641.8	3.36%
2013	86 579	85 325.1	1.45%	89 950	92 712.9	3.07%
2014	88 739	86 051.2	3.03%	90 713	93 890.8	3.50%
2015	91 739	87 337.2	4.80%	92 703	95 390.2	2.90%
2016	92 012	88 719.7	3.58%	94 523	96 898.2	2.51%
2017	92 519	89 748.5	2.99%	96 476	98 066.4	1.65%
2018	94 914	90 682.3	4.46%	97 711	99 952.5	2.29%
2019	94 972	91 660.5	3.49%	97 959	101 712.0	3.83%
2020	88 630	92 496.5	4.36%	89 139	96 712.4	8.50%
2021	90 076	92 983.5	3.23%	94 372	88 150.7	6.59%
2022	93 848	93 742.4	0.11%	97 309	91 653.1	5.81%
2023	101 620	96 819.4	4.72%	101 000	92 335.6	8.58%
平均误差		2.38%			3.98%	

指标年份	原油价格 真实值	仿真值	相对误差	中国 GDP 真实值	仿真值	相对误差
2007	72.39	73.957	2.16%	270 092.3	270 092	0.00%
2008	97.26	88.314	9.20%	319 244.6	327 879	2.70%
2009	61.67	68.600	11.24%	348 517.7	388 660	11.52%

续表

指标年份	原油价格			中国GDP		
	真实值	仿真值	相对误差	真实值	仿真值	相对误差
2010	79.50	78.144	1.71%	412 119.3	445 331	8.06%
2011	111.26	117.624	5.72%	487 940.2	503 991	3.29%
2012	111.67	107.613	3.63%	538 580.0	570 885	6.00%
2013	108.66	103.757	4.51%	592 963.2	635 691	7.21%
2014	98.95	104.182	5.29%	643 563.1	699 693	8.72%
2015	52.39	51.581	1.54%	688 858.2	763 783	10.88%
2016	43.73	47.243	8.03%	746 395.1	816 904	9.45%
2017	54.19	55.469	2.36%	832 035.9	869 120	4.46%
2018	71.31	73.025	2.40%	919 281.1	923 052	0.41%
2019	64.21	65.322	1.73%	986 515.2	980 645	0.60%
2020	41.84	40.838	2.39%	1 013 567.0	1 036 630	2.28%
2021	70.91	69.912	1.41%	1 149 237.0	1 087 510	5.37%
2022	101.32	100.320	0.99%	1 210 207.2	1 144 460	5.43%
2023	82.52	81.520	1.21%	1 270 718.0	1 207 740	4.96%
平均误差		3.85%			5.37%	

7.3 情景设定和仿真结果分析

证明了模型的可靠性和稳健性后，就可以使用这一模型进行不同情景下的仿真模拟。本章对地缘政治冲突、飓风、疫情和世界经济增速进行数值设定，模拟2024~2026年的原油价格走势。情形设定如表7.3所示。

表7.3 仿真情景设定

情景分类	情景模式	情景参数
基准情形	所有因素不变，跟2023年保持一致	GPR指数=121.99，飓风=58，疫情=0.5，世界经济增速=3%，其他参数不变
地缘政治冲突的影响	地缘政治冲突加剧，战争影响较大	GPR指数=200，其他参数不变
	地缘政治冲突基本消除	GPR指数=30，其他参数不变
飓风的影响	未来飓风影响较大，影响程度与飓风Ida（艾达）类似	飓风=150，其他参数不变
	美国墨西哥湾产油工业基本外移，未来飓风影响不大	飓风=20，其他参数不变
疫情的影响	未来疫情得到全面消除	疫情=0，其他参数不变
世界经济增速的影响	世界经济疲软（根据国际货币基金组织、联合国等组织的世界经济发展展望）	世界经济增速=2%，其他参数不变

首先是基准情形设定，假设所有因素在2024~2026年都不变，跟2023年的表现一致，GPR指数为121.99，飓风为58，疫情为0.5，世界经济增速为3%。在考虑地缘政治冲突的影响时，主要包含两种情况：①地缘政治冲突加剧，战争的影响增大，此时GPR指数设定为200；②地缘政治冲突基本消除，影响不大，此时GPR指数设定为30。类似地，飓风的影响也考虑两种情况：①未来飓风的影响较大，造成的损失与飓风Ida类似①，此时飓风参数设置为150；②美国墨西哥湾的产油工业基本外移，未来飓风对石油产量的影响不大，此时飓风参数设置为20。分析疫情的影响时，主要考虑按照当前趋势，未来疫情会得到全面消除，不对生产生活造成影响，因此疫情的参数设置为0。分析世界经济增速的影响时，根据国际货币基金组织和联合国等组织的世界经济发展展望，设定2024~2026年的经济增速为2%。

7.3.1 地缘政治冲突对原油价格的影响

地缘政治冲突对原油价格影响的模拟结果如图7.4所示。在基准情景下，2024~2026年的原油价格变化不大，仅有微小的上涨趋势。2024年原油价格为84.3美元/桶，2025年的原油价格为85美元/桶，2026年的原油价格为85.6美元/桶。油价虽有一定的波动性，但是整体保持在85美元/桶左右。

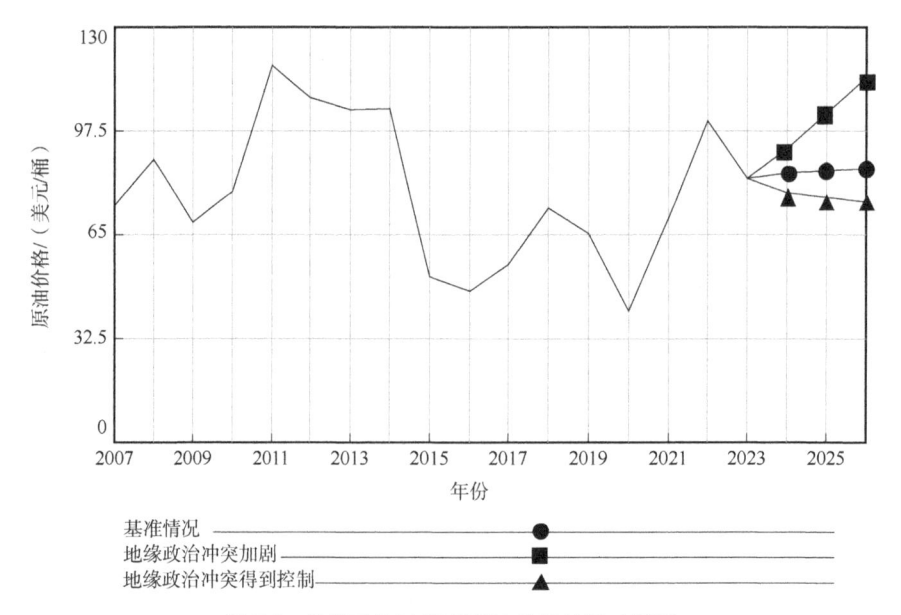

图7.4 地缘政治冲突对原油价格的影响模拟

---

① 2021年8月29日在美国路易斯安那州登陆的大型飓风，导致美国原油减产174万桶/天，炼厂消费减幅270万桶/天。

当地缘政治冲突的情况改变后，原油价格的走势就会有显著变化。若地缘政治冲突得到控制，此时设置 GPR 指数为 30。可以看到原油价格呈下降的趋势。2024 年的原油价格为 78 美元/桶，2025 年的原油价格为 76.6 美元/桶，2026 年的原油价格为 75.2 美元/桶。若地缘政治冲突加剧，此时设置 GPR 指数为 200。可以看到原油价格快速上涨。2024 年的原油价格为 91.7 美元/桶，2025 年的原油价格为 102.8 美元/桶，2026 年的原油价格为 114 美元/桶。

地缘政治冲突主要从供给层面影响原油价格。当冲突加剧，尤其是产油大国发生战争时，会影响原油的生产与出口。在目前已形成的世界原油供给格局下，产油大国战争导致的原油生产缺口，很难通过其他产油国进行弥补，从而导致原油价格快速上涨。但是当冲突得到控制时，原油的生产和出口不会受到影响。但是因为 OPEC+的利益要求，会在产能过剩时削减产量，支撑原油的高价。因此，即使地缘政治冲突得到控制，原油价格的下降幅度也是有限的。

7.3.2 飓风对原油价格的影响

飓风对原油价格影响的模拟结果如图 7.5 所示。当飓风的情况改变时，原油价格的未来走势有较为明显的变化。若未来飓风的影响与 2021 年的大型飓风 Ida 类似，严重影响墨西哥湾的石油生产，此时设置飓风的参数为 150，原油价格在 2024 年会有快速提升，达到 90.5 美元/桶；2025 年和 2026 年的原油价格变化不大，分别为 90.9 美元/桶和 91.2 美元/桶。若未来墨西哥湾的产油工业外移，受飓

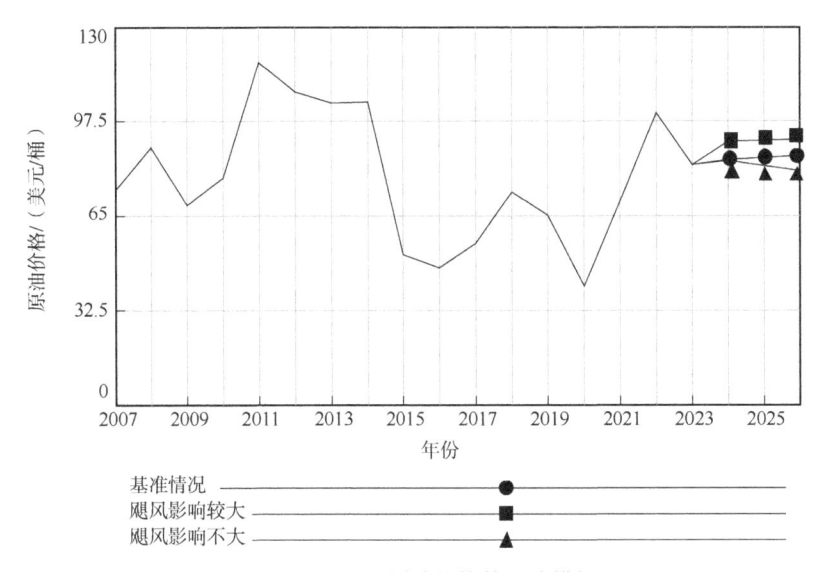

图 7.5 飓风对原油价格的影响模拟

风影响不大,此时设置飓风的参数为 20,原油价格会有一个小幅的下降,2024 年为 83.8 美元/桶,2025 年为 82.2 美元/桶,2026 年为 80.5 美元/桶。

飓风对原油价格的影响主要是通过影响美国墨西哥湾的原油生产来实现的。自 2018 年以来,美国超越沙特阿拉伯和俄罗斯成为全球最大的产油国。其中,墨西哥湾地区作为主要产油区,其原油产量、加工量分别占全美的 60%、50%以上。大型飓风有着较强的破坏力,会导致墨西哥湾地区的原油产量和加工量显著下降,从而推高原油价格。飓风主要影响的是墨西哥湾地区的海上石油产量,对陆上产量的影响较小。页岩油产量增长后导致墨西哥湾的产油重心从海上转移到了陆上,若是未来,墨西哥湾海上产油的比重不断减小,石油工业不断外移,飓风对美国石油生产的影响就会不断减弱,对价格的影响也会减小。

7.3.3 疫情对原油价格的影响

接下来,探究若是新冠疫情完全消除,未来原油价格的走势。根据图 7.6 可以看出,疫情完全消除后原油价格的走势与基准情形的走势相差不大。疫情完全消除后,2024 年的原油价格为 85.2 美元/桶,2025 年的原油价格为 86.1 美元/桶,2026 年的原油价格为 86.9 美元/桶。

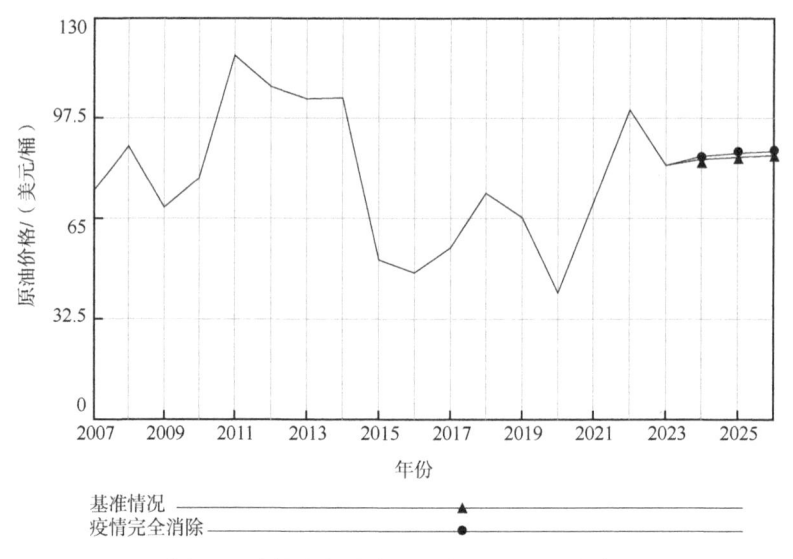

图 7.6 疫情完全消除对原油价格的影响模拟

疫情主要通过影响需求来影响原油价格。2020 年,新冠疫情造成世界范围内的停工停产,原油需求急剧下降。2020 年 4 月,WTI 期货盘中价格历史上首次跌至负值。随着疫苗的研发,群体免疫的建立,各国逐步复工复产,直到 2023 年,新冠疫情对生产生活的影响已经基本消除。因此，将新冠疫情的参数设置为 0 后，与基准情形的走势是类似的。

7.3.4 世界经济增速对原油价格的影响

根据联合国、国际货币基金组织等国际组织的世界经济发展展望，未来几年的世界经济增速将大幅放缓。本节探究未来世界经济疲软，世界经济增速为 2.0%时，原油价格的走势。从图 7.7 可以看出，原油价格将大幅下降，2024 年的原油价格为 77.4 美元/桶，2025 年的原油价格为 72 美元/桶，2026 年的原油价格为 66.7 美元/桶。

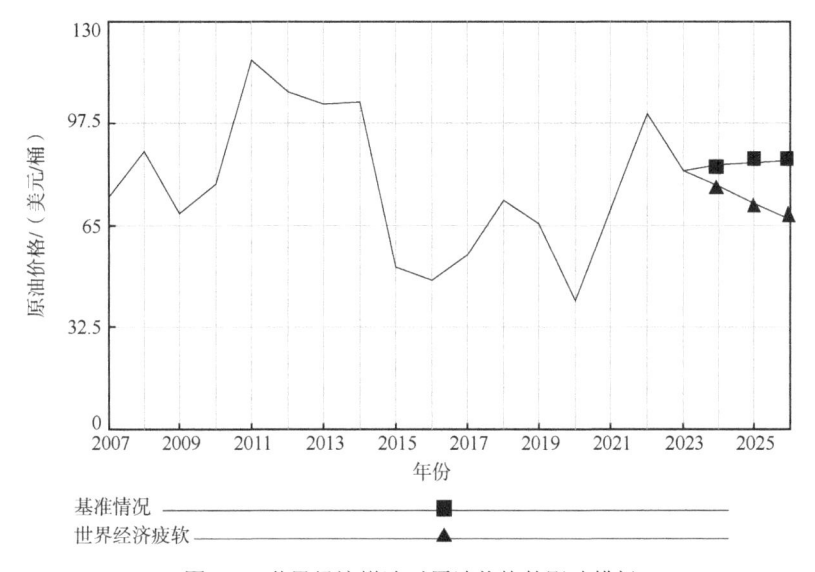

图 7.7 世界经济增速对原油价格的影响模拟

世界经济运行情况是大宗商品供需的根本。世界经济发展主要是通过需求影响原油价格，且这一影响因素要远大于其他影响因素。当世界经济疲软时，原油需求将大幅下降，原油价格也会大幅下降。

7.3.5 结果讨论

通过对各因素的模拟结果进行比较，结果如图 7.8 所示。发现世界经济增速是原油价格最重要的影响因素，当世界经济疲软时，原油价格会快速下跌。其次是地缘政治冲突的影响，而且 GPR 指数增长时的影响要大于减小时的影响。再次是飓风的影响，当特大飓风严重冲击到墨西哥湾的原油生产时，原油价格会快速上涨。最后是疫情的影响，这是因为以 2023 年为基准的情景设定，疫情的影响已经基本消除，未来疫情完全消除后，对原油价格的影响也不大。

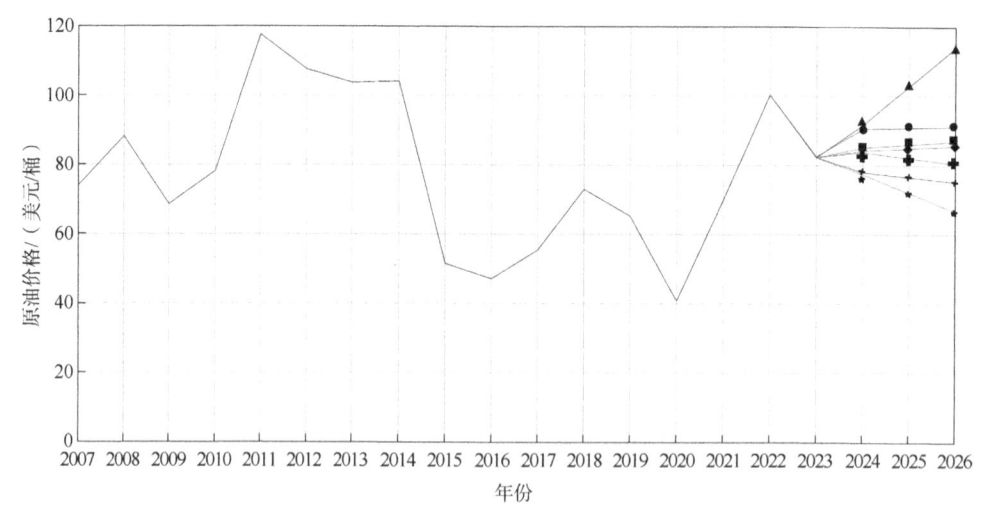

图 7.8　各因素对原油价格的影响程度比较

7.4　基于仿真结果的应对措施

（1）建立完善的经济监测预警系统。重大危机事件不只对经济有直接影响，也会通过原油市场影响经济，使经济活动的负向响应时间更长。因此，面对战争等重大危机事件，政府当局要快速行动以遏制经济风险，比如通过主动囤货的方式应对供应链冲击，拓宽其他进口国渠道来分摊进口风险，改进金融风险监测方式，完善宏观审慎政策，等等。

（2）推进原油市场进口多元化战略，降低供给风险。俄乌冲突使严重依赖俄罗斯油气资源的欧洲深受其害，供给中断风险使欧洲地区的能源价格飙升。因此，需要加快构建能源进口多元化格局，避免对某个国家能源依存度过高而导致供给中断风险。

（3）企业要建立应急机制，合理运用金融工具对冲风险。重大危机事件对原油市场和经济的冲击会在很大程度上影响企业的运行。企业要加强风险管理，建立风险管理体系和相应的应急预案，合理使用期货、期权、对冲基金等金融工具来降低风险敞口，实现安全有效运营。

（4）长期中，世界经济发展驱动的总需求是原油价格的关键驱动因素。需要转变能源发展方式，高效利用风能、太阳能等可再生能源，建立可再生能源发展体系，从根本上减少对原油的需求和依赖，保障能源安全。

7.5 本章小结

本章构建了重大危机事件下的大宗商品价格的 PSIR 模型，并在此基础上采用系统动力学模型，模拟不同类型和不同强度重大危机事件的变动对未来原油价格走势的影响。首先，使用2007~2023年的实际数据进行变量和参数设置，并将模型仿真值和真实值进行比较，保证模型的可靠性。其次，对地缘政治冲突、飓风、疫情和世界经济增速四个变量进行赋值，探究这四个因素的变动对2024~2026年原油价格的影响。发现地缘政治冲突加剧后会使原油价格大幅提升，但是地缘政治冲突得到控制后，原油价格的下降幅度并不大。飓风的影响与地缘政治冲突类似，但是影响幅度较小。疫情完全消除后的油价走势与基准情形的走势相差不大。世界经济增速下降，会使原油价格大幅下降。根据模拟结果，提出建立完善的经济监测预警系统、构建多元化的油气进口格局、企业合理使用工具对冲风险、推进能源转型等建议。

第 8 章　结论与展望

8.1　研　究　结　论

近年来,重大危机事件频发,给大宗商品市场造成剧烈冲击,大宗商品价格的大幅变动也给中国经济带来显著的影响。本书研究了重大危机事件对大宗商品价格的影响,以及大宗商品价格大幅变动对经济的影响这一传导路径,并在此基础上进行预测和仿真模拟,对重大危机事件造成的大宗商品价格大幅变动进行防范,给相关主体提供应对措施。主要研究内容和结论如下。

第一,分析了重大危机事件对大宗商品价格的短期净影响和影响渠道。以俄乌冲突和原油价格为例,发现俄乌冲突加剧了原油价格的高频波动,导致原油价格上涨幅度超过 50%。就具体影响渠道而言,俄乌冲突短期内通过影响投机活动,加剧油价的高频波动,并与 OPEC+的产量公告共同作用,造成原油价格短期快速上涨。此外,俄乌冲突加剧了低库存的现状,维持了油价中期的上涨势头。但是在中长期,因俄罗斯石油出口的韧性、世界原油需求疲软和美元指数走强的影响,俄乌冲突对油价的影响有限。

第二,探究了重大危机事件对大宗商品价格的长期影响。通过对 30 多年来 4 类 50 个重大危机事件的研究,发现从需求端产生影响的经济和金融危机及突发卫生公共事件会导致原油价格下跌,工业生产指数上涨;从供给端产生影响的地缘政治冲突和自然灾害会导致原油价格上涨,工业生产指数下跌。重大危机事件对原油市场的影响剧烈但是持续时间短,对经济的影响程度较弱但是持续时间长。

第三,揭示了大宗商品价格变动对中国经济的影响。以原油价格为例,国际原油价格通过供给冲击和价格冲击影响了中国宏观经济的运行,这其中,2009 年 5 月之后,成品油价格管制起到了"减震器"的功能,在长期有利于工业投资和经济增长。进一步地,通过对重点相关行业分析发现,铜价格变动对工业的影响,大豆价格变动对豆油行业的影响,具有一定的相似性。原油价格变动对能源行业的影响,更容易受到重大危机事件的冲击。在特定时点进行冲击时,新冠疫情的影响>金融危机的影响>俄乌冲突的影响。

第四,开展了考虑重大危机事件的大宗商品价格的预测。提出了 CRP-MIF-F 的预测方法,在判断事件影响渠道的基础上,将事件分别引入对应的子序列预测中,再集成原油价格序列。发现这一预测方法明显优于基准方法,可以显著提高预测精度。

第五，模拟了重大危机事件下大宗商品价格大幅变动的影响。发现，世界经济疲软会使原油价格大幅下跌，地缘政治冲突的影响是不对称的，冲突加剧对原油价格的影响要大于冲突减小的影响。飓风的影响次之，最小的是疫情的影响。这是因为以 2023 年为基准的情景设定，疫情的影响已经基本消除，未来疫情完全消除后，对原油价格的影响也不大。

8.2 政策建议

第一，建立完整有效的应急管理机制。地缘政治冲突、飓风、疫情等重大危机事件对大宗商品市场的短期和长期影响已清晰显现，俄乌冲突能使油价的涨幅超过 50%，使欧洲天然气价格翻倍，使粮食价格涨幅超过 30%，这反映了大宗商品市场极大的不稳定性。因此，各国及相关组织应通力合作，在大宗商品市场尤其是石油市场建立有效的应急管理机制，稳定商品供给，减少价格的大幅波动。其中，在原油市场上，石油库存对油价波动的影响比石油总量的供需更加显著。应该正确认识到能源战略储备的必要性和重要性，构建有效的石油战略储备系统，提高能源的战略储备能力，以应对重大危机事件对库存的冲击。

第二，短期内实施适度的价格管制。大宗商品金融化程度不可逆转，为了减少大宗商品波动的影响，对某些关键性商品，尤其是对外依存度高的商品，可以在期货制度不完善的情况下，短期内实施适度的价格管制。以中国为例，短期内继续实行符合中国情况的成品油价格管制措施。现阶段政府对以石油为代表的能源产品进行价格管制是科学合理的，作为石油进口和消费大国，价格管制也是必要的，但是长期中管制程度可以逐步减弱。根据研究结果，适度的价格管制可以起到"减震器"的作用，而过度的价格管制会严重损害经济的长期发展。中国的成品油管制措施可以随着中国能源结构的调整完善而逐步放开，使中国原油和成品油价格的市场化水平提高，真正反映供需状况，提高市场运行效率。

第三，能源进口国要构建多元化的油气进口格局。以俄乌冲突为例，此次事件充分暴露了欧洲国家对俄罗斯能源进口过度依赖的弊端，一旦对方国家出现风险，就会导致能源供给的中断危机。以中国为例，可以依托"一带一路"倡议，与共建国家开展多层次合作，逐步搭建起"一带一路"能源合作网络，构建多元化的油气进口格局。

第四，尽快完善和发展中国原油期货市场，建立现代石油流通体制。2018 年 3 月 26 日，原油期货正式在上海国际能源交易中心挂牌交易，与国际上规模较大的石油期货合约相比，上海原油期货合约的最大区别是以中质含硫原油为标的物。

虽然目前上海原油期货市场已成为继英国 Brent 原油期货市场和美国 WTI 原油期货市场之后的第三大规模的原油期货市场，但仍存在制度缺乏灵活性、石油交割品种不丰富等问题，因此需要尽快完善发展上海原油期货市场，使中国在国际原油期货市场上的融入程度更高，更好地发挥原油期货的价格发现作用，从根本上减弱油价波动对中国经济的不利影响。

第五，大力发展可再生能源，稳步推进能源转型。作为不可再生能源和战略性物资，原油的稀缺性显而易见，但重大危机事件的发生极易改变油价的运行趋势，并传导至宏观经济。能源转型一方面可以减少对石油和天然气的消耗与进口依赖，降低石油和天然气价格大幅波动对经济的影响，另一方面可以通过多样性能源体系的构建保障国家的能源安全，最大程度实现能源独立。

第六，持之以恒防范化解重大金融风险。金融危机对原油市场和经济的危害要大于突发卫生公共事件。在全球经济互联互通的大背景下，重大金融风险的传染效应极强。我们需要优化金融体系治理，加强和完善现代金融监管，科学防范金融风险。

第七，多种措施并举，防范通货膨胀的溢出与转嫁。货币当局要灵活运用汇率政策和外汇管理制度，适时干预汇率市场，维持本国货币的稳定。同时通过贸易政策和关税等手段加强对进口通胀的控制，避免外部通货膨胀通过进口商品价格传导至本国。

第八，企业要合理应用金融工具对冲风险。重大危机事件的发生极易导致大宗商品价格的过度反应，放大价格的波动性。企业要加强风险管理，建立风险管理体系和相应的应急预案，合理运用期权、期货等金融工具对冲由原材料价格波动导致的生产成本高企的风险，平缓油价冲击，实现安全有效运营。

8.3 研究展望

本书对重大危机事件下大宗商品价格的传导路径进行了缜密探索，并结合预测和仿真模拟，提出了相应的防范措施。虽然进行了一定的创新性工作，取得了阶段性成果，但仍然存在局限性，需进一步完善。总体而言，有待进一步开展的工作包括以下四个方面。

第一，考虑多个重大危机事件同时发生的仿真模拟。本书第 7 章构建了重大危机事件下大宗商品价格和经济的 PSIR 模型，并对四类重大危机事件分别进行了仿真模拟，深入研究了单个事件的影响传导。事实上，多个重大危机事件可能同时发生，因此接下来将考虑事件同时发生时大宗商品市场和经济的反应，并进行仿真模拟。首先在已有的 PSIR 模型基础上，扩展模型以集成多个危机事件，分析这些事件之间的交互效应，包括正向反馈（放大效应）和负向反馈（缓和效应）。通过收集和分析历史数据，以及设计情景分析，可以为模型提供实际的参数和验证依据，评估不同情景下的可能结果。仿真方法包括蒙特卡罗模拟、系统动力学模型等，以模拟市场在多重危机下的行为和决策。敏感性分析有助于确定对模型结果影响最大的变量，识别关键因素和脆弱点。风险评估与管理通过量化多重危机事件带来的经济损失，并制定应对策略和预案，降低负面影响。

此外，识别事件间的依赖关系和交叉影响是关键，需要在模型中引入事件之间的联合分布和相关性，利用统计方法量化这些相关性。同时，构建包含反馈回路的模型，以捕捉不同事件之间的动态相互作用。通过设计综合情景分析和评估情景发生的概率，研究不同危机事件组合的潜在影响。政策制定应基于系统性风险评估，并设计协同的应对措施，确保有效应对多重危机事件的相互作用。最后，多学科融合和跨部门合作对于构建全面的危机事件相互作用模型至关重要，通过政府、企业和学术机构的协作，提供更全面的视角和资源支持，从而提升仿真模拟的准确性和可靠性。

第二，扩展研究方向，进一步完善研究路径。本书主要探索了"重大危机事件→大宗商品价格→中国经济"的影响路径。在重大危机事件发生后，经济会受到一系列冲击，这不仅要求我们理解经济的初步反应，还需要关注事件过后经济的复原过程。因此，在进一步完善这一研究路径时，需要考虑经济受到冲击后的复原力（韧性），并特别考察能源进口国和能源出口国在这一过程中所表现出的不同情况。基于此，形成一个完整的研究路径："重大危机事件→大宗商品价格→中国经济→经济复原"。

经济韧性的强弱取决于多个因素，包括经济结构的多样性、政策应对能力、社会制度的稳定性、国际援助和合作，以及创新和技术进步。能源进口国由于经济多元化，因此在面对危机时受到的冲击较分散，而能源出口国则需减少对单一资源的依赖来增强韧性。稳定和灵活的财政政策、货币政策对应对经济冲击至关重要，而健全的法律、监管框架及完善的社会保障体系则能确保经济活动有序进行，减少不确定性。国际合作在缓解短期能源供应压力和确保市场稳定方面也起着关键作用。此外，推动技术创新可以提高生产效率，能源进口国通过发展可再生能源技术减少对进口能源的依赖，能源出口国通过改进开采和生产技术提升市场竞争力。最终，在对比研究的基础上，获得影响两类国家经济韧性的关键因素。这不仅有助于理解不同类型经济体的复原机制，也能为各国在制定应对危机的政策时提供有价值的参考。

第三，考虑大宗商品价格的月度预测。目前学界已经对大宗商品价格，尤其是原油价格的日度预测进行了大量探索，形成了一些成熟的方法。本书也提出了考虑重大危机事件的日度价格预测。但是相较于日度价格预测，月度价格的预测更具有前瞻性,也更有难度。我们可以有效预测第二天的油价,是因为在短期内,大部分影响油价的因素已经在市场中反映出来。例如,前一天的市场收盘价、库存报告、短期天气预报、已公布的经济数据等。同时,市场通常具有一定的惯性,短期内价格变化较小,容易基于当前趋势和已有信息进行预测。另外,短期内,交易者的行为和心理变化较为有限,市场波动相对可控。但是我们难以有效预测第二个月的油价。因为,未来一个月的很多影响因素都存在不确定性,例如,经济政策的变化、地缘政治事件、自然灾害等都难以准确预测。同时,市场对一些因素的反应可能需要时间,长时间内这些因素的累积效应难以估计。另外,长期预测需要考虑更多的变量及其相互作用,如全球经济趋势、产油国政策、替代能源发展等,这使得模型复杂性大大增加。如何在月度价格预测中考虑未来一个月各种因素的综合影响,提高月度价格的预测效果,是未来继续探索的关键点。

第四,搭建重大危机事件冲击下,大宗商品市场和经济的政策仿真平台。本书提出了"重大危机事件→大宗商品价格→中国经济"整个的研究路径,并以原油价格为例进行了系统动力学的仿真模拟。未来计划将其他关键大宗商品纳入系统中,搭建一个完整的政策仿真平台。当重大危机事件发生时,将事件类型、预期强度等关键指标输入,可以获得关键大宗商品价格的变动情况,以及经济的变动情况,在仿真模拟的基础上,可以给出相应的政策建议和应对措施。

具体来说,需要扩展商品范围,涵盖天然气、煤炭、金属、农产品等,考虑不同商品之间的替代和互补关系;涵盖多种危机类型,如自然灾害、政治冲突、金融危机和公共卫生事件,并开发动态评估模型实时更新危机强度和影响范围;纳入国家和全球层面的宏观经济模型与行业经济模型,细化不同行业的具体影响。利用大数据和机器学习技术,提高仿真精度和实时响应能力,确保在危机事件发生时能快速进行仿真,提供及时的政策建议。构建多种情景模拟模型,评估不同政策组合在不同危机情境下的效果,建立全面的政策数据库和政策效果评估模型。设计用户友好的交互式界面,提供跨领域专家的参与和多学科协作,确保模型的科学性和全面性,并通过培训计划和技术支持帮助用户理解与利用仿真结果。定期更新模型和数据,建立国际合作和信息共享平台,提升平台的国际影响力。最终构建一个功能强大、数据丰富、科学精准的大宗商品市场和经济政策仿真平台,为政策制定者提供有力的支持,帮助应对未来可能发生的各种重大危机事件。

参 考 文 献

蔡宏波，王俊海. 2012. 国际大宗商品价格与中国经济波动：基于不同来源油价冲击的经验考察[J]. 国际商务（对外经济贸易大学学报），（1）：54-64.
程惠霞. 2016. 危机管理：从应急迈向前置[M]. 北京：清华大学出版社.
邓创，吴超，赵珂. 2022. 重大危机事件下的不确定性冲击、传导机制与政策协同应对[J]. 国际金融研究，（2）：22-33.
胡兰丽，刘洪. 2021. 基于夜间灯光数据的中国省域 GDP 数据质量评估[J]. 统计与决策，（7）：5-9.
林伯强，刘畅. 2016. 中国能源补贴改革与有效能源补贴[J]. 中国社会科学，（10）：52-71，202-203.
刘璐，张帮正. 2020. 国际大宗商品金融化如何影响中国实体经济：以工业产出为例[J]. 当代经济科学，42（4）：39-53.
刘欣瑜. 2017. 我国成品油价格波动与调控政策研究[D]. 大庆：东北石油大学.
刘永余，王博. 2015. 利率冲击、汇率冲击与中国宏观经济波动：基于 TVP-SV-VAR 的研究[J]. 国际贸易问题，（3）：146-155.
骆祚炎，郑佼. 2017. 国际大宗商品价格变动加剧了经济波动吗？——基于金融加速器效应视角的 TVAR 模型检验[J]. 世界经济研究，（6）：14-27，135.
马建珍. 2003. 浅析政府危机管理[J]. 长江论坛，（5）：48-51.
闵峰，文凤华，吴楠. 2021. 货币政策和财政政策对中国消费和投资的有效性评估[J]. 计量经济学报，（1）：94-113.
斯特曼 J D. 2008. 商务动态分析方法：对复杂世界的系统思考与建模[M]. 朱岩，钟永光，等译. 北京：清华大学出版社.
苏明政，张庆君. 2011. 国际大宗商品价格、有效汇率与输入型通货膨胀：基于国际贸易视阈下的状态空间模型研究[J]. 统计与信息论坛，（3）：50-55.
孙坚强，崔小梅，蔡玉梅. 2016. PPI 和 CPI 的非线性传导：产业链与价格预期机制[J]. 经济研究，（10）：54-68.
谭小芬，韩剑，殷无弦. 2015. 基于油价冲击分解的国际油价波动对中国工业行业的影响：1998-2015[J]. 中国工业经济，（12）：51-66.
谭小芬，邵涵. 2019. 国际大宗商品价格波动对中国通货膨胀影响的实证研究[J]. 金融评论，（2）：38-60，124.
唐正明，郭光远. 2018. 大宗商品价格冲击下国内外通货膨胀的空间关联性研究[J]. 国际金融研究，（12）：40-51.
万莹，徐崇波. 2016. 成品油消费税税率和税负水平的国际比较研究[J]. 当代财经，（2）：43-51.
王擎，李俊文，盛夏. 2019. 国际大宗商品价格波动对我国宏观经济影响的机制研究：基于开放经济的两国 DSGE 模型[J]. 中国软科学,（6）：35-49.

王书平, 魏晓萌, 吴振信. 2017. 考虑结构突变的大宗商品价格波动对中国经济的影响分析[J]. 工业技术经济,（4）：122-130.

王晓芳, 王永宁, 李洁. 2011. 国际大宗商品期货价格与中国 CPI 波动关系的经验研究[J]. 财贸经济,（6）：114-121.

吴立元, 赵扶扬, 刘研召. 2020. CPI 与 PPI 的趋势分化再研究：从大宗商品价格和劳动力市场分割的视角[J]. 中央财经大学学报,（9）：70-80, 119.

吴周恒, 李静鸿, 王明炘. 2018. 国际大宗商品价格至中国上下游价格的时变传导效应[J]. 经济理论与经济管理,（9）：90-102.

薛澜, 张强, 钟开斌. 2003. 危机管理：转型期中国面临的挑战[M]. 北京：清华大学出版社.

张焕芝, 邱茂鑫, 杜文祥, 等. 2020. 新冠肺炎疫情对中国油气勘探开发的影响及启示[J]. 世界石油工业,（5）：17-22.

张一林, 林毅夫, 朱永华. 2021. 金融体系扭曲、经济转型与渐进式金融改革[J]. 经济研究, 56（11）：14-29.

朱晶, 王容博, 曹历娟. 2023. 俄乌冲突下的世界粮食市场波动与中国粮食安全[J]. 社会科学辑刊,（1）：158-168.

Adam C, Collier P, Davies V A B. 2008. Postconflict monetary reconstruction[J]. The World Bank Economic Review, 22（1）：87-112.

Ahmadi M, Behmiri N B, Manera M. 2016. How is volatility in commodity markets linked to oil price shocks?[J]. Energy Economics, 59：11-23.

Algamdi A, Brika S K M, Musa A, et al. 2021. COVID-19 deaths cases impact on oil prices: probable scenarios on Saudi Arabia economy[J]. Frontiers in Public Health, 9：620875.

Algieri B, Kalkuhl M, Koch N. 2017. A tale of two tails: explaining extreme events in financialized agricultural markets[J]. Food Policy, 69：256-269.

Aloui R, ben Aïssa M S, Nguyen D K. 2013. Conditional dependence structure between oil prices and exchange rates: a Copula-GARCH approach[J]. Journal of International Money and Finance, 32：719-738.

Andersen T G, Bollerslev T. 1998. Answering the skeptics: yes, standard volatility models do provide accurate forecasts[J]. International Economic Review, 39（4）：885-905.

Antonakakis N, Gupta R, Kollias C, et al. 2017. Geopolitical risks and the oil-stock nexus over 1899–2016[J]. Finance Research Letters, 23：165-173.

Apergis N, Vouzavalis G. 2018. Asymmetric pass through of oil prices to gasoline prices: evidence from a new country sample[J]. Energy Policy, 114：519-528.

Archanskaïa E, Creel J, Hubert P. 2012. The nature of oil shocks and the global economy[J]. Energy Policy, 42：509-520.

Atri H, Kouki S, Gallali M I. 2021. The impact of COVID-19 news, panic and media coverage on the oil and gold prices: an ARDL approach[J]. Resources Policy, 72：102061.

Awan O A. 2019. Price discovery or noise: the role of arbitrage and speculation in explaining crude oil price behaviour[J]. Journal of Commodity Markets, 16：100086.

Bacon R W. 1991. Rockets and feathers: the asymmetric speed of adjustment of UK retail gasoline prices to cost changes[J]. Energy Economics, 13 (3): 211-218.

Bae J Y, Lee Y, Heo E. 2017. Effects of the Middle East conflicts on oil company returns[J]. Energy Sources, Part B: Economics, Planning, and Policy, 12 (3): 243-249.

Bai J S, Perron P. 2003. Computation and analysis of multiple structural change models[J]. Journal of Applied Econometrics, 18 (1): 1-22.

Bai Y, Li X X, Yu H, et al. 2022. Crude oil price forecasting incorporating news text[J]. International Journal of Forecasting, 38 (1): 367-383.

Balcilar M, van Eyden R, Uwilingiye J, et al. 2017. The impact of oil price on South African GDP growth: a Bayesian Markov switching-VAR analysis[J]. African Development Review, 29 (2): 319-336.

Balke N S, Brown S P A, Yücel M K. 2002. Oil price shocks and the U.S. economy: where does the asymmetry originate?[J]. The Energy Journal, 23 (3): 27-52.

Baumeister C, Guérin P, Kilian L. 2015. Do high-frequency financial data help forecast oil prices? The MIDAS touch at work[J]. International Journal of Forecasting, 31 (2): 238-252.

Baumeister C, Hamilton J D. 2019. Structural interpretation of vector autoregressions with incomplete identification: revisiting the role of oil supply and demand shocks[J]. American Economic Review, 109 (5): 1873-1910.

Baumeister C, Kilian L. 2012. Real-time forecasts of the real price of oil[J]. Journal of Business & Economic Statistics, 30 (2): 326-336.

Baumeister C, Kilian L. 2016. Forty years of oil price fluctuations: why the price of oil may still surprise us[J]. Journal of Economic Perspectives, 30 (1): 139-160.

Benhmad F. 2013. Dynamic cyclical comovements between oil prices and US GDP: a wavelet perspective[J]. Energy Policy, 57: 141-151.

Borgards O, Czudaj R L, van Hoang T H. 2021. Price overreactions in the commodity futures market: an intraday analysis of the COVID-19 pandemic impact[J]. Resources Policy, 71: 101966.

Borzuei D, Moosavian S F, Ahmadi A. 2022. Investigating the dependence of energy prices and economic growth rates with emphasis on the development of renewable energy for sustainable development in Iran[J]. Sustainable Development, 30 (5): 848-854.

Bouri E, Cepni O, Gabauer D, et al. 2021. Return connectedness across asset classes around the COVID-19 outbreak[J]. International Review of Financial Analysis, 73: 101646.

Broadstock D C, Fan Y, Ji Q, et al. 2016. Shocks and stocks: a bottom-up assessment of the relationship between oil prices, gasoline prices and the returns of Chinese firms[J]. The Energy Journal, 37 (Suppl 1): 55-86.

Brown S P A, Yücel M K. 2002. Energy prices and aggregate economic activity: an interpretative survey[J]. The Quarterly Review of Economics and Finance, 42 (2): 193-208.

Bruno M, Sachs J. 1982. Input price shocks and the slowdown in economic growth: the case of U.K. manufacturing[J]. The Review of Economic Studies, 49 (5): 679-705.

Buansing T T S, Golan A, Ullah A. 2020. An information-theoretic approach for forecasting interval-valued SP500 daily returns[J]. International Journal of Forecasting, 36 (3): 800-813.

Caldara D, Iacoviello M. 2022. Measuring geopolitical risk[J]. American Economic Review, 112(4): 1194-1225.

Carter C A, Rausser G C, Smith A. 2011. Commodity booms and busts[J]. Annual Review of Resource Economics, 3: 87-118.

Chai J, Guo J E, Meng L, et al. 2011. Exploring the core factors and its dynamic effects on oil price: an application on path analysis and BVAR-TVP model[J]. Energy Policy, 39 (12): 8022-8036.

Chai J, Lu Q Y, Hu Y, et al. 2018b. Analysis and Bayes statistical probability inference of crude oil price change point[J]. Technological Forecasting and Social Change, 126: 271-283.

Chai J, Xing L M, Zhou X Y, et al. 2018a. Forecasting the WTI crude oil price by a hybrid-refined method[J]. Energy Economics, 71: 114-127.

Chen H, Liao H, Tang B J, et al. 2016. Impacts of OPEC's political risk on the international crude oil prices: an empirical analysis based on the SVAR models[J]. Energy Economics, 57: 42-49.

Chen H, Sun Z S. 2021. International crude oil price, regulation and asymmetric response of China's gasoline price[J]. Energy Economics, 94: 105049.

Chen S S, Chen H C. 2007. Oil prices and real exchange rates[J]. Energy Economics, 29 (3): 390-404.

Chen S T, Kuo H I, Chen C C. 2010. Modeling the relationship between the oil price and global food prices[J]. Applied Energy, 87 (8): 2517-2525.

Chen Z H, An H Z, An F, et al. 2018. Structural risk evaluation of global gas trade by a network-based dynamics simulation model[J]. Energy, 159: 457-471.

Cheng A, Chen T H, Jiang G G, et al. 2021. Can major public health emergencies affect changes in international oil prices?[J]. International Journal of Environmental Research and Public Health, 18 (24): 12955.

Cheng F Z, Fan T J, Fan D D, et al. 2018. The prediction of oil price turning points with log-periodic power law and multi-population genetic algorithm[J]. Energy Economics, 72: 341-355.

Cheng F Z, Li T, Wei Y M, et al. 2019. The VEC-NAR model for short-term forecasting of oil prices[J]. Energy Economics, 78: 656-667.

Cheng X, Wu P, Liao S S, et al. 2023. An integrated model for crude oil forecasting: causality assessment and technical efficiency[J]. Energy Economics, 117: 106467.

Chevallier J, Zhu B Z, Zhang L Y. 2021. Forecasting inflection points: hybrid methods with multiscale machine learning algorithms[J]. Computational Economics, 57 (2): 537-575.

Clark H L, Pinkovskiy M, Sala-i-Martin X. 2017. China's GDP growth may be understated[R]. Cambridge: National Bureau of Economic Research.

Corsi F. 2009. A simple approximate long-memory model of realized volatility[J]. Journal of Financial Econometrics, 7 (2): 174-196.

Cortazar G, Ortega H, Valencia C. 2021. How good are analyst forecasts of oil prices?[J]. Energy Economics, 102: 105500.

Costa A B R, Ferreira P C G, Gaglianone W P, et al. 2021. Machine learning and oil price point and density forecasting[J]. Energy Economics, 102: 105494.

Croce R M, Haurin D R. 2009. Predicting turning points in the housing market[J]. Journal of Housing

Economics, 18 (4): 281-293.

Cross J, Nguyen B H. 2017. The relationship between global oil price shocks and China's output: a time-varying analysis[J]. Energy Economics, 62: 79-91.

D'Ecclesia R L, Magrini E, Montalbano P, et al. 2014. Understanding recent oil price dynamics: a novel empirical approach[J]. Energy Economics, 46: S11-S17.

Dai W Q, Pan W, Shi Y D, et al. 2020. Crude oil price fluctuation analysis under considering emergency and network search data[J]. Global Challenges, 4 (12): 2000051.

Darby M R. 1982. The price of oil and world inflation and recession[J]. American Economic Review, 72 (4): 738-751.

Degiannakis S, Filis G. 2018. Forecasting oil prices: high-frequency financial data are indeed useful[J]. Energy Economics, 76: 388-402.

Delpachitra S, Hou K Q, Cottrell S. 2020. The impact of oil price shocks in the Canadian economy: a structural investigation on an oil-exporting economy[J]. Energy Economics, 91: 104846.

Demirer R, Kutan A M. 2010. The behavior of crude oil spot and futures prices around OPEC and SPR announcements: an event study perspective[J]. Energy Economics, 32 (6): 1467-1476.

Dong B M, Ma X L, Wang N J, et al. 2020. Impacts of exchange rate volatility and international oil price shock on China's regional economy: a dynamic CGE analysis[J]. Energy Economics, 86: 103762.

Du L M, He Y N, Wei C. 2010. The relationship between oil price shocks and China's macro-economy: an empirical analysis[J]. Energy Policy, 38 (8): 4142-4151.

Dube O, Vargas J F. 2013. Commodity price shocks and civil conflict: evidence from Colombia[J]. The Review of Economic Studies, 80 (4): 1384-1421.

Duffy-Deno K T. 1996. Retail price asymmetries in local gasoline markets[J]. Energy Economics, 18 (1/2): 81-92.

El-Gamal M A, Jaffe A M. 2018. The coupled cycles of geopolitics and oil prices[J]. Economics of Energy & Environmental Policy, 7 (2): 1-14.

Elbeck M. 2010. Advancing the design of a dynamic petro-dollar currency basket[J]. Energy Policy, 38 (4): 1938-1945.

Fang Y, Shao Z Q. 2022. The Russia-Ukraine conflict and volatility risk of commodity markets[J]. Finance Research Letters, 50: 103264.

Fleming J, Ostdiek B. 1999. The impact of energy derivatives on the crude oil market[J]. Energy Economics, 21 (2): 135-167.

Geng J B, Ji Q, Fan Y, et al. 2017. Optimal LNG importation portfolio considering multiple risk factors[J]. Journal of Cleaner Production, 151: 452-464.

Ghaffari A, Zare S. 2009. A novel algorithm for prediction of crude oil price variation based on soft computing[J]. Energy Economics, 31 (4): 531-536.

Ghazani M M, Khosravi R, Caporin M. 2023. Analyzing interconnection among selected commodities in the 2008 global financial crisis and the COVID-19 pandemic[J]. Resources Policy, 80: 103157.

Ghoshray A, Pundit M. 2021. Economic growth in China and its impact on international commodity prices[J]. International Journal of Finance & Economics, 26（2）: 2776-2789.

Gilbert C L, Morgan C W. 2010. Food price volatility[J]. Philosophical Transactions of the Royal Society B: Biological Sciences, 365（1554）: 3023-3034.

Godarzi A A, Amiri R M, Talaei A, et al. 2014. Predicting oil price movements: a dynamic artificial neural network approach[J]. Energy Policy, 68: 371-382.

Gong X, Chen L Q, Lin B Q. 2020. Analyzing dynamic impacts of different oil shocks on oil price[J]. Energy, 198: 117306.

Gong X, Guan K, Chen L, et al. 2021. What drives oil prices?—A Markov switching VAR approach[J]. Resources Policy, 74: 102316.

Gong X, Lin B Q. 2021. Effects of structural changes on the prediction of downside volatility in futures markets[J]. Journal of Futures Markets, 41（7）: 1124-1153.

Gong X, Sun Y, Du Z L. 2022. Geopolitical risk and China's oil security[J]. Energy Policy, 163: 112856.

Gong X, Wen F H, Xia X H, et al. 2017. Investigating the risk-return trade-off for crude oil futures using high-frequency data[J]. Applied Energy, 196: 152-161.

Guan D B, Meng J, Reiner D M, et al. 2018. Structural decline in China's CO_2 emissions through transitions in industry and energy systems[J]. Nature Geoscience, 11（8）: 551-555.

Guo J F, Ji Q. 2013. How does market concern derived from the Internet affect oil prices?[J]. Applied Energy, 112: 1536-1543.

Guo Z Q, Zhang X P, Wang D J, et al. 2019. The impacts of an energy price decline associated with a carbon tax on the energy-economy-environment system in China[J]. Emerging Markets Finance and Trade, 55（12）: 2689-2702.

Gupta R, Pierdzioch C. 2021. Climate risks and the realized volatility oil and gas prices: results of an out-of-sample forecasting experiment[J]. Energies, 14（23）: 8085.

Haider S, Nazir M S, Jiménez A, et al. 2023. Commodity prices and exchange rates: evidence from commodity-dependent developed and emerging economies[J]. International Journal of Emerging Markets, 18（1）: 241-271.

Hamilton J D. 1983. Oil and the macroeconomy since World War II[J]. Journal of Political Economy, 91（2）: 228-248.

Hamilton J D. 1996. This is what happened to the oil price-macroeconomy relationship[J]. Journal of Monetary Economics, 38（2）: 215-220.

Han A, Hong Y M, Wang S Y, et al. 2016. A vector autoregressive moving average model for interval-valued time series data[M]//GonzÁlez-Rivera G, Hill R C, Lee T W. Essays in Honor of Aman Ullah. Bingley: Emerald Group Publishing Limited: 417-460.

He M X, Zhang Y J, Wen D Y, et al. 2021. Forecasting crude oil prices: a scaled PCA approach[J]. Energy Economics, 97: 105189.

He Y N, Wang S Y, Lai K K. 2010. Global economic activity and crude oil prices: a cointegration analysis[J]. Energy Economics, 32（4）: 868-876.

He Z F, Sun H. 2024. The time-varying and asymmetric impacts of oil price shocks on geopolitical risk[J]. International Review of Economics & Finance, 91: 942-957.

Henderson J V, Storeygard A, Weil D N. 2012. Measuring economic growth from outer space[J]. American Economic Review, 102 (2): 994-1028.

Hermann C F. 1969. Crises in Foreign Policy: A Simulation Analysis[M]. New York: Bobbs-Merrill.

Herrera A M, Pesavento E. 2009. Oil price shocks, systematic monetary policy, and the "great moderation"[J]. Macroeconomic Dynamics, 13 (1): 107-137.

Herwartz H, Plödt M. 2016. The macroeconomic effects of oil price shocks: evidence from a statistical identification approach[J]. Journal of International Money and Finance, 61: 30-44.

Holz C A. 2014. The quality of China's GDP statistics[J]. China Economic Review, 30: 309-338.

Hu Y Y, Yao J X. 2022. Illuminating economic growth[J]. Journal of Econometrics, 228(2): 359-378.

Huang N E, Shen Z, Long S R, et al. 1998. The empirical mode decomposition and the Hilbert spectrum for nonlinear and non-stationary time series analysis[J]. Proceedings of the Royal Society of London Series A: Mathematical, Physical and Engineering Sciences, 454 (1971): 903-995.

Iglesias E M, Rivera-Alonso D. 2022. Brent and WTI oil prices volatility during major crises and COVID-19[J]. Journal of Petroleum Science and Engineering, 211: 110182.

Ike G N, Usman O, Alola A A, et al. 2020. Environmental quality effects of income, energy prices and trade: the role of renewable energy consumption in G-7 countries[J]. Science of the Total Environment, 721: 137813.

Jacks D S, Stuermer M. 2020. What drives commodity price booms and busts?[J]. Energy Economics, 85: 104035.

Jammazi R, Aloui C. 2012. Crude oil price forecasting: experimental evidence from wavelet decomposition and neural network modeling[J]. Energy Economics, 34 (3): 828-841.

Jebabli I, Kouaissah N, Arouri M. 2022. Volatility spillovers between stock and energy markets during crises: a comparative assessment between the 2008 global financial crisis and the COVID-19 pandemic crisis[J]. Finance Research Letters, 46: 102363.

Ji Q, Guo J F. 2015. Oil price volatility and oil-related events: an Internet concern study perspective[J]. Applied Energy, 137: 256-264.

Ji Q, Liu B Y, Fan Y. 2019. Risk dependence of CoVaR and structural change between oil prices and exchange rates: a time-varying Copula model[J]. Energy Economics, 77: 80-92.

Jia Z J, Lin B Q. 2022. CEEEA2.0 model: a dynamic CGE model for energy-environment-economy analysis with available data and code[J]. Energy Economics, 112: 106117.

Jia Z J, Wen S Y, Lin B Q. 2021. The effects and reacts of COVID-19 pandemic and international oil price on energy, economy, and environment in China[J]. Applied Energy, 302: 117612.

Jiang Z J, Tan J J. 2013. How the removal of energy subsidy affects general price in China: a study based on input-output model[J]. Energy Policy, 63: 599-606.

Jiménez-Rodríguez R. 2009. Oil price shocks and real GDP growth: testing for non-linearity[J]. The Energy Journal, 30 (1): 1-24.

Jin H, Xiong C. 2021. Fiscal stress and monetary policy stance in oil-exporting countries[J]. Journal of International Money and Finance, 111: 102302.

Joo K, Suh J H, Lee D, et al. 2020. Impact of the global financial crisis on the crude oil market[J].

Energy Strategy Reviews, 30: 100516.

Ju K Y, Su B, Zhou D Q, et al. 2016. Macroeconomic performance of oil price shocks: outlier evidence from nineteen major oil-related countries/regions[J]. Energy Economics, 60: 325-332.

Ju K Y, Su B, Zhou D Q, et al. 2017. Does energy-price regulation benefit China's economy and environment? Evidence from energy-price distortions[J]. Energy Policy, 105: 108-119.

Känzig D R. 2021. The macroeconomic effects of oil supply news: evidence from OPEC announcements[J]. American Economic Review, 111 (4): 1092-1125.

Karacan R, Mukhtarov S, Barış İ, et al. 2021. The impact of oil price on transition toward renewable energy consumption? Evidence from Russia[J]. Energies, 14 (10): 2947.

Karali B, Ramirez O A. 2014. Macro determinants of volatility and volatility spillover in energy markets[J]. Energy Economics, 46: 413-421.

Kaufmann R K, Ullman B. 2009. Oil prices, speculation, and fundamentals: interpreting causal relations among spot and futures prices[J]. Energy Economics, 31 (4): 550-558.

Khan K, Su C W, Tao R, et al. 2021. How do geopolitical risks affect oil prices and freight rates?[J]. Ocean & Coastal Management, 215: 105955.

Khan M A, Husnain M I U, Abbas Q, et al. 2019. Asymmetric effects of oil price shocks on Asian economies: a nonlinear analysis[J]. Empirical Economics, 57 (4): 1319-1350.

Kilian L. 2009. Not all oil price shocks are alike: disentangling demand and supply shocks in the crude oil market[J]. American Economic Review, 99 (3): 1053-1069.

Kilian L, Lewis L T. 2011. Does the fed respond to oil price shocks?[J]. The Economic Journal, 121 (555): 1047-1072.

Kilian L, Vigfusson R J. 2011. Are the responses of the U.S. economy asymmetric in energy price increases and decreases?[J]. Quantitative Economics, 2 (3): 419-453.

Kilian L, Vigfusson R J. 2013. Do oil prices help forecast U.S. real GDP? The role of nonlinearities and asymmetries[J]. Journal of Business & Economic Statistics, 31 (1): 78-93.

Koch N. 2014. Tail events: a new approach to understanding extreme energy commodity prices[J]. Energy Economics, 43: 195-205.

Lardic S, Mignon V. 2006. The impact of oil prices on GDP in European countries: an empirical investigation based on asymmetric cointegration[J]. Energy Policy, 34 (18): 3910-3915.

Le T H, Le A T, Le H C. 2021. The historic oil price fluctuation during the COVID-19 pandemic: what are the causes?[J]. Research in International Business and Finance, 58: 101489.

Leduc S, Sill K. 2004. A quantitative analysis of oil-price shocks, systematic monetary policy, and economic downturns[J]. Journal of Monetary Economics, 51 (4): 781-808.

Lee C C, Wang C W, Ho S J, et al. 2021. The impact of natural disaster on energy consumption: international evidence[J]. Energy Economics, 97: 105021.

Lee K, Ni S, Ratti R A. 1995. Oil shocks and the macroeconomy: the role of price variability[J]. The Energy Journal, 16 (4): 39-56.

Lee Y H, Hu H N, Chiou J S. 2010. Jump dynamics with structural breaks for crude oil prices[J]. Energy Economics, 32 (2): 343-350.

Lequiller F, Blades D. 2014. Understanding National Accounts[M]. 2nd ed. Paris: OECD.

Levanon G, Manini J C, Ozyildirim A, et al. 2015. Using financial indicators to predict turning points in the business cycle: the case of the leading economic index for the United States[J]. International Journal of Forecasting, 31 (2): 426-445.

Li J C, Zhu S W, Wu Q Q. 2019. Monthly crude oil spot price forecasting using variational mode decomposition[J]. Energy Economics, 83: 240-253.

Li J L, Sun C W. 2018. Towards a low carbon economy by removing fossil fuel subsidies?[J]. China Economic Review, 50: 17-33.

Li J P, Tang L, Sun X L, et al. 2014. Oil-importing optimal decision considering country risk with extreme events: a multi-objective programming approach[J]. Computers & Operations Research, 42: 108-115.

Li L. 2023. Commodity prices volatility and economic growth: empirical evidence from natural resources industries of China[J]. Resources Policy, 80: 103152.

Li M C, Cheng Z S, Lin W C, et al. 2023. What can be learned from the historical trend of crude oil prices? An ensemble approach for crude oil price forecasting[J]. Energy Economics, 123: 106736.

Li R, Leung G C K. 2021. The relationship between energy prices, economic growth and renewable energy consumption: evidence from Europe[J]. Energy Reports, 7: 1712-1719.

Li X G, Li M G. 2014. Research on the trend of yen exchange rate and international crude oil price fluctuation affected by Japan's earthquake[J]. Journal of Industrial Engineering and Management (JIEM), 7 (2): 546-558.

Li Z G, Wei D M, Kowalski P. 2016. Transmission and influence of International oil price on China's macroeconomic: based SVAR model[J]. Journal of Discrete Mathematical Sciences and Cryptography, 19 (3): 535-548.

Lin B Q, Jiang Z J. 2011. Estimates of energy subsidies in China and impact of energy subsidy reform[J]. Energy Economics, 33 (2): 273-283.

Lin B Q, Ouyang X L. 2014. A revisit of fossil-fuel subsidies in China: challenges and opportunities for energy price reform[J]. Energy Conversion and Management, 82: 124-134.

Lin H, Zhang Z J. 2022. Extreme co-movements between infectious disease events and crude oil futures prices: from extreme value analysis perspective[J]. Energy Economics, 110: 106054.

Lin S C, Kim D H. 2014. The link between economic growth and growth volatility[J]. Empirical Economics, 46 (1): 43-63.

Lin Z Y, Luo D L, Zhang F F. 2022. Regional GDP distortion and analyst forecast accuracy: evidence from China[J]. The European Journal of Finance, 28 (4/5): 437-460.

Liu D W, Yang Z Q. 2024. Asymmetric linkages among fintech, oil prices, governance, and growth in Southeast Asian economies[J]. Resources Policy, 88: 104517.

Liu J, Ma F, Tang Y K, et al. 2019. Geopolitical risk and oil volatility: a new insight[J]. Energy Economics, 84: 104548.

Liu Y, Liu S M, Xu X Y, et al. 2020. Does energy price induce China's green energy innovation?[J]. Energies, 13 (15): 4034.

Liu Y Y, Niu Z B, Suleman M T, et al. 2022. Forecasting the volatility of crude oil futures: the role of oil investor attention and its regime switching characteristics under a high-frequency framework[J]. Energy，238：121779.

Lopez J A，Mitchener K J. 2021. Uncertainty and hyperinflation：European inflation dynamics after world war I[J]. The Economic Journal，131（633）：450-475.

Loutia A，Mellios C，Andriosopoulos K. 2016. Do OPEC announcements influence oil prices?[J]. Energy Policy，90：262-272.

Lu Q Y，Li Y Z，Chai J，et al. 2020. Crude oil price analysis and forecasting：a perspective of "new triangle"[J]. Energy Economics，87：104721.

Lu Q Y，Sun Y Y，Hong Y M，et al. 2022. Forecasting interval-valued crude oil prices using asymmetric interval models[J]. Quantitative Finance，22（11）：2047-2061.

Ma R R，Xiong T，Bao Y K. 2021. The Russia-Saudi Arabia oil price war during the COVID-19 pandemic[J]. Energy Economics，102：105517.

Ma Y X，Zhang L，Song S X，et al. 2022. Impacts of energy price on agricultural production，energy consumption，and carbon emission in China：a price endogenous partial equilibrium model analysis[J]. Sustainability，14（5）：3002.

MacKinlay A C. 1997. Event studies in economics and finance[J]. Journal of Economic Literature，35（1）：13-39.

Madani M A，Ftiti Z. 2024. Understanding intraday oil price dynamics during the COVID-19 pandemic：new evidence from oil and stock investor sentiments[J]. The Energy Journal，45（3）：57-86.

Malik M Y，Latif K，Khan Z，et al. 2020. Symmetric and asymmetric impact of oil price，FDI and economic growth on carbon emission in Pakistan：evidence from ARDL and non-linear ARDL approach[J]. Science of the Total Environment，726：138421.

Managi S，Yousfi M，Ben Zaied Y，et al. 2022. Oil price，US stock market and the US business conditions in the era of COVID-19 pandemic outbreak[J]. Economic Analysis and Policy，73：129-139.

Mertens K，Ravn M O. 2013. The dynamic effects of personal and corporate income tax changes in the United States[J]. American Economic Review，103（4）：1212-1247.

Monge M，Gil-Alana L A，Pérez de Gracia F. 2017. Crude oil price behaviour before and after military conflicts and geopolitical events[J]. Energy，120：79-91.

Morana C. 2001. A semiparametric approach to short-term oil price forecasting[J]. Energy Economics，23（3）：325-338.

Morana C. 2013. Oil price dynamics，macro-finance interactions and the role of financial speculation[J]. Journal of Banking & Finance，37（1）：206-226.

Mork K A. 1989. Oil and the macroeconomy when prices go up and down：an extension of Hamilton's results[J]. Journal of Political Economy，97（3）：740-744.

Mukhtarov S，Mikayilov J I，Humbatova S，et al. 2020. Do high oil prices obstruct the transition to renewable energy consumption?[J]. Sustainability，12（11）：4689.

Mukhtarov S，Mikayilov J I，Maharramov S，et al. 2022. Higher oil prices，are they good or bad for renewable energy consumption：the case of Iran?[J]. Renewable Energy，186：411-419.

Naccache T. 2010. Slow oil shocks and the "weakening of the oil price–macroeconomy relationship"[J]. Energy Policy, 38 (5): 2340-2345.

Nademi A, Nademi Y. 2018. Forecasting crude oil prices by a semiparametric Markov switching model: OPEC, WTI, and Brent cases[J]. Energy Economics, 74: 757-766.

Naser H. 2016. Estimating and forecasting the real prices of crude oil: a data rich model using a dynamic model averaging (DMA) approach[J]. Energy Economics, 56: 75-87.

Nazlioglu S. 2011. World oil and agricultural commodity prices: evidence from nonlinear causality[J]. Energy Policy, 39 (5): 2935-2943.

Neri S, Nobili A. 2010. The transmission of US monetary policy to the Euro area[J]. International Finance, 13 (1): 55-78.

Osathanunkul R, Khiewngamdee C, Yamaka W, et al. 2018. The role of oil price in the forecasts of agricultural commodity prices[M]//Kreinovich V, Sriboonchitta S, Chakpitak N. Predictive Econometrics and Big Data. Cham: Springer: 422-429.

Ou B L, Zhang X, Wang S Y. 2012. How does China's macro-economy response to the world crude oil price shock: a structural dynamic factor model approach[J]. Computers & Industrial Engineering, 63 (3): 634-640.

Pan Z Y, Zhong H, Wang Y D, et al. 2024. Forecasting oil futures returns with news[J]. Energy Economics, 134: 107606.

Piffer M, Podstawski M. 2018. Identifying uncertainty shocks using the price of gold[J]. The Economic Journal, 128 (616): 3266-3284.

Qadan M, Nama H. 2018. Investor sentiment and the price of oil[J]. Energy Economics, 69: 42-58.

Ramyar S, Kianfar F. 2019. Forecasting crude oil prices: a comparison between artificial neural networks and vector autoregressive models[J]. Computational Economics, 53 (2): 743-761.

Rasche R H, Tatom J A. 1977. Energy resources and potential GNP[J]. Review, 59: 10-24.

Rawtani D, Gupta G, Khatri N, et al. 2022. Environmental damages due to war in Ukraine: a perspective[J]. Science of the Total Environment, 850: 157932.

Raza S A, Siddiqui A W. 2024. Exploring temporal demand patterns of refined petroleum products: implications of the COVID-19 pandemic as a black swan event[J]. The Extractive Industries and Society, 17: 101388.

Rizvi S K A, Itani R. 2022. Oil market volatility: comparison of COVID-19 crisis with the SARS outbreak of 2002 and the global financial crisis of 2008[J]. Economic Research-Ekonomska Istraživanja, 35 (1): 1935-1949.

Rosenthal U, Charles M T, Hart P T. 1989. Coping With Crises: The Management of Disasters, Riots, and Terrorism[M]. Richmond: Charles C Thomas Pub Ltd.

Saâdaoui F, Ben Jabeur S, Goodell J W. 2022. Causality of geopolitical risk on food prices: considering the Russo–Ukrainian conflict[J]. Finance Research Letters, 49: 103103.

Salisu A A, Ndako U B, Vo X V. 2023. Transition risk, physical risk, and the realized volatility of oil and natural gas prices[J]. Resources Policy, 81: 103383.

Scholtens B, Yurtsever C. 2012. Oil price shocks and European industries[J]. Energy Economics, 34 (4): 1187-1195.

Selmi R, Hammoudeh S, Wohar M E. 2023. What drives most jumps in global crude oil prices? Fundamental shortage conditions, cartel, geopolitics or the behaviour of financial market participants[J]. The World Economy, 46 (3): 598-618.

Sha R, Ge T, Li J Y. 2022. How energy price distortions affect China's economic growth and carbon emissions[J]. Sustainability, 14 (12): 7312.

Sha R, Li J Y, Ge T. 2021. How do price distortions of fossil energy sources affect China's green economic efficiency?[J]. Energy, 232: 121017.

Shehzad K, Zaman U, Liu X X, et al. 2021. Examining the asymmetric impact of COVID-19 pandemic and global financial crisis on dow Jones and oil price shock[J]. Sustainability, 13 (9): 4688.

Shi X P, Sun S Z. 2017. Energy price, regulatory price distortion and economic growth: a case study of China[J]. Energy Economics, 63: 261-271.

Shioji E. 2021. Pass-through of oil supply shocks to domestic gasoline prices: evidence from daily data[J]. Energy Economics, 98: 105214.

Snudden S. 2018. Targeted growth rates for long-horizon crude oil price forecasts[J]. International Journal of Forecasting, 34 (1): 1-16.

Sokhanvar A, Bouri E. 2023. Commodity price shocks related to the war in Ukraine and exchange rates of commodity exporters and importers[J]. Borsa Istanbul Review, 23 (1): 44-54.

Stock J H, Watson M W. 2012. Disentangling the channels of the 2007-2009 recession[R]. Cambridge: National Bureau of Economic Research.

Sun S L, Sun Y Y, Wang S Y, et al. 2018. Interval decomposition ensemble approach for crude oil price forecasting[J]. Energy Economics, 76: 274-287.

Sun Y Y, Zhang X Y, Wan A T K, et al. 2022. Model averaging for interval-valued data[J]. European Journal of Operational Research, 301 (2): 772-784.

Tan R P, Lin B Q, Liu X Y. 2019. Impacts of eliminating the factor distortions on energy efficiency: a focus on China's secondary industry[J]. Energy, 183: 693-701.

Tanaka T, Mandic D P. 2007. Complex empirical mode decomposition[J]. IEEE Signal Processing Letters, 14 (2): 101-104.

Tang W Q, Wu L B, Zhang Z X. 2010. Oil price shocks and their short-and long-term effects on the Chinese economy[J]. Energy Economics, 32: S3-S14.

Tian G N, Peng Y C, Meng Y H. 2023. Forecasting crude oil prices in the COVID-19 era: can machine learn better?[J]. Energy Economics, 125: 106788.

Tule M K, Salisu A A, Chiemeke C C. 2019. Can agricultural commodity prices predict Nigeria's inflation?[J]. Journal of Commodity Markets, 16: 100087.

Umar B, Alam M M, Al-Amin A Q. 2021. Exploring the contribution of energy price to carbon emissions in African countries[J]. Environmental Science and Pollution Research, 28 (2): 1973-1982.

Wallace J L. 2016. Juking the stats? Authoritarian information problems in China[J]. British Journal of Political Science, 46 (1): 11-29.

Wang J, Athanasopoulos G, Hyndman R J, et al. 2018b. Crude oil price forecasting based on Internet concern using an extreme learning machine[J]. International Journal of Forecasting, 34 (4): 665-677.

Wang J, Zhou H, Hong T, et al. 2020. A multi-granularity heterogeneous combination approach to crude oil price forecasting[J]. Energy Economics, 91: 104790.

Wang L F, Duan W J, Qu D, et al. 2018a. What matters for global food price volatility?[J]. Empirical Economics, 54 (4): 1549-1572.

Wang S P, Feng H, Gao D. 2023. Testing for short explosive bubbles: a case of Brent oil futures price[J]. Finance Research Letters, 52: 103497.

Wang S Y, Yu L, Lai K K. 2005. Crude oil price forecasting with TEI@I methodology[J]. Journal of Systems Science and Complexity, 18 (2): 145-166.

Wang X, Zhang C G. 2014. The impacts of global oil price shocks on China's fundamental industries[J]. Energy Policy, 68: 394-402.

Wang X L, Bai M Q, Xie C P. 2019. Investigating CO_2 mitigation potentials and the impact of oil price distortion in China's transport sector[J]. Energy Policy, 130: 320-327.

Wei Y F, Guo X Y. 2016. An empirical analysis of the relationship between oil prices and the Chinese macro-economy[J]. Energy Economics, 56: 88-100.

Wei Y J, Wei Q, Wang S Y, et al. 2018. A hybrid approach for studying the lead-lag relationships between China's onshore and offshore exchange rates considering the impact of extreme events[J]. Journal of Systems Science and Complexity, 31 (3): 734-749.

Wen F H, Gong X, Cai S H. 2016. Forecasting the volatility of crude oil futures using HAR-type models with structural breaks[J]. Energy Economics, 59: 400-413.

Wen J, Zhao X X, Chang C P. 2021. The impact of extreme events on energy price risk[J]. Energy Economics, 99: 105308.

Wu C C, Chung H, Chang Y H. 2012. The economic value of co-movement between oil price and exchange rate using Copula-based GARCH models[J]. Energy Economics, 34 (1): 270-282.

Wu G, Zhang Y J. 2014. Does China factor matter? An econometric analysis of international crude oil prices[J]. Energy Policy, 72: 78-86.

Xian L, He K J, Lai K K. 2016. Gold price analysis based on ensemble empirical model decomposition and independent component analysis[J]. Physica A: Statistical Mechanics and Its Applications, 454: 11-23.

Xiao J H, Wen F H, He Z F. 2023. Impact of geopolitical risks on investor attention and speculation in the oil market: evidence from nonlinear and time-varying analysis[J]. Energy, 267: 126564.

Xie H B, Zhou M, Hu Y, et al. 2014. Forecasting the crude oil price with extreme values[J]. Journal of Systems Science and Information, 2 (3): 193-205.

Xing L M, Zhang Y J. 2022. Forecasting crude oil prices with shrinkage methods: can nonconvex penalty and Huber loss help?[J]. Energy Economics, 110: 106014.

Xiong T, Bao Y K, Hu Z Y. 2013. Beyond one-step-ahead forecasting: evaluation of alternative multi-step-ahead forecasting models for crude oil prices[J]. Energy Economics, 40: 405-415.

Yao W, Alexiou C. 2022. Exploring the transmission mechanism of speculative and inventory arbitrage activity to commodity price volatility. Novel evidence for the US economy[J].

International Review of Financial Analysis, 80: 102027.

Yin L B, Yang Q Y. 2016. Predicting the oil prices: do technical indicators help?[J]. Energy Economics, 56: 338-350.

Yu L A, Wang S Y, Lai K K. 2008. Forecasting crude oil price with an EMD-based neural network ensemble learning paradigm[J]. Energy Economics, 30（5）: 2623-2635.

Yu L A, Zhao Y, Tang L. 2014. A compressed sensing based AI learning paradigm for crude oil price forecasting[J]. Energy Economics, 46: 236-245.

Zavadska M, Morales L, Coughlan J. 2020. Brent crude oil prices volatility during major crises[J]. Finance Research Letters, 32: 101078.

Zhang C G, Mou X J, Ye S P. 2022a. How do dynamic jumps in global crude oil prices impact China's industrial sector?[J]. Energy, 249: 123605.

Zhang C G, Qu X Q. 2015. The effect of global oil price shocks on China's agricultural commodities[J]. Energy Economics, 51: 354-364.

Zhang F, Huang Y M, Nan X L. 2022c. The price volatility of natural resource commodity and global economic policy uncertainty: evidence from US economy[J]. Resources Policy, 77: 102724.

Zhang J L, Zhang Y J, Zhang L. 2015. A novel hybrid method for crude oil price forecasting[J]. Energy Economics, 49: 649-659.

Zhang P, Shi X P, Sun Y P, et al. 2019. Have China's provinces achieved their targets of energy intensity reduction? Reassessment based on nighttime lighting data[J]. Energy Policy, 128: 276-283.

Zhang Q, Hu Y, Jiao J B, et al. 2022b. Exploring the trend of commodity prices: a review and bibliometric analysis[J]. Sustainability, 14（15）: 9536.

Zhang Q, Hu Y, Jiao J B, et al. 2023. Is refined oil price regulation a "shock absorber" for crude oil price shocks?[J]. Energy Policy, 173: 113369.

Zhang Q Q. 2011. The impact of international oil price fluctuation on China's economy[J]. Energy Procedia, 5: 1360-1364.

Zhang X, Lai K K, Wang S Y. 2008. A new approach for crude oil price analysis based on empirical mode decomposition[J]. Energy Economics, 30（3）: 905-918.

Zhang X, Yu L A, Wang S Y, et al. 2009. Estimating the impact of extreme events on crude oil price: an EMD-based event analysis method[J]. Energy Economics, 31（5）: 768-778.

Zhang X N, Zhong Q Y, Qu Y, et al. 2017. Liquefied natural gas importing security strategy considering multi-factor: a multi-objective programming approach[J]. Expert Systems with Applications, 87: 56-69.

Zhang Y J, Ma F, Shi B S, et al. 2018. Forecasting the prices of crude oil: an iterated combination approach[J]. Energy Economics, 70: 472-483.

Zhang Y J, Wang J L. 2019. Do high-frequency stock market data help forecast crude oil prices? Evidence from the MIDAS models[J]. Energy Economics, 78: 192-201.

Zhao L, Zhang X, Wang S Y, et al. 2016. The effects of oil price shocks on output and inflation in China[J]. Energy Economics, 53: 101-110.

Zhao Y, Li J P, Yu L A. 2017. A deep learning ensemble approach for crude oil price forecasting[J].

Energy Economics, 66: 9-16.

Zhou J, Sun M, Han D, et al. 2021. Analysis of oil price fluctuation under the influence of crude oil stocks and US dollar index: based on time series network model[J]. Physica A: Statistical Mechanics and Its Applications, 582: 126218.

Zhou Y, Wang X X, Dong R K, et al. 2022. Natural resources commodity prices volatility: evidence from COVID-19 for the US economy[J]. Resources Policy, 78: 102895.

Zhu K C, Zhao Y, Xu X, et al. 2022. Measuring the natural gas supply security performance of China's natural gas suppliers: a comprehensive framework using FAHP-entropy-PROOTHEE method[J]. Journal of Cleaner Production, 345: 131093.

Zhu Y G, Xu D Y, Cheng J H, et al. 2018. Estimating the impact of China's export policy on tin prices: a mode decomposition counterfactual analysis method[J]. Resources Policy, 59: 250-264.